文化鄱阳丛书　顾问 周金明
　　　　　　　　　　 胡　斌
　　　　　　 主编 应美星

陈先贤 编著

鄱文阳化

名胜 卷

江西高校出版社
JIANGXI UNIVERSITIES AND COLLEGES PRESS

图书在版编目(CIP)数据

文化鄱阳.名胜卷/陈先贤编著.---南昌:江西高校出版社,2021.4(2022.3重印)

(文化鄱阳丛书/应美星主编)

ISBN 978 - 7 - 5762 - 0466 - 7

Ⅰ.①文…　Ⅱ.①陈…　Ⅲ.①文化史—鄱阳县②名胜古迹—介绍—鄱阳县　Ⅳ.①K295.64　②K928.705.64

中国版本图书馆 CIP 数据核字(2020)第 215609 号

出 版 发 行	江西高校出版社
社 　 址	江西省南昌市洪都北大道 96 号
总编室电话	(0791)88504319
销 售 电 话	(0791)88522516
网 　 址	www. juacp. com
印 　 刷	天津画中画印刷有限公司
经 　 销	全国新华书店
开 　 本	700mm×1000mm　1/16
印 　 张	16
字 　 数	236 千字
版 　 次	2021 年 4 月第 1 版 2022 年 3 月第 2 次印刷
书 　 号	ISBN 978 - 7 - 5762 - 0466 - 7
定 　 价	58.00 元

赣版权登字 -07 -2020 -1179

编委会名单

序　一

张祯祥

县委宣传部部长应美星同志主编、陈先贤编著的《文化鄱阳丛书》即将付梓,草草地翻了翻,这套书信息量很大,内容广博,意蕴深邃,对鄱阳的历史文化做了一次较为精细的回顾,值得称许。

鄱阳是江西拥有域名最早的两个县之一,秦初立县,东汉末年析豫章立郡,历享"银鄱阳"之誉,是江南著名的鱼米之乡。

2014年下半年在组织的安排下,我来到鄱阳任职,开始服务鄱阳人民,并成为鄱阳的一员。鄱阳是我从小耳熟能详的地方,在我们余干,更多的时候不称鄱阳而称饶州。那时在我心中,鄱阳是个繁华的地方。后来读书接触的东西多了,我对饶州也就是鄱阳又有了一些新的了解,知道她不但是江西最早存有域名的地方,而且是本省建县最早的两个县之一。在漫长的历史时期,鄱阳一直是郡、州、府所在地,与余干、余江、万年、德兴、乐平、浮梁同属一个行政体。我来到鄱阳后,进一步了解到鄱阳是江西发展得较好的地区之一:沐浴在中国传统文化阳光里的鄱阳,长期以来一直深受众多历史文化名人的熏陶与影响,人才辈出,水运发达,是江西农业、商业和手工业"早熟"的地区,是江南较为富庶的鱼米之乡,也是文化璀璨、教育趋前的地方,尤其是文化,可以用四个字概括——"博大精深"。

　　对于鄱阳文化的"博大精深",以前总是从她的历史长度去看,很少从她的历史宽度去深入了解,即使是通过翻阅县志,也难窥见比较完整的当时面貌。因为,县志受体例制约,无法过度去拓展。这套书好就好在它不受这些限制,可以就事就人去拓宽视野,尽最大努力搜集有关鄱阳的人和事。这些人和事,使我们加深了对不同历史时期鄱阳的发展脉络和当时所处的地位的认识。

　　在赣东北地区,鄱阳历史与文化的深远影响,远远不止这种地域的划分与人口迁徙这么简单。从这套书中,我们可以清楚地看到,鄱阳的历史文化既具有文化品质的包容性,又具有历史文化的传统性和创造的广泛性。它的包容性,即求同存异和兼收并蓄。求同存异,就是能与其他文化和睦相处;兼收并蓄,就是能在文化交流中吸收、借鉴其他文化的积极成分,并以此增强对自身文化的认同和对其他文化的理解和认知。

　　如果追溯历史,鄱阳湖与鄱阳有着非同一般的渊源关系,不只是湖名得名于县,其漫浸的广袤地区,有不少曾为"番"所属。在现代学者看来,称谓江西文化时,除了"赣"字之外,"鄱"也是最能指代江西的字。当然,这里的"鄱"虽然包含广大的鄱阳湖流域,但"鄱"字的源流与"番"息息相关。江西学者傅修延说:"根据学界考证,'赣'字中的'章'旁,表明赣江流域的先民与北方漳河流域的漳人有关(也有人说源于战国时期江淮流域的'豫章');而'鄱'字中的'番'旁,又提示鄱阳湖地区的先民有自己的来源——《山海经·海内经》中那个'始为舟'的黄帝后裔番禺。"当然,这是一家之言。不过,在上古文献中,无论是《左传》还是《战国策》,都很难找到江西人的踪影,重大事件基本上发生在北方。古代江西有史可考的最早人物为春秋晚期楚大夫

潘子臣和吴国的公子庆忌。《史记·吴太伯世家》载，公元前504年，"吴王使太子夫差伐楚，取番"。《左传·定公六年》载："吴大子终累败楚舟师，获潘子臣、小惟子及大夫七人。"《史记索隐》载："番，音潘，楚邑名，子臣即其邑之大夫也。"番即秦所设之番县，其地在当今之鄱阳及周围地区。又据《左传·鲁哀公二十年》载，庆忌"出居于艾"。杜预注："艾，吴邑，豫章有艾县。"其地在今修水。上述诸人只是在江西地域活动过，并非江西土著。而且这说明，江西吴头楚尾之地，其实是楚国先占，春秋中期以后为吴国所占，后来又为楚所占。因此，从文化属性来看，它是随着统治阶级的变化而变化的。但是后来的历史证明，因为战争和自然灾害，鄱阳的人口经历了多次巨大的变化，正是这些变化，使鄱阳文化不断走向成熟，并具有如下几个特征：

首先，鄱阳人口的多元性与混合性，奠定了鄱阳历史文化的包容性。起初，属于楚领地的鄱阳，因诸侯的争夺变成时"楚"时"吴"，进而变成了"吴头楚尾"。尤其是本为春秋时吴国贵族后裔的吴芮，入籍鄱阳之后，鄱阳不但行政属性有了质的不同，文化属性也受到较大影响。随着时间的推移，特别是通过两晋南北朝北方人口大量的迁徙，经过接触、混杂、联结和融合，中原文化的影响日益扩大。鄱阳文化的主流由许许多多分散孤立存在的不同文化体验形成一个你来我去、我来你去、我中有你、你中有我，而又各具个性的、相互包容的、互不排他的多元统一体。这种现象，在鄱阳现存的语言和风俗习惯中表现得尤为突出。

其次，正是这种文化上的包容性，使传统文化在广大的鄱阳地区，形成了丰富多彩、生动活泼的局面，在外部不断吸纳外来文化的营养，使自身更具生命力。比如我们的渔俗文化、饶河调、渔鼓、大鼓以及不少手工艺制作乃至"耕读传家"等儒家思想的续存,都体现了这点。乡镇各地至今在民间流行的一些传说,充分证明了这个事实。

再次,从过去的岁月中可以看到,鄱阳自两汉以来人才辈出,体现了这个地区人们独有的品性。雷义、陶母、陶侃、操师乞、林士弘、蔡明远、吉中孚以及后来的彭汝砺兄弟、熊本、陶节夫、洪皓父子、姜夔、彭大雅、周伯琦、胡闰等,除东晋时官拜大将军、都督八州军事的陶侃之外,他们虽然大都未独领风骚,但每个人都自尊自强,志存高远,持之以恒,深明大义,正直自重,关心民瘼,勇敢担当,忠君爱国,坚贞不二,立功立事,穷不丧志,富不骄奢,不沽名钓誉,不欺世盗名,一步一个脚印,从平凡处起步,到平淡处终结,为鄱阳留下了宝贵的精神财富,形成了这个地区人们特有的品格。这种敬畏自然,兼容并蓄,博采众长,重传承、重接纳、重追求、重贡献、重承诺和轻索取的文化精神,激励一代又一代鄱阳人为自己的家乡和祖国做出了不可磨灭的贡献。

今天,我们所干的事业是古人难以想象的,但是,对于鄱阳这些宝贵的文化遗产,我们还是要毫无保留地继承。所以我认为这套书值得我们去翻阅。当然书中难免还有不足之处和遗漏,希望这只是个开端,将来有更好的书出版。

我爱鄱阳,祝愿鄱阳的明天更美好!

序　二

胡　斌

　　《文化鄱阳丛书》即将付梓,这应该是本县文化界的一件大事、幸事,借此我谈谈自己的看法。

　　我对鄱阳较全面的了解,是来此任职之后。以前我知道鄱阳是个大县,历史悠久,享有"鱼米之乡"的美誉,但不够深入。来鄱阳后,通过广泛接触我才知道,地处江西北部偏东,东近浙江,北接安徽,西邻鄱阳湖的古邦,因悠久的历史和独特的地理环境,鲜遭兵燹,风景秀丽,水富地肥,宜于人居,所以成为魏晋以来历朝历代举家外迁、躲避战乱的理想场所。这一地区崇文重教,农、商、儒兼举,代代相沿,不仅在江西历史上的地位较高,而且创造和积累了有着自己特色的灿烂历史文化。

　　从现在的地理位置看,鄱阳和我的家乡婺源相距不近,如果还原历史,鄱阳和婺源曾经有着剪不断理还乱的种种关系。鄱阳置县时间早于婺源,而且婺源设置之初,有部分地域曾属鄱阳。然而,若从家谱中查看乡镇的历史,鄱阳几乎每个乡镇都有从婺源迁徙过来的家族。从这点看,鄱阳和婺源的关系太不一般。所以在鄱阳,我就有种与众不同的感觉——我所从事工作的职责即是为家乡建设贡献自己的力量。

　　中国的历史多集中在两类人身上,一是皇帝,一是皇帝身边的人,因为后者多是历史"巨人"。在鄱阳的历史上,不乏这类人物。翻开鄱阳历史,首先映入眼帘的,是江西第一位政治家吴芮。是吴芮的远见卓识,奠定了鄱阳后来的历史地位,使鄱阳从一个"荒服之地",成为赣东北地区的政治、经济、文化中心。

汉代离秦朝虽然很近,却是鄱阳重要的历史转折时期,番(通鄱,音 pó,下同)县的设置,不只是一个域名的存在,而是一种历史的认同。正因为此,汉武帝时,远在北方的朝廷便把目光投向了南方这块璞玉。车千秋寝葬鄱阳,看似一件无关紧要的小事,但对当时仍处在生产力落后状态的江南,不啻是种兴奋剂。虽说早在春秋时,番已是诸侯争霸的必争之地,但毕竟仍很荒凉落后。东汉末年,鄱阳地位上升,使这块璞玉有了被雕琢的机会。三国东吴分豫章立鄱阳郡,从此鄱阳翻开了崭新的一页。正是从这个时候起,历史上不少名人或主政鄱阳,或享受鄱阳的供奉。这些人中既有政治家、思想家,也有文学家、史学家、诗人、学者。这些重要历史名人在鄱阳任职,对鄱阳文化水平的提升起到了不可估量的作用。尽管他们中有的人在鄱阳任职的时间并不长,时间较长的也不过三五年,但都留下过印记,有的印记甚至千年万载都无法抹去。据不完全统计,仅唐朝就前后有9位朝廷枢臣——宰相来鄱阳任职,成为州守。如至今鄱阳人仍称道的"颜范遗风",就是唐宋两朝良牧治饶的典范。"颜范遗风",颜指颜真卿,范为范仲淹,是古代有名的两位人物,他们都在鄱阳任过职,而且给鄱阳人留下了深远的影响。除了书法之外,颜真卿坦荡率直、一丝不苟、忠贞节烈的浩然正气和优良品格,给一代又一代鄱阳人树立了良好的精神丰碑;范仲淹的刻苦励志和"不以物喜,不以己悲,居庙堂之高则忧其民,处江湖之远则忧其君""先天下之忧而忧,后天下之乐而乐"的

胸怀天下的苦乐观和抱负,至今不但为鄱阳人所敬仰,也为天下人垂范。

"柳公楼",它早不为现在的鄱阳人所熟悉,但它能在古代历史地理典籍中出现,可见其当时的规模与影响;当我们每每谈起铸钱和铜镜时,可曾想到唐代时鄱阳的造纸技艺,"鄱阳白"这个一时让人感到陌生的文房四宝之一,显现了传统文化在鄱阳的根深蒂固;自晋虞溥办学之后,鄱阳教育始终走在江西前列,到两宋书院兴起,为鄱阳培养了大量学子,也使原饶州地区输送出一大批人才;景德镇陶瓷艺术,看似与鄱阳不搭界,实际上能拥有今天的辉煌,离不开鄱阳曾经的贡献,这不只是地理意义上的优势,还有人才、技术等方方面面的支撑……凡此种种,无不让我对鄱阳有了全新的认识。

乡村是城镇的起点,鄱阳广袤的农村,折射出这块古邦大地的久远。从新石器时代走来的鄱阳人,历经秦汉初始,两晋南北朝的迁徙接纳,唐、宋、元、明、清的不断变迁,直至新中国的建立,其间多无文字记载,我们却可以从蛛丝马迹中看出他们的发展轨迹,这些都对我们的新农村建设有一定的借鉴。

历史是文化的土壤,文化是历史的积淀。历史是人类对过去的记忆,古罗马的哲学家西塞罗有句名言:"人若不知出生以前发生的事,则将永如幼童。"鄱阳之所以文化积淀深厚,是因为其悠久的历史。鄱阳早在春秋战国时便在史籍上出现,加上傍湖依水、湖山钟秀的地理优势,因此在较长的时间里,拥有了一定的政治和经济地位。正是这种得天独厚的条件,使鄱阳在历史的长河里,贤才俊彦层出不穷,淳风良俗代代相传,文化内容博大璀璨。所有这些沉淀,经过继承发展,逐渐过滤成自己的文化风格和文化品位,这种文化可归纳为:三大经纬六大品质十个内核构筑的、有着自身品性的地域文化，即以湖风水俗为经，以吴楚中原风韵为纬，以古风淳俗为梭，交织成坚忍不拔，敬畏自然，兼容并蓄，博采众长以及重传承、重接纳、重追求、重贡献、重承诺和轻索取"五重一轻"的文化品质。这种品质的内核，主要体现在吴芮胸襟、陶母美德、陶侃气魄、士弘刚毅、明远情义、彭氏（彭汝砺、彭汝方、彭大雅）品格、四洪（洪皓与子洪适、洪遵、洪迈）风范、姜夔才艺、伯琦智慧和颜范遗风中。

我们正在打造一个全新的鄱阳，这个鄱阳既要连接历史，又要面向未来。遗忘、轻视历史，都会使我们继往开来、承前启后的工作受到影响。然而鄱阳的历史太悠久了，时间跨度之大，留存记忆之少，又给这项工作带来了一定的难度。尤其乡镇方面，历史裂缝很大，从建县迄今有两千多年，要想真正了解实在不易。这套丛书以最大的可能，弥补了这方面的不足，为我们全面了解鄱阳辟了一条蹊径。

往事如烟，但历史的烟尘并不可能随便被风吹散。对此我感到莫大欣慰，并愿有兴趣者抽空一看，以加深对这片土地的印象，并建言献策，为更好地打造新鄱阳贡献自己的光和热。

目录

乡镇掇拾

往事探微

乡 镇 掇 拾

双港，四千多年记忆存

对于双港，我们更多地关注它近水临湖，关注着那座已经坍塌，却深深埋在鄱阳人心中的砖塔，却忽视了它最重要的一面——虽无记载却验证着鄱阳从远古走来的历史真实。这个邻近鄱阳镇的乡镇，尽管从来没有取代过鄱阳镇的地位，但是它的历史价值，并不逊色于那个两千多年来一直是这个古邦政治、经济、文化中心的县城。因为它所属的尧山和乐亭，分别从两个不同的视角，叙述了古"番"大地的源远流长。

尧山，是饶州得名的重要元素。《太平御览》引徐湛《鄱阳记》曰："以尧为号，又以地饶衍，遂加食为饶。"这个以尧为号，指的就是尧山，加上鄱阳的富庶丰饶，于是称作饶州。翻开历代县志，"山川"条"尧山"载："在义感乡。俗传尧时大水，民避于此，因名。"简单地说，尧时，这里便有人烟。

关于尧的记述，主要来自《史记》。

《史记》是西汉史学家司马迁撰写的纪传体史书，是中国历史上第一部纪传体通史，鲁迅对《史记》有两句赞誉的评语，谓之："史家之绝唱，无韵之《离骚》。"在《史记》中，有"五帝"之说，自轩辕黄帝始，之后黄帝传位于孙子高阳氏即颛顼帝，颛顼传位于侄子高辛氏即帝喾，帝喾之后便是帝尧和帝舜。

传说古帝帝喾的第三个妻子名叫庆都，她是伊耆侯的女儿（《史记》作"陈锋氏女"）。庆都成婚后仍住在娘家，某年春正月末，庆都与父母坐小船于三河游览，正午时出现了一条飞舞的赤龙，第二天又出现了形体小些的赤龙。晚上庆都睡不着，闭着双眼还不由得抿嘴发笑。蒙眬中，阴风四合，赤龙扑上她身。

她醒来时身上还留下腥臭的涎水沫子,身旁留下一张沾满涎水沫子的画,上面画着一个红色的人像,脸形上锐下丰满,八彩眉,长头发。画上写着:亦受天佑。之后,她就怀孕了。过了十个月,她生下一个儿子,竟长得和画上的人一模一样。孝子帝喾的母亲,却在这时候去世了。帝喾因母亲去世,哭得像个泪人,之后为母亲一连服孝三年,完全顾不上庆都和儿子。庆都带着儿子住在娘家,把儿子抚养到十岁,才让他回到父亲的身边,这个孩子就是后来的帝尧。所以帝尧小时先随外祖父家的姓为伊祁(耆)氏,后又称陶唐氏。

那么,尧统治的时代距今有多少年呢?由于尧的生卒年不详,因此我们只能从《史记》的记载中来推算。有史可考的是夏朝建立的年份,约在公元前2070年。目前,我国历代纪元表将禹视为夏朝的第一位君主,《史记》载“三年丧毕,禹亦乃让舜子,如舜让尧子。诸侯归之,然后禹践天子位”,也就是说舜死后三年禹即位,即舜死于约公元前2073年。《史记》又载舜“年五十八尧崩,年六十一代尧践帝位,践帝位三十九年,南巡狩,崩于苍梧之野”,由此可以推算尧死于约公元前2115年。再从“尧立七十年得舜,二十年而老,令舜摄行天子之政,荐之于天”“尧辟位凡二十八年而崩”的记载中,我们可得知,尧在位七十年才得到舜,又过了二十年才禅让给舜,之后他又活了二十八年才死。据此,尧在位的时间,大致在公元前2233年至公元前2143年,距今约4200年。《史记》关于这段历史的表述无疑是有夸大成分的,单是尧从继位到驾崩活了118年就经不起推敲。当然,这些都是史学家需要去论证的,本书援引《史记》的说法,无非是得出有人避水患于尧山,应在约4200年前的判断。

虽然在《史记》中有过关于尧的记载,但多为传说,那么,古鄱阳境内在约4200年前真的有人类活动吗?双港镇所属的乐亭王家嘴,于1957、1958两年间,先后出土新石器时代晚期石器:石锛、石斧、石镞、石镰和石网坠。经现代考古学证实,这次发现证明在新石器时代,这一带已经有人类的足迹。

王家嘴出土的这些石器,应该是新石器时代哪个阶段的遗存?

新石器时代是考古学家假定的一个时间区段,该时代大约从1万年前开始,结束时间在距今5000多年至2000多年不等。新石器时代在考古学上是石器时代的最后一个阶段,以使用磨制石器为标志,是人类物质文化发展阶段。新石器时代并不仅仅只是一个时间区段概念,新石器时代和晚期智人走出非洲、散布到全世界的过程有密切的关系。晚期智人走出非洲之后制作的石器和早期智人制作的石器差异很大：晚期智人制作石器的方式，不再是数百万年以来一成不变的简单打制，也不仅仅用于切割，他们制作出一系列种类繁多，制作工艺和使用目的发生巨大变化的新种类石器。据近代考古发现，距今 5000 年前（新石器时代）的古人已进入了文明阶段。双港乐亭王家嘴的出土石器，正是这个时代的遗存，所以当时江西文物考古队断定，这些石器距今有 4000 多年。

从尧山的得名，到王家嘴石器的出土，不谋而合地证明，鄱阳在 4000 多年前就已经有人类活动的足迹。如果把当时"番"的辖地（乐平涌山、万年仙人洞、鄱阳韩山、都昌鄱阳湖中的"乌山岛"）出土的各种文物综合考虑，鄱阳的历史至少可以上溯到数万年以前。

双港的得名源自鄱江。在双港龙头山下的鄱江中，水落时有石梁横亘，俗称公母石，为两岸过脉。因石所阻，鄱江在这里分为两支流，故名"双港"。至于后来的双港，迄今能考据最远的迁入户，多在宋代。其中尤以乐亭王氏为大姓，这个来自安徽休宁县三槐堂的家族，因《宋朝事实》内有"且少好学，父祐器之，尝手植三槐于庭曰：吾之后必有为三公者"一说，即以三槐为典作为堂号。自此，三槐堂的王氏家族不但遍布全国，而且成为双港王氏的源流。

其实，早在此前，这里就有落户者。比方说那个博士湖，南宋婺州金华人王象之在其所著的《舆地纪胜》卷第二十三《饶州》中说："在双港之西，旧经载秦时有博士读书其上，故名之。"这位博士姓甚名谁，无从考证。但有一点，秦朝的博士和现在的博士是截然不同的两个概念，那时的博士是官职不是学位。"秦及汉初，博士的职责主要是掌管图书，通古今，以备顾问。"这是辞书的注释。不管怎样，这条记载至少说明了三件事：一是博士湖得名最古；二是秦朝鄱阳的行政地位不低，不然怎么会有博士之职；三是秦代时双港仍有人居住。

还是这座尧山，唐朝诗人刘长卿就有诗叹曰："故人沧洲吏，深与世情薄。解印二十年，委身在丘壑。买田楚山卜，妻子自耕凿。群动心有营，孤云本无着。因收溪上钓，遂接林中酌。对酒春日长，山村杏花落。陆生鄱阳令，独步建溪作。早晚休此官，随君永栖托。"诗为《题王少府尧山隐处简陆鄱阳》，这是刘长卿写给一位在鄱阳任过职的陆姓官员的诗简。从诗的内容看，有位王姓少府（官名，唐代称县尉为少府）曾在尧山脚下隐居。此外，本县清代考证家史珥在其《续瓦屑坝考》中也说道："双港诸村，随步异名有桥头、庙前、赤墈、软橹里、王家嘴、赵家湾、夏家园、博士湖诸村，姓则有余，有陈，有邹，有杨，有王、赵、董、张、彭。是地也，厥土赤埴，旧有陶薮，今姑苏陶人，往往称其先世为双港旧陶，以避黄巢乱徙吴。"可见五代以前，陶姓人氏曾在双港一带居住。

关于陶氏，据其有关族谱记载，鄱阳陶氏先祖陶敦，丹阳（今南京）人。始迁祖陶丹，乃三国时期吴国扬武将军陶同之子。陶同胸怀大志，一日偶遇吴主孙亮，在谈及天下事时，慷慨陈词。孙亮封陶同为扬武将军，住鄱阳四十里街镇。陶丹先为牙门将，后为扬武将军守卫边境。陶丹生二子，原配谢氏生一子黄，继室湛氏生一子侃，侃官至太尉。陶侃生十七子，其子载入史册的有洪、瞻、夏、琦、旗、斌、称、范、岱、茂（另有史料称茂为第七子）。又越二十世，裔孙靖芝之子埴（四十一世）迁居江南姑苏"琴川"（常熟旧名）。明万历五年（1577）春，《陶氏重修族谱》序中曰："自四十三世宗信者，从常熟赘余族何氏，始有富杯陶氏。宗信之子宣（四十四世）赘石桥赵氏，则为恩庄陶氏，不七八世而二氏子姓蕃（繁）衍，远近如一者，惟谱不忘也。"

与此同时，长山岛发掘的唐窑也进一步佐证了双港这块土地自唐朝时就有人烟。只是我们的现存资料，包括家谱，多是补充材料，当时的实际情况与后来的面目大相径庭，致使出现了很多说法不一的现象。以马鞍山胡家为例，1985年版《波阳县地名志》（波阳为鄱阳旧称，用于1957—2003年间，全书同）提及安山时说道："元末明初，胡姓由婺源清华街迁此建村。"而成稿于20世纪40年代的《鄱阳县志稿》则这样叙述："双港胡亦常侍公之后，唐时由皖迁来。"两种表述相差了五百余年。关于荆塘范姓，《波阳县地名志》"后范"条说："元末明初，范姓逃避兵乱，从县城上宦岭来此建村，名范家。""前范"条载："明中期，范姓由中城柘里范家迁此建村。以处范家（后改后范）之南，故名。"而《鄱阳县志稿》曰："乐亭（荆塘旧属乐亭乡）范宋初由徽州迁入。"孰对孰错？这些鄱阳的历史沉淀需要后人寻根溯源加以考证，以还原其本真。

高家岭，年轻乡镇实久远

高家岭旧属义仁乡，它以姓为名，与相隔不远的高稼(家)坊有关。明末，高稼坊人将这块本属高氏祖业的土地收入囊中，让荒无人烟的山丘上住了高家子孙，于是有了今名。高家岭之所以成为今天鄱阳的基层乡镇，完全是因为占了地理优势：位于芝田公路边上。新中国成立后，高家岭的名气渐渐大了，逐渐变成这一地区的行政中心，成为县派出机构——区的所在地。原站前乡所辖划归其属后，所属范围又有了扩大。于是，高家岭成了基层重要行政单位。

高家岭的崛起，让原比它出名的五十里岗和同级基层行政单位栈(站)前逊色不少，以至人们津津乐道了数百年的"五十里跑马岗"的传说，也慢慢地不再成为茶余饭后的谈资，而得名于这种传说的"栈(站)前"，也渐渐被人淡忘。

五十里岗和栈前的得名，源于淮靖王朱瞻墺来鄱。民间说，淮靖王不愿到鄱阳守藩，解缙便编出鄱阳有"十里磨刀石、十五里茶亭、三十里康村、四十里街、五十里跑马岗、六十里花桥"之类的故事，诱使淮靖王跑来鄱阳(而真实的历史是，朱瞻墺来鄱时，解缙已经去世21年了)。又因为这处五十里跑马岗成了古道通衢，客店、货栈日益增多，于是有了栈前之名。20世纪50年代人民公社化运动时，为突显政治特色，利用谐音"站在先进行列之前"之意，"栈前"于是改名"站前"。不过当地人仍称作栈前。其实，不管五十里岗还是栈前，它们都无法叙述高家岭镇的历史。在这个地区，能体现悠久历史的，恐怕是两座山：韩山和八棱山。

先说韩山，关于它的传说太多了，只为一个取名，就有多种版本。一种版本说韩山原名安山，后因汉代开国功臣韩信，在山中建一祠院而改名。另一说为，韩山原名雨淋山。东汉时有高姓人氏名世宝者，助刘秀诛王莽、伐巴蜀有功，死后被封为韩王，后葬于此山，遂名。两种版本虽然大相径庭，却有共同之处：故事都发生在汉朝，而且与韩字有关。

关于韩信建庙得山名之说，恐怕也像解缙诱淮靖王入鄱阳一样，杜撰的成分居多。我们知道，历史上秦末汉初有两个韩信。史学家为了区别，一个称韩王韩信,另一个为淮阴侯韩信。我们通常所说的"兵仙",是淮阴侯韩信,草根出身;韩王韩信则是韩国王室后裔,根正苗红的帝王之后。

　　韩王韩信(？—前196),是韩襄王庶出的孙子。韩国的版图主要包括今山西南部及河南北部,国都始为阳翟(今河南禹州),后为新郑。秦末群雄并起,张良认为在韩国宗室后裔中,唯韩成贤能,遂劝项梁立韩成为韩王,项梁采纳了这一建议。张良作为韩国司徒,随韩王成攻城略地,幸得刘邦相助,才夺回韩国旧地。在征战中,韩信投靠了刘邦,被封为将军,与张良一起随刘邦入关。楚汉争霸之时,项羽以韩王成无军功且下属张良跟从刘邦为由,将韩王成废为侯,而后杀之。韩王成死后,刘邦许诺若韩信收复韩地,便立其为韩王。韩信不负所托,击败项羽立的韩王郑昌,被刘邦封为韩王。垓下之战后,刘邦认为韩信勇武,便下诏将韩信迁封至太原以北地区以拒匈奴。不久,韩信的国都马邑被匈奴包围,韩信率众献城投降,并充当匈奴攻打汉朝的急先锋。白登之围后,刘邦对韩信的反叛恨之入骨,加之韩信屡屡滋扰汉朝边境,遂命柴武前往讨伐。两军交战,韩信兵败,被柴武斩杀。

　　淮阴侯韩信,生卒年不详。韩信年轻时家中贫穷,没有人举荐他当官,他也没有做生意的能力,因此经常寄居在别人家吃闲饭,很多人都讨厌他。淮阴有个年轻的屠户瞧不起韩信,就对韩信说:"你看上去身材高大,还喜欢佩刀带剑,其实不过是个胆小鬼。如果你有胆量,就用剑刺我一下;如果没胆量,就从我的胯下爬过去。"韩信一言不发,甘受胯下之辱。陈胜、吴广起义,韩信看到了自己建功立业的机会,先后在项梁和项羽手下,但是一直默默无闻。于是韩信离开了项羽转投刘邦。起初他也未得到刘邦的信任,在萧何的极力引荐下,刘邦拜他为大将军。之后,韩信不但帮助刘邦打赢了不少大大小小的战役,而且最终打垮了西楚霸王项羽,使刘邦建立了汉王朝,当上了皇帝。遗憾的是好景不长,没过几年就有人上书告他造反。韩信虽然懂得怎样带兵打仗,却不知道在官场如何才能保全自己。这时,生性多疑的刘邦,开始猜忌这个为自己立下汗马功劳的人,设下了圈套,把韩信抓了起来。没过多久,刘邦又下令赦免了韩信,但撤掉了他的王位,降为淮阴侯。后来在萧何和吕雉的设计下,韩信死在了长乐宫。

　　从上面的简述看,两个韩信与韩山都没有直接的关系。而高姓韩王的分

封，暂时也只见于家谱。但是历代志书却有这样的记载："韩山在义仁乡，去城北六十里有韩山寺。一统志云'韩信祠遗址'，前明敕赐为淮王坟，改名安山。"看来，真相有了点儿眉目，韩山原名"雨淋山"，后来山因庙（祠）而名。这一点没错，但祠非韩信所建，安山是明以后短暂用过的名称。之所以这样肯定，依据当然是清代纂修的《大清一统志》。

至于居于周边的何氏，原是南宋末年由婺源迁入的。鄱阳最早的何姓，为鄱阳镇的执中公，是北宋哲宗时从婺源过来的。何姓与韩姓，实为一家。何字的本义与何氏无关。据有关史料记载，早在有何姓之前，我国最古老的文字——甲骨文中就有"何"字了。在我国的字书、辞书和书法作品及其他典籍中，"何"字的写法至少有20种，义项也有数十种之多。甲骨文中的"何"字，是一个人肩上扛着戈的形状。"何"字在先秦诸子的著作中出现的频率很高，仅《论语》《孟子》《庄子》《墨子》《老子》五部著作中，"何"字就出现过数十次，但没有一次，也没有一个义项与姓氏有关。中国最古老的字典——东汉许慎的《说文解字》，对甲骨文中的"何"字做了这样的解释："何，儋也。从人，可声。""儋"与"檐"相通，简化字为"担"。由此可见，"何"字的本义应当是"负荷""负担""担荷"的意思，与何姓无内在联系。何氏来历怎样，如何得姓？这是许多何氏子孙所关心的问题。专家学者们普遍认为，何姓出现在秦始皇统一中国之后。何，作为姓，源出于音讹，是"韩"的误读。韩姓源自姬姓，春秋时期姬万（韩武子，亦称韩万）被晋武公封在韩地，后来姬万的曾孙韩厥以封邑为姓。司马迁在《史记·韩世家》中也开宗明义："武子后三世有韩厥，从封姓为韩氏。"因此，韩厥被普遍认为是韩姓的始祖，也是何姓的始祖。唐代是我国封建社会的鼎盛时期，何、韩原本是同姓，这是唐以后姓氏书及姓氏学者的共识。唐朝林宝的《元和姓纂》，宋代的《广韵》《古今姓氏书辩证》《通志·氏族略》，元代的《氏族大全》，明代的《万姓统谱》《氏族博考》《姓觿》，直至近人岑仲勉校记、孙望审订的《元和姓纂（附四校记）》，无不记载"何氏为韩氏"，何、韩为一家。历代姓氏书，都把"何"姓来源，归为"音讹"一类，而称"韩氏为何氏"。《辞源》《中国姓氏辞典》《百家姓新编》《中国姓氏起源》《贵姓何来》等书籍也都采此说，直录无异。此外还有一说，认为何氏始祖为何庶。何庶本姓韩，战国时其父亲韩非遭秦相李斯嫉恨、囚禁，死于狱中。为避免被灭族，何庶迁居庐江（今属安徽），并改韩为何,成为何姓始祖。

不管怎样,在高家岭镇是先有韩山,再有何姓。尤其值得一提的是,韩山的资历远胜于得名。早在新石器时代,这里就留下了先人的足迹。1983年,在韩山淮王墓附近,发现石斧、陶片及磨制石刀等新石器时代晚期文物。它应该是继双港乐亭王家嘴之后,又一新石器时代晚期文物的发掘地。

因为涉及韩山,我们不得不说说明朝的淮王。《明史》记载,当时分封在江西的共有三藩(先后有23个藩王),这三个藩王分别分布在南昌、鄱阳和南城。在南昌的是朱元璋的第17个儿子、宁献王朱权宁藩王系;在鄱阳的是明仁宗朱高炽的第7个儿子、淮靖王朱瞻墺淮藩王系;在南城的是明宪宗朱见深的第6个儿子、益端王朱祐槟益藩王系。

朱瞻墺是明永乐二十二年(1424)受封为淮王的,宣德四年(1429)就藩于广东韶州(今广东韶关市),正统元年(1436),因韶州多瘴疠,徙饶州。朱瞻墺在鄱阳在位十一年,正统十一年(1446)薨,葬于韩山,谥曰"靖",故称淮靖王。

淮王在鄱阳共传八代计九王,他们统治鄱阳达208年之久,直到明王朝灭亡后才结束。世袭淮王位的是淮康王朱祁铨、淮定王朱祐棨、淮庄王朱祐楑、淮宪王朱厚燆、淮恭王朱载坮、淮顺王朱载坚及淮王朱翊钜与淮王朱常清(后两位淮王无谥号)。其间,淮康王世子朱见濂与淮恭王世子朱翊镜因早卒未能袭王位,而分别被追封为淮安王与荣昌王;朱常清世子朱由桂则在清兵南下后焚毁宫殿,逃至福建不知所终,因此通常不算作淮王。八代九王及其嫔妃墓均在韩山南麓,墓前有陵堂、高殿、华表、牌坊与官道。由于他们活着时生活骄奢淫逸,死后重殓厚葬,人民极其痛恨与厌恶他们,因此这些淮王的墓茔早被洗劫一空,以致我们无法了解当时的景况。

凰岗，鄱阳文运起始地

据说凰岗的得名，与凤凰有一定的关系，所以得此美称。其说法有两种。一为狮子主峰似凤凰南飞，故名"凤凰岗"，简称"凰岗"。另一说与徐氏密不可分，后唐庄宗同光二年（924），浙江龙游籍京都郎官徐密（879—933），字布卿，解甲南归，途经凰岗，被这里的景色民风吸引，于是定居于此。从此，这里常有凤凰飞来栖于山岗之上，故名"凤凰岗"，意祥瑞之地。两种说法孰真孰假，答案只有一个，这块土地应是鄱阳文脉发祥之地。因为早在凰岗得名之前，此地就非同一般。春秋战国末期，吴芮在这一带办学校，曰"吴芮学堂"，成为鄱阳培养人才之所；东汉初，此地又设立了鄱阳第一所公立学校——"文翁宅"，开江西教育之先河；两晋时，郭璞来到这里，选择东南境的钵钵尖炼丹养生，从此让这座山享有郭璞峰的美名。凡此种种，无不体现了它与"文"的紧密联系和缘分。

或许是这里因"文"而起，所以这里人口密集，日渐繁华。尤其是占较大比例的徐姓，使凰岗从人口稀疏到人烟稠密。目前的资料显示，今日凰岗的地位得以奠定，与徐姓有很大关系。唐昭宗天祐元年（904），李唐王朝已经风雨飘摇。这时一位浙江籍人士徐密，进士及第，入为京官。然而经过宦海沉浮之后，他无心仕途，于是带着寻找更好归宿的心态，由北方到江南，选择了这片土地。果然，二世祖徐清，字廉溪，时称小太公，在落籍之后，生下七个儿子，为家族的繁衍打下了基础。其中老大、老二、老四返回祖籍浙江龙游。老三、老六、老七则留在凰岗。这三兄弟的后裔不仅构建了鄱阳最大的村落——九眼井，而且将子子孙孙散播到凰岗各地。徐氏后裔，有的甚至通过瓦屑坝将后代迁徙到安徽，居宿松、望江、太湖、潜山、怀宁、桐城等地。

对于已经离开鄱阳的徐氏，这里仅仅是祖根，而留在凰岗的徐氏，则在这里抒写着自己的辉煌。西山徐家是凰岗徐氏的分支，这个村自明洪武初迁居至此，已有600多年的历史。因村子坐西朝东依山而建，故称作"西山"；又因村中央有棵槐树，故又叫槐芸村。西山不仅风景好，有瀑布泉、梅花亭、贞洁女牌坊、孝子祠，而且在清代出了很多具有代表性的人物，如以豪爽和轻财著称的徐廷英。他一生乐善好施,三焚券契,免人债务,誉满乡里。又如徐正伦,字倅万,号云屏,生性豪迈,家境富裕,每每散财以济别人急难,因为嗜酒能吟,建"醉吟亭"以寄意,著《闵孺子传》,又刊《陈孝著文集》四卷。

自清末至民国初年,这个仅百余人的村落,常年有"十三只书箱"在外教书,且都是远近闻名的私塾先生,因此赢得了"西山载秀"的美誉。

在清代凰岗徐氏家族中,徐人元及徐玑、徐琳、徐瑗祖孙,名重乡里。徐人元,《江西通志》载其康熙二十三年(1684)乡试中举。徐玑,字衡友,弱冠补弟子员,于豫章书院肄业,清雍正八年(1730)庚戌科进士,历官湖南耒阳、河南嵩县知县,著有《庚之集》《陶村诗稿》。徐人元的孙子徐琳、徐瑗也有文名。

而在明朝,凰岗徐氏家族更是贤才辈出。徐容,字仲容,洪武二十九年(1396)授征士郎;徐顺,字履正,正统年间任休宁知县;徐奇,江西庐州牧马转提领官;徐珍,字伯奇,官都监;徐龄,字永平,天顺年间任湖广按察使典狱;徐高,字宗大,洪武二十三年(1390),任琼州府万宁县(今万宁市)主簿;徐威,字兴虎,由掾吏升任桐城县(今桐城市)主簿;徐儒,天顺年间由掾吏改任湖北黄州府齐安驿丞;徐绍,字源本,成化年间由府掾改任四川重庆府茶课大使;徐福,字永康,成化中期由邑掾改任广东肇庆府税课司;徐通二,成化二十年(1484),由府掾改任福建南浔县山溪巡检司;徐青,字玉鉴,由邑掾任台掾;徐端,字德渊,由府掾任四川马湖府知事。

吴姓、刘姓、陈姓、匡姓在凰岗的历史上也留下了浓墨重彩的一笔。

凰岗吴家边人吴存(1257—1339),字仲退,号月湾,宋末学者饶鲁私淑弟子。吴存从小就努力好学,很有学识。当时,姚燧、奥屯希鲁劝他出仕元廷,吴存不答应。延祐元年(1314),科举恢复,县令三次造访他家,请他参加乡试,他坚决推辞。结果上报朝廷的有关资料中,没有他的名字。饶州府总管史烜说:"是不可无吴先生。"于是,元廷强制性地将他起用。吴存中举,授本路学正,后调宁国路学教授,没多久去任,授本县主簿。延祐七年(1320),吴存受聘主持本省乡试。吴存与黎廷瑞、徐瑞、叶兰、刘炳并称"鄱阳五先生"。著有《程朱易传》《本义折衷》《鄱阳续志》《新志》《月湾诗稿》《巴歈杂咏》,诗词收入《鄱阳五家集》。

清塘刘氏是唐末名将刘汾的后裔,也是凰岗的大家族之一。据其家谱记

载,自南宋年间起,这个家族便开始制定家规家训,并逐步完善,形成了《刘氏家训八条》《刘氏家规十二款》《刘氏垂规凡例二十三则》。刘氏家规家训以"孝"立本,以"廉"为魂,"敦孝悌、教子弟、端士品、立名教、勤生业、事俭朴、务忠诚、戒奸险",教育子弟"不孝悌,虽有功名富贵,亦不足观矣",要求子弟"耕读为本,当教以明理义,励志节";为人为官当"宁方勿圆,宁直勿曲","宁朴实,勿狡诈;宁肯愚拙,勿乖巧"。一代又一代刘氏子弟将家规家训奉为圭臬。刘文桂、刘济众、刘应麒祖孙三人为人所推崇,与刘氏家族的家规家训密不可分。刘应麒的祖父和父亲均为读书人,读书人崇文重教的品行,渐渐影响着刘应麒,而这些都源于刘氏家训"宁方勿圆,宁直勿曲"的谆谆教诲。时至今日,凰岗仍流传着关于刘氏先祖"执礼桥"的故事。五代时期,清塘的刘太清与义城的刘太初,是同一个曾祖父之下的堂兄弟,都是刘氏迁居鄱阳的第三代。二人兄友弟恭,情深意笃,若你来我家做客,那我必把你一路送到家。为了不耽误业产,双方约定在路程中途建桥一座,命名为"执礼桥"。一方造访,另一方送到此桥头便揖别,成为刘氏家训中"敦孝悌"的典型。

与刘应麒同榜的陈文衡,字惟平,隆庆二年(1568)进士,授仁和知县,升刑部主事,改监察御史巡按。陈文衡因代藩夺嫡与徐阶、高拱之间的斗争而受到牵连,外调庐州任推官。后由南京吏部郎中升广东按察副使,备兵罗定。他此后历任湖广参政、山东按察使、广西右布政使。

太阳埠,一个充满朝气和阳光的地名,得名于林士弘揭竿而起750年之后。据说,元末明初,朱元璋与陈友谅大战期间,朱元璋的战船在此停靠,时值太阳初升,于是得名。后来,这里居然形成了一个有20多家店铺的农村商市。在太阳埠管辖的范围里,有两个以匡为姓的村子:里匡、外匡。匡氏是一个古老、多民族、多源流的姓氏群体。当代匡姓人口大约有30万,目前主要集中于湖南、湖北、河南、黑龙江、江苏、四川、山东、江西等省,其中江西境内主要集中于赣东北,吉安市吉水、泰和县,九江市修水县,宜春市丰城市。匡字作为姓氏时应该读 kuāng,古音 qiang 在《现代汉语词典》中没有收录。匡姓源出有四:据《风俗通义》记载,匡原来是一个地名,是春秋时期鲁国的一个邑,句须曾担任匡邑的宰,他的子孙就"以邑为氏"而得姓,称为匡氏。《通志·氏族略》上也有记载,匡氏起源于匡邑,是鲁国匡邑宰匡句须的后人。匡氏发祥于山东,并且长久以来称盛于山东。望族居于晋阳郡，就是现在的山西省太原市。故匡氏后人奉匡句须为匡姓的得姓始祖。到北宋初年，为避宋太祖赵匡胤之讳，改匡姓为主氏。政和年间，朝廷认为民姓中有主姓，大为不妥，遂令主姓改为康姓。北宋以后，有的康氏族人恢复了祖姓，仍为匡氏。又有一说，匡姓源于以国名为姓氏。上古时有匡国，周武王时，匡侯的后裔匡俗兄弟七人在庐山结庐而居，因此又称为庐山匡氏。此外，还有两种说法。在这两种说法中，匡姓同样源于以邑名为姓氏。其中，春秋时期郑国有匡邑（今河南省扶沟县西南），当地人多称匡氏；同一时期的魏国亦有匡邑（今河南省睢县西），当地居民同样以邑名"匡"为姓。

凰岗称为凤凰之岗，藏有凤来栖之寓意，其实归功于急流而下，但到此水流缓和的昌江。唐以来，尤其在南宋后，景德镇的瓷器名声渐显，祁门茶、昌南瓷、浮梁竹木在这里中转，使具有一定地理优势的小村发展成为重要的码头。

新中国成立以来，人们惯称的是现代凰岗，即中心在河西的凰岗。其实凰岗原先的闹市在河东，河西反而不及河东。一场洪灾，让凰岗改变了格局。清道光二十四年（1844），昌江上游山洪暴发，瞬间水深数丈，高及屋脊，凰岗顿时成为泽国，不少店铺顷刻被水吞噬，坍塌无存。从此，河东商市逐渐衰落，近百家商铺仅剩二十余家。正是从这个时候起，河西市场取而代之，有商铺六十多家，正街长近两百米，横街长近百米。1930 年，一场战乱，使商市焚毁殆尽。其后再度重建，拓宽街道，铺砌麻石，街市焕然一新。

历史的选择，往往是必然而非偶然。在开启鄱阳文运两千多年后的 1939 年，凰岗再次迎来了又一大杏坛幸事。日寇对鄱阳的狂轰滥炸，使当时鄱阳的有识之士，将鄱阳的最高教育机构——江西省立鄱阳中学暂迁到凰岗河东。千余人骤然至此，不但推动了这块土地的文教事业，而且带动了商业的更大发展。

侯家岗，乡名原自秦朝得

　　侯家岗乡位于鄱阳北部，地处江西九江、景德镇和安徽安庆三市交界腹地。查阅鄱阳历史，地名自秦朝得名的乡镇，恐怕只有这个侯家岗了。据传，战国末期战争频繁，兵荒马乱，散兵游勇，四处抢劫。吴芮为保卫乡亲不受伤害，组织了一支深受百姓拥戴的军纪严明的队伍抗击流寇。这支亦兵亦民自卫性质的队伍很快发展壮大，分布在鄱阳、秋浦（今池州东至一带）、余干、浮梁各处的要道。其中有支小分队见侯家岗地势险要，便屯兵于此，守护一方。后来，吴芮升为番令，守候此地的头领也得到秦始皇封侯，此处便得名侯家岗。另据地名志记载，相传唐末程姓在此地建村，因地处小山岗，故名"上岗村"，后有河南商城侯姓迁于此，于是改名为侯家岗。

　　侯姓出自姒姓，是夏禹的后代，相传夏后氏的后裔有的被封于侯，子孙以地为氏，称为侯氏，得姓始祖晋侯缗，曾经主政晋国二十八年，后来为曲沃武公所灭，他的子孙随即纷纷逃到别的地方避祸。也就在这个时候，有一部分子孙开始以侯为氏。侯氏是中国北部最主要的姓氏，最初发源于河北省，很快便遍布北方各地，到了秦、汉天下一统之后，在现在的河北中部和西部一带繁衍得最为旺盛，表现得最为优异。因此，长久以来，侯姓人家都世代沿袭着"上谷"的堂号，因为现在河北的中部和西部汉朝时正是上谷郡的所在地。魏晋南北朝时期，鲜卑族进入中原后，将本族的复姓改为单姓，其中像"侯莫陈氏"就简化为侯氏。后来，侯氏还与满族融合。由此可见，侯姓是一个多民族的姓氏。侯姓虽源出多支，但早期主要是在现在河南、山东省境内发展繁衍。秦汉之际，中原一带战争频繁，部分侯姓人外迁到现在河北、甘肃的一些地方。此外，侯姓还分布在今陕西、福建的一些地方。宋、明时期，现在的湖南、湖北、江苏、江西、浙江、北京、上海等省市均有侯姓的聚点。南宋绍兴十二年（1142），侯家岗人侯适中进士。

　　侯家岗得名的真伪无从考证，但历代《鄱阳县志》"山川"条中载，侯家岗辖区内有座山，与秦朝相关。这座山叫秦望山，民国时的县志是这样记载的："秦望山，俗称陈母尖（相传明太祖朱元璋与陈友谅作战时，陈妻观战于此，手撕竹叶如绦,至今竹叶如丝条状),在船湾乡,去城一百三十五华里,自怀仁乡分脉,连绵盘旋逶迤数里,高六百余公尺,晴峰(相传秦始皇南巡驻跸于此)独胜绝。"

陈母尖在侯家岗往东偏南,狮子门北端,现屋场上与火厂里之间,海拔344.2米。一座山居然留下两种传说,可以说这座山有点儿不平凡。只是它与秦始皇南巡扯在一起,似乎又让人有点儿费解,尤其是"相传秦始皇南巡驻跸于此"。何谓驻跸?驻跸是一个词语,意思是皇帝后妃外出,途中暂停小住或帝王出行时开路清道,禁止通行,泛指跟帝王出行有关的事情。

秦始皇统一中国后,修筑了从咸阳辐射全国的四通八达的驰道,从统一天下的第二年起,他就开始了大规模的巡游。为帝十二年,秦始皇先后巡游达五次,平均两年多一次。第一次巡视是公元前220年,即统一的次年。"始皇巡陇西、北地,出鸡头山,过回中。"这是秦始皇旅游的开始,到了宁夏西部、甘肃东部,经甘肃陇西,到达秦人祖先故地天水、礼县,再沿祖先东进路线回宝鸡、岐山、凤翔,归咸阳。

第二次是公元前219年,秦始皇这次主要是巡视东方郡县。因为东方是原六国之地,是在统一战争中新设立的。他不辞劳苦地开展各种各样的活动:封禅,祭祀名山大川,首次让泰山封山勒石刻碑,歌颂秦军和自己的功德。为去海上仙岛求取不老仙药,秦始皇派徐福带五百童男童女驾船出海。他还去了烟台、胶南,沿东海到江苏的海州、徐州,又南下安徽,渡淮河,到河南,车轮又碾过湖南长沙等地,归途从陕西商县回咸阳。

第三次是公元前218年,"始皇东游,至阳武博浪沙中,为盗所惊。求弗得,令天下大索十日。登之罘,刻石。之琅琊,道上党入"。这次巡游由于遇到刺客,时日不长。

第四次巡游是在公元前215年,秦始皇开始第一次北巡,从潼关过黄河去山西,到了河北邯郸,东抵秦皇岛,出了山海关,到达辽宁绥中海滨。回途自内蒙古始,经陕西榆林,回咸阳。秦始皇令三十多万大军历时两年半,修建了全长七百多公里,从咸阳直达内蒙古包头的秦直道。

第五次是公元前214年。第六次是公元前210年,秦始皇先后到达湖北、湖南、安徽、江苏、浙江、山东、河北。

单从上面秦始皇巡游的路线和巡游地看,他到侯家岗的可能性几乎是零。

可是,历史的诡谲,有时往往使不可能成为可能。因为秦始皇后两次的南巡,是从湖南到江浙。古代的道路并非今天的模样,巡游路线记载得并不具体,所有细枝末节都被时间修改得面目全非。因此,秦始皇驻跸侯家岗的可能性是存在的。

此外,《方舆胜览》中载:"徐铉小说载鄱阳山中有木客,自言秦时造阿房宫采木者也,食木实遂得不死。时就民间饮酒,为诗云:'酒尽君莫沽,壶倾我当发。城市多嚣尘,还山弄明月。'"徐铉(916—991),字鼎臣,在古文、书法、诗作等方面皆有成就,曾参与校订《说文解字》,参与编纂《文苑英华》,现存文集 30 卷。虽然"鄱阳木客"的说法见于小说,且类似传说,但鄱阳与秦朝的联系当不是空穴来风。侯家岗的渊源值得我们研究,或许能发现文物古迹。

再说山上的青竹,这种条状叶的竹,学名凤尾竹。凤尾竹是禾本科,是簕竹属孝顺竹的变种。植株较高大,高 3—6 米,竿中空,小枝具 9—13 叶,稍下弯,直径 1.5—2.5 厘米,尾梢近直或略弯,下部挺直,绿色;节间长 30—50 厘米,幼时薄被白蜡粉,并于上半部被棕色至暗棕色小刺毛,后者在近节以下部分较为密集,老时则光滑无毛,竿壁稍薄;节处稍隆起,无毛;分枝自竿基部第二节或第三节即开始,数枝乃至多枝簇生,主枝较粗长。凤尾竹喜光,稍耐阴,喜温暖湿润的气候,喜欢潮湿和温暖、半通风和半阴的环境,观赏价值较高,宜作庭院丛栽,也可作盆景植物。由于古代人对这种竹认识不够,便杜撰出这个故事。奇怪的是,这个故事怎么与陈友谅之妻联系上了?

查侯家岗地区,陈姓人氏不多。就陈友谅来说,他的名声在人们心目中并不太好,无论史载或民间流传,都是贬多于褒。

陈友谅(1320—1363),湖北沔阳(今仙桃市,一说湖北监利)人,农民起义领袖,元末大汉政权的建立者。很多历史文献通过神化朱元璋来丑化陈友谅,这是封建王朝"成王败寇"的惯性思维使然。陈友谅是一个传统意义上的坏人,但在乱世,他的行为法则也是为了求生存。他的错误在于,将这种法则发展到了极致,直到走火入魔的地步。他迷信暴力,不讲基本的信义,丧失了人心。可他又是一个真正的枭雄,他坏事做尽却又敢作敢当,具有极强的军事和政治才能,反抗元朝的统治,自始至终从来没有向元朝妥协,并坚持到了最后。另外,他造船本领极高,后来他输给朱元璋的一个原因就是输在了自己制造的巨大舰船上。

从某种程度上说，陈友谅与朱元璋争天下的历史意义，并不亚于项羽与刘邦，且两者颇有相似点。比如论反秦的战功，项羽大于刘邦；论反元的功绩，陈友谅大于朱元璋。然而，陈友谅的形象和影响，远远比不上项羽。这与《明史》在清代由官方修撰有关，成王败寇是一个原因，刻意打压陈友谅是肯定的。《明史》中关于陈友谅的记载，大多数是负面的，说他"性雄猜，好以权术驭下"，就是说他生性多疑且好弄权术。这也是现在的文学影视作品丑化他的重要原因。

陈友谅出身贫苦，自小看多了官吏欺压百姓之事，对官吏恨之入骨。他带领起义军每攻克一地，最拿手的事，便是把贪官处以烹刑，一煮了之。这种酷刑让官员们闻风丧胆，至今他的出生地还流传着一首古老的歌谣："蒸人的甑，煮人的锅，狗不快活，我快活！"这里的"狗"，就是指贪官。

陈友谅一直坚定地站在反元的最前线，直接指挥了安庆战役。当时守安庆的是余阙，此人曾被元朝任命为淮西宣慰副使、都元帅，后因守安庆有功，升任淮南行省左丞，并赐二品服。朱元璋不愿讨伐余阙，说此人是忠臣，如果大臣们都像余阙这样，元朝就不会乱了。而陈友谅却敢于啃这块硬骨头，为了攻打安庆，他付出了极为惨重的代价。两军大战于安庆城东练树湾，余阙亲率兵士，手刃数人。余阙的英勇令陈友谅赞叹不已。他说："儒者之勇如此，使天下皆余公，何患城守之不固哉。"这场战役从 1352 年一直打到 1358 年，陈友谅损兵折将，终于拿下了安庆城，余阙"引刀自刎"，沉于清水塘中，他的妻妾也都投井而死，获得了"满门忠烈"的好名声。反倒是陈友谅，为反元之战立下汗马功劳，成了一个逼死忠烈的"罪人"。后来，朱元璋当上皇帝后，对余阙等元朝的殉葬者大加表彰，对元朝的降官和在元朝任过职的文武官员，则大加污辱或者杀害。明朝的蒋一葵在《尧山堂外纪》中记录过这样一个故事：元顺帝养的一头宠物象，很善于跳舞。元顺帝逃走后，朱元璋把象弄到了南京。在宴会上，朱元璋让这头大象跳舞，大象死活不肯跳，他一怒之下杀了大象。第二天，朱元璋在大臣危素的身上挂了两块木牌，左边写着"危不如象"，右边写着"素不如象"。危素在元朝官至参知政事，后归降明朝。朱元璋视其为亡国之臣，瞧不起他，后来还贬他去守余阙庙。

或许知情人了解陈友谅的情况，但又不敢名正言顺地为他正名，于是借用他的妻妾编了一个凤尾竹的故事，借此对这位枭雄表示怀念。

油墩街，汉墓群和移民点

虽说偶然在必然之中，但人们看到的多是历史的偶然，而往往忽视那个突然改写以往历史的现实。翻开地名史我们就会发现，很多地名都出自偶然，一种偶然的机缘。比方说这个称作油墩街的镇，据说只因有油榨坊建于土墩上，就有了今天的大名，而且它的历史不长，仅仅产生于明朝。相反，在距它不到十公里的莲山脚下，却有一群存在了两千多年的墓葬。在油墩，这个存在一千五百多年的历史遗存，若不是一次偶然的发现，是远远得不到人们的重视和认识的，很可能使我们失去对历史的追溯。

莲山汉墓群坐落在原莲山乡、桥头乡和今谢家滩镇交界处。大部分墓冢分布在莲山乡的莲花塘、百花塘村附近，犹如一条蜿蜒的巨蟒，头在桥头彭丰一带，躯干在莲山莲花塘、百花塘村，蟒尾则延至谢家滩镇的口前和莲山的上堖村一带。全部墓冢计119座，分布面积达4平方公里，已出土文物如铁剑、铁鼎、陶仓盖、陶果盆、陶炉灶、陶斧等，多是生活用具。

莲山汉墓群的发现，确实是一次"偶然"。

1982年底，当地一些村民跑到有关单位报告，称他们在山包取土回家填地面和制土砖做房子时，发现山包里的泥巴非常松软，土质富有黏性。于是他们顺着这样的土，一直往下挖，结果居然挖到一些坛坛罐罐和生锈的铁剑之类的器物。1983年，有关单位邀请江西省博物馆和考古研究所的专家以及本县的相关人员，组成了一支考古队，到实地进行考察。专家们这才了解到，早在20世纪五六十年代搞水利建设时，人们已经挖掉了许多这样的"山包"，并且伴有陶器、铁器，如釜、鼎、罐等器物出土。专家们深入村民家中，根据找回的文物形状、花纹、大小式样分析，再对照山包形状、地理位置等综合考察，这才认定这一带为汉代墓葬群。

古墓群的发现，既让人惊喜又使人困惑。为什么这一带出现这样一群墓葬，墓葬的主人是谁？因为文物所限，它一直成为人们心中的一个谜。

对于这样一个存在，窃以为它的重大价值，并非墓主的身份，而是我们这片土地在当时的开发与利用。莲山汉墓群再次证明,我们这个古邦不仅是吴芮看重的饶河流域,有先人活动的足迹,而且古番(音pó,下同)大地上遍布番人的足迹。

纵观历史,我国的殡葬起源于原始人对"弃尸"看不下去,心中不忍,而采取的一种理性举措,是人类自我意识达到高度清晰后的产物。而土葬,则是我国各民族丧葬中最基本、最普遍的一种。特别是由于历代帝王基本上采用土葬法,而且在重丧厚葬、选址讲究风水的影响下,民间也开始仿效。在距今两千多年前的汉代,人们相信人死后灵魂永存,会在另一个世界像活人一样继续生活,因而注重把死人当作生人一样看待。为了使死者过上舒适、安稳的生活,墓室的形制和结构尽量模仿现实中的房屋,随葬品大多是生人所用的工具、物品,甚至房屋、田地和家禽、牲畜之类也被制成模型和偶像,以供随葬,完全根据现实生活来为死者构造地下世界。"厚资多藏,器用如生人"的习俗,从古沿袭至今。

与此同时,在中国古代,传统农业社会的人民与土地牢固地连在一起,安土重迁,聚族而居,形成相对封闭的社会生活圈。在同一个生活圈里生活的人民,基本上保持着一定的宗族血缘关系。一个自然的聚落就构成一个里,它是人们的一个基本的活动范围,是人们社会生活的重心。《汉书·沟洫志》载贾让的奏疏说:"时至而去,则填淤肥美,民耕田之。或久无害,稍筑室宅,遂成聚落。"这段话基本上反映了古代自然聚落的构成方式。《三国志·蜀书·杜周杜许孟来尹李谯郤传》记刘备之言说:"昔吾居涿县(今涿州市),特多毛姓,东西南北皆诸毛也,涿令称曰:'诸毛绕涿居乎?'"此条史料说明,至少到东汉末期,宗族聚居现象仍很普及。事实上,在楚汉相争之时,这种族居现象就已经存在。如张良反对刘邦立六国之后曾说:"天下游士离其亲戚,弃坟墓,去故旧,从陛下游者,徒欲日夜望咫尺之地。今复六国……天下游士各归事其主,从其亲戚,反其故旧坟墓,陛下与谁取天下乎?"(《史记·留侯世家》)张良所谓"离其亲戚,弃坟墓""从其亲戚,反其故旧坟墓",正说明当时的宗族是"合其亲戚,终老于一地的"。陆贾见南越王尉佗时也说:"足下中国人,亲戚、昆弟、坟墓在真定。今足下反天性,弃冠带,欲以区区之越与天子抗衡……汉诚闻之,掘烧王先人冢,夷灭宗族。"这也可以证明亲族之人原是聚居,死则葬于一处。安土重迁,在汉代是一般的社会形态。莲山汉墓群是不是这种现象,我当然没有资格和依据断言。但是,它绝非战争带来的结果,更不是豪门望族、王孙显贵的坟冢。

后来又发生了一件更让人震惊的事:1991年乾湾村兴修马路时,村民发现一个叫甗瓦的青铜器。青铜甗瓦为两件青铜器叠合为一体的青铜器,上面的器具形同蒸笼,下面的器具宛若火钵,是用来蒸饭的器皿。它高75厘米,重达14.5公斤,外表花纹清晰可辨,经鉴定为商朝铸造。如今,这件青铜甗瓦已被评为国家级保护文物,陈列于江西省博物馆内。

甗是干什么的?考古学家们认定,它主要为日用器,亦兼作礼器,并与鼎、盘等配合。形制有圆形、方形,多为圆形、立耳,少数为方形;有上下合体者,也有上下分体的。从器型变化上来讲,新石器时代的陶甗,甑部较大,鬲部较小。商及西周早期的铜甗,甑、鬲比较多的是混体合铸,有两个直耳。春秋战国时的甗,甑、鬲多为分体,直耳变为附耳。晚期的甗有方形、四足、两耳、上下分铸者,方形甑内有隔层,可同时蒸两种食品。

就是这个物件,让我们对汉墓群有了更进一步的认识:墓葬出土文物多是汉代的,而青铜器则早于先秦。这里有两种可能:一、这个家族在这一带生活的时间较长,早于汉代的原居民;二、这个家族不是古番的山越族民,而是从北方迁徙来的外来族群。不管怎样,联想到吴芮的吴国祖籍,莲山墓葬群中沉睡的人们,应是鄱阳历史上另一个并不显赫,但生存历史或许更悠久的先民。至于与英布的联系,恐怕有点儿牵强。

总之,莲山汉墓群凸显的不仅是文物,而是我们这个地区的历史与文明。铁器的使用,让我们知道司马迁《史记·货殖列传》中所说“江南卑湿,丈夫早夭……地广人稀,饭稻羹鱼,或火耕而水耨”的记述,有失真实。至少,古代的鄱阳并不是如此,西汉或以前,鄱阳的生产与生活工具,已经拥有了与北方同等的文明。

除了莲山汉墓群,油墩街曾经也是明初的移民点之一。

翻开我们的乡镇迁居史,不难发现我们这个古邦既有人口迁出,也有人口迁入。只是迁入是“零售式”的,迁出则是“批发式”的。如今,我们知道瓦屑坝曾是当年重要的“批发式”移民迁出点。而对于这个曾经土墩上建有榨油坊的油墩街,我们却很难联想到它曾经也是那个时代的移民重地。其实,对于“江西填湖广”时鄂东南重要移民中转地——现湖北省阳新地区的居民来说,油墩街与瓦屑坝、筷子巷同样重要。油墩街就是他们先祖分家的地方,是江西移民从陆路迁徙到湖北的始发地。

在中国历史上,鄱阳除在元末明初发生的移民活动中,经瓦屑坝大量移民安庆地区之外,还有过"江西填湖广"的大规模移民。这看似毫不相干的两次移民活动,无论是起始时间还是背景,都既有关联、互相交叉,又各有特色。瓦屑坝移民一部分赴安徽怀宁地区,油墩街移民一部分赴鄂东南的阳新,然后又从这里扩散到湖北其他地方,如咸宁、通山、大冶,甚至成为"湖广填四川"的移民的主力军。

据史料记载,"江西填湖广"是元末明初大规模移民活动中的一个组成部分,而且一直延续到清朝。从湖广移民的迁徙路线看,约有90%的移民聚居在长江中下游的江、浙、皖、赣。也就是说,长江流域有一个由东向西的移民趋势,而且是两湖移民来源的主要特征。在这些移民中,江西移民占了90%。据推算,两湖现代人口中有60%—70%是江西移民的后代。"居楚之家,多豫章(指江西)籍"。所以,民间以"江西"来代称移民的来源。江西移民,主要出自明、清时期的饶州、南昌、吉安、九江四府,即今鄱阳、余干、景德镇、乐平、南昌、丰城、九江、德安、吉安、泰和等市县,赣北多于赣南。当时,成千上万户外省移民扶老携幼,远途跋涉,迁入两湖,自主择居,看似无序,实际上很有规律。以江西为主的长江中下游移民在两湖的分布,由东向西逐渐减少。湖北东部的家族中,江西移民占80%;而在西北部,江西移民还不到30%。

阳新位于湖北省东南部、长江中游南岸、幕阜山脉北麓,地处鄂赣交界处,与江西修水、武宁、瑞昌三地相接,是多山之乡、百湖之县。阳新于公元前201年置县,全县有2000多平方公里土地、98.3万人。倘若复原当时的移民路线,可以看到,移民是水陆并举迁入两湖的。进入湖北以水路为主,移民充分利用长江,乘船溯江而上,先选择鄂东定居,所以在湖北东部,江西移民最多。此外,在江西一侧的修水、武宁、瑞昌,通过幕阜山中段的白岭和大洞两个关口(也就是现在的316国道),成为陆路移民的主要通道。油墩街地处鄱阳西北,其西部有西河,往南有庙前湖,都与鄱阳湖相通,这是水路。至于陆路,它距古代通往江州(治今九江)的驿道很近,辐射范围很大;往南与铺田街相通直达县城;往东与田畈街相通,直抵浮梁;往北与谢家滩、石门街相连转程安徽;往西更是登庐山访浔阳、离赣赴鄂的必经之途,水陆交通都很方便。加上这里又是古代鄱阳的居民聚集地,它成为移民点也就不奇怪了,关键是我们自己忽视了这个历史事实。

古县渡，曾经的县级中心

当昌江水流一泻而下，过凰岗、太阳埠至鸳鸯垲后，港深河阔，水势渐缓，这里便是曾经的鄱阳县治所在，不少历史地理文献中称之为"故县"，而今为鄱阳的一个乡镇——古县渡镇。

同治版《饶州府志》"鄱阳旧县"条载："在县东六十里，今名故县渡。汉吴芮初居故县，后创今治。东汉时仍治故县。吴赤乌八年（245），徙治吴芮故城，即今治。"这条释义前后颠倒，造成的错觉是吴芮创了两个县城，一为鄱阳镇，一为古县渡。其实，这是对古代历史地理学家注释的曲解。

关于吴芮故城，历史上并没有争议，出现"故县"一说的最早依据，是南北朝刘宋王朝的《宋书》。《宋书》是梁朝沈约写的。《宋书·州郡志》中的文字是这样的："鄱阳太守，汉献帝建安十五年，孙权分豫章立，治鄱阳县。赤乌八年，徙治吴芮故城。"把这段话译成白话文，应该是这样的：鄱阳太守这个官职，是建安十五（210）由孙权分豫章设立的，郡治在鄱阳县。赤乌八年，治所从鄱阳县迁徙到吴芮故城。这段文字非常明了，早在战国末年，吴芮便在鄱阳镇筑了城，鄱阳立县后，这里便成了吴芮故城。吴赤乌八年，孙权把设在古县渡的县治迁回吴芮故城，也就是今天的鄱阳镇。

北宋江西人乐史写的《太平寰宇记》"鄱阳县"条："即吴芮所居之城也，在彭蠡湖东，鄱水之北。"《太平寰宇记》还有一段关于鄱江的条注："浮梁、乐平、余干等三县水合为鄱江，经郡城南，又过都昌县，入彭蠡湖。"既然鄱江是由浮梁、乐平、余干等县的支流汇成的，在鄱水之北，吴芮故城无疑是鄱阳镇了。

那么，古县渡作为曾经的鄱阳县治所，应该在什么时候？根据历史上发生的事件看，应该是东汉末年。东汉献帝建安八年（203），孙权派征虏中郎将吕范，收复了鄱阳。七年之后（210），分豫章郡地，设置鄱阳郡，就是把鄱阳从西汉时的豫章郡（现在的南昌）划出，设立了鄱阳郡。

纵观我国的历史，两千多年来的行政区划，越往后越细致，权力越来越集中于中央，数量由少到多，辖区由大到小，层级由高到低。

　　秦朝建立后,划天下为 36 郡,郡成为最高的行政区划。到了秦朝末年,郡的数目增加到了 48 个。汉朝以后,由于秦郡的辖区较大,当时江西地区就一个豫章郡,于是将这些郡的辖区范围划小,一些郡被分成多个郡。魏晋时期,江西属于吴国,行政划分由东汉时期的 1 郡 26 县增加到 6 郡 57 县,分别是:

　　豫章郡,治南昌,辖 16 县。旧有 10 县:南昌、海昏、新淦、建城、上蔡、永修、建昌、彭泽、艾、新吴;新设 6 县:吴平、西安、宜丰、阳乐、富城、钟陵。

　　庐陵郡,治西昌(今泰和),辖 10 县。旧有 3 县:南野、石阳、高昌;新设 9 县:西昌、巴丘、东昌、遂兴、吉阳、兴平、阳丰。

　　鄱阳郡,治鄱阳。建安十五年,孙权在镇压了彭虎等数万人的反抗后,"分豫章为鄱阳郡",辖 9 县。旧有 4 县:鄱阳、余汗、鄡阳、历陵;新设 5 县:广昌(280 年改称广晋)、乐安、葛阳、上饶、建平。

　　临川郡,治临汝,太平二年(257),孙亮"分豫章东部都尉立",辖 10 县。旧有 2 县:临汝、南城;新设 8 县:西平、东兴、南丰、永城、宜黄、安浦、西城、新建。

　　安城郡,治平都,宝鼎二年(267),孙皓立,辖 6 县。旧有 2 县:宜春、平都;新设 5 县:永新、新渝、安城、萍乡。

　　庐陵南部都尉,治雩都,嘉禾五年(236),孙权立,辖 6 县。旧有 2 县:雩都、赣;新设县:阳都、平阳、安南(亦作南安)、揭阳。

　　孙权这一分立,不但提升了鄱阳的行政地位,也为鄱阳后来的发展定下了基调,鄱阳从此有了一个好名分。所以在西晋陈寿写的《三国志·吴书》中,鄱阳这个名称出现了二十来次。试想,如果鄱阳没有这个名分,能有这么高的出现频率吗? 也就是从这时候起,鄱阳在后来的朝代中有了州府的地位,有了自己的文化。否则,鄱阳文化就无从谈起,中国第一大淡水湖也不会被冠以鄱阳之名。

　　孙权为什么分豫章立鄱阳郡? 这既是统治阶级权力分配的需要,也是社会生产力适应社会生产关系发展的必然。

　　当时的鄱阳,山越人活跃。山越是百越的一支,它是汉代对在今天江苏、安徽南部及浙江、江西、福建一带山区生活的古越族后裔的通称。山越人与汉人区别不大,其中还包括一部分因逃避赋役而入山的汉人,所以山越人虽以种族做称谓,但实际上是指居于山地的南方土著。他们以农业为主,种植谷物;山出铜铁,自铸兵甲;大分散,小聚居;民风彪悍,好习武,以山势为依托,组成武装集团,其首领称"帅",不服朝廷统治,远离封建中央政权,处于半独立的状态。

东汉末年,天下大乱,孙氏初定江东,境内山越人众多,分布极广。他们往往与各地的"宗部"——一种以宗族乡里为基础组织起来的地方武装集团联合起来,对抗孙权,成为孙吴政权的心腹之患。孙权从建安五年(200)掌权之时起,便分遣诸将镇抚山越人。建安八年(203),孙权西征黄祖,正待破城之时,山越人复起,严重威胁孙吴后方,迫使孙权撤兵。孙权东撤后,派吕范平鄱阳,程普讨乐安(今江西德兴东北),太史慈领海昏(今江西永修西北),以黄盖、韩当、周泰、吕蒙等,充任山越人活动最频繁地区的县令长,悉平各地山越。在孙权收复鄱阳的第七个年头,山越族人彭虎率数万人反吴。孙权在镇压了这支农民起义队伍后,决定设立鄱阳郡。建安二十一年(216),一个叫尤突的鄱阳人接受了曹操的印绶,准备投奔曹魏,后被贺齐与陆逊镇压。孙权黄武五年(226),鄱阳山越民彭绮自称将军,攻陷了好几个县。当时的鄱阳太守王靖因镇压不力,受到孙权谴责,改周鲂任太守。周鲂用了三年时间才将彭绮抓获。孙权嘉禾五年(236),山越民彭旦又起来造反。第二年,孙吴中郎将周祗赴鄱阳郡征兵。周祗问计于陆逊,陆逊认为鄱阳郡百姓易动难安,不招募为妙。周祗等不听,果然激起民变,吴遽等人聚众起义,杀死周祗。陆逊与陈表征讨吴遽,吴遽被招安,得精兵八千余人,三郡平定。

从上面的叙述看,故县作为县治与广晋县的设立时间差不多,应该是东汉末孙氏占据长江中下游地区的前期,到山越平定后,县治才迁回吴芮故城。

总之,三国东吴时期是鄱阳后来历史发展的重要转折点。虽然在当时曾经发生了多次山越民起义,但总体来说,给鄱阳带来的正面作用大于负面的效果。尤其是三国东吴给了鄱阳这样一个地位,加上后来接连发生的几件大事,对鄱阳的经济社会发展和文化提升,直接产生了深远的影响。而古县渡在这一时期有过的殊荣,也为后来的发展奠定了基础。

在古县渡镇西有座桥叫武阳桥,桥取名武阳,与古县渡在西汉时的称谓有关。东汉班固所著《汉书·地理志》载:"鄱阳,武阳乡右十余里有黄金采。"《江西通志》载:"《汉书·地理志》:'鄱阳武阳乡有黄金采。颜师古注云:采者,谓采取金之处。'"《读史方舆纪要》载:"武阳城,在府东五十里。《名胜志》:府东北六十里南和乡有武阳县故址。《汉志》注:鄱阳县有武阳乡,右十余里有黄金采,采者,采取金之处。"武阳县相传在城东北今南和乡。据考证,豫章、鄱阳郡均未载有武阳县名,唯《汉书·地理志》中有武阳乡。可见,武阳桥得名绝非偶然,而是与古县渡镇旧时得名相关:故县渡汉时称武阳乡。武阳县呢? 史籍无载,县志有说,并非子虚乌有,但很模糊。然而,一个家族的族谱提供了一条线索,而且这条线索合乎情理。游城乡高家坊的《高氏家谱》的谱序中写道:其先祖因参与平定林士弘农民起义有功,得到唐高祖李渊的封赏:将林士弘鄱阳的各处产业,分立二十九庄,赐予高氏。"帝八载亦不轻易林氏产业,方圆六十里尽付纶管。东立兵田、屯田;西立两寨,界潭是也;北立一城,名曰游城;又立一营一寨,是桃花池,通池州路是也;南立一县武阳,今故县渡是也。"原来武阳县的设置,是临时性托管的产物,是对操师乞、林士弘的据点进行清理时的一项举措,所以正史与古籍查不到出处。当然,家谱的可靠性值得深思与探讨,但在某些事件上的记载,尽管不可能百分之百准确,但仍不失其参考价值。于是,一次短暂的存在,使严肃的历史因一个不严肃的事件,而让后人莫名其妙地无从认定。

古县渡镇武阳桥北有座山,南宋以前叫烟波山,后叫洪府山。山势犹如一把藤椅,坐北朝南,面向昌江。在"藤椅"靠背的中央是我国宋代爱国名臣洪皓之墓,即旧县志所说"洪皓墓在鄱阳县之古县渡烟坡山(洪府山)"的所在。洪皓(1088—1155),字光弼,其祖先原居安徽歙县篁墩,唐代末年因避战乱,始祖洪玉开始徙居乐平岩前村,以耕种为业。到了北宋中期,洪氏七世祖,也就是洪皓的曾祖父洪士良,开始兼营商业运输,家境逐渐富裕起来。洪士良经常往来于鄱阳县与乐平县(今乐平市)之间,贩卖米盐,后看中了饶州郡城以东四十里的瀼港村(今三庙前乡阳家湾村北)。瀼港原来是古县渡雷姓所居住的村庄,坐落在昌江南岸的瀼港山之北,这里是通往县城的港口。瀼港山势呈弧形,昌江正好在这里拐了个弯,瀼港村就在这山环水抱之中,它面朝昌江,水上交通十分便利,是安居的好地方。洪氏于是以稻谷万余斤,绢帛两匹,鱼、盐若干,与雷氏村民换得一块土地建宅,名为仓储之用,实际为洪氏新田庄。也就是从这个时候起,洪士良正式落籍鄱阳。古人三代为籍,这就是《宋史》(包括古籍)将洪皓及其子列为鄱阳人的根本条件,同时也是闽粤桂及台湾洪氏家谱,将其后代称为鄱阳洪氏的重要依据。

石门镇，大写的广晋辉煌

历史的不确定性，就在于它前后的不一致，或此衰彼盛，或彼起此伏，犹如我们这个叫石门镇的地方。

公元222年，也就是1700多年前的魏黄初三年十月，因战事需要，三国东吴的孙氏王朝，辟这里为县级行政机构，并取名为广昌，俗名广积县。其实，任何事情的出现，都并非偶然，石门确立为县，只是缺乏较为详细具体的记载而已。但这段历史，如果与当时的情况结合起来推测，我们从中便能看出它的端倪。

建安十三年（208），曹操乘刘表病亡、荆州不稳之时征荆州。刘琮献地投降，寄身荆州的刘备被迫退守夏口。曹操对江东虎视眈眈，在刘备谋士诸葛亮与孙权谋臣鲁肃的共同推动下，孙刘结盟，大败曹军于赤壁，曹操被迫退回北方，奠定了三国对峙的局面。

公元220年即延康元年，曹丕篡汉称帝，国号"魏"，史称曹魏。次年，刘备在成都接续汉朝，史称蜀汉。孙权于222年被魏文帝曹丕封为吴王，229年在武昌（今湖北鄂城）称帝，国号"吴"，改元黄龙，史称"东吴"。后又迁都建业，自此三国鼎立。其实曹丕逼东汉献帝禅让、建国曹魏之前的公元184年，因黄巾之乱，各地群雄割据，东汉政权便名存实亡。

孙权在称帝之前，名义上依附于曹魏，并接受吴王封号，实际上经过长期运作，已经具备了立国的条件。孙吴领有汉末扬州与荆州大部分地区及交州全境。在这片广大的地区，孙吴统治者大力发展经济，对江南地区的开发做出了重大的贡献。

从孙吴第一代领导人孙坚开始，这个家族便有建国的打算。孙坚，字文台，吴郡富春（今浙江杭州富阳区）人。他凭借着镇压黄巾起义的军功，官至长沙太守。孙坚长子孙策，字伯符，人称"小霸王"。他勇猛征伐，开疆扩土，占据了江东地区，为东吴立下了汗马功劳，东汉朝廷封孙策为"吴侯"。为区别于历史上其他吴，所以称东吴或者孙吴。

孙权是孙坚的次子,他接手东吴时,国家体系已基本形成,除了名义上的称呼,一个封建国家该有的都有了。孙吴占据的江南地区自然条件优越,水稻种植、丝麻纺织、铜铁冶炼、陶器烧造等都有明显的发展,造船技术日益进步。孙氏政权在推动经济发展上,实施的是迫使山越人出山,与平原地区的汉族农民同居共耕的举措。此举对推动山越经济文化的进步,加速平原沃野的开发,有一定的积极意义。

在汉代,鄱阳所辖地区东南基本上是山越民世代生存的地区,它包括邻近的丹阳郡。那时孙氏政权分豫章立鄱阳郡,实际上是出自管理的需要。鄱阳与今北边相邻的池州地区,也只有那个归属丹阳郡称为秋浦的县。而鄱阳至长江相隔的广袤地区,几乎仍是人迹罕至、偏僻荒凉的地带。然而,土地肥沃、气候宜人的石门,已经有了一定的发展前景,于是入了东吴统治者的法眼,从此产生了这个县级建制单位,属鄱阳郡。西晋太康元年(280),改广昌为广晋县,为鄱阳郡治所。另同治《饶州府志》载,西晋时起,鄱阳郡有晋兴县当为广晋县。南朝齐中兴二年(502),改广晋县为晋阳县。梁天监二年(503),分江州立吴州,领鄱阳郡,州郡同治鄱阳县,晋阳县废。唐武德五年(622),分鄱阳县,复置广晋县,属浩州。武德八年(625)州废,广晋县入鄱阳县,这就是广晋县建县的始末。

有了地方政权体系,便有征收皇粮国赋的管理机构,老百姓也就成了纳税缴赋的工具。广晋县也不例外。尽管,关于广晋的历史资料,能够找到的太少太少,但是总有点儿蛛丝马迹,让我们多少能窥见其中的蹊跷。自东晋永和年间起,至南朝梁太清年间,广晋也就是石门曾供奉了这些人物:

东晋永和六年(350),谯烈王司马无忌的儿子、谯敬王司马恬的弟弟司马惜,字敬王,被册封为广晋伯。

东晋何准,字幼道,穆章皇后的父亲,升平元年(357),追赠金紫光禄大夫,被封为晋兴县侯。

南朝宋萧承之(383—447),元嘉二十年(443)前后,受封为晋兴县五等男爵位,食邑三百四十户。

南朝宋刘怀珍,大明二年(458),被宋孝武帝册封为广晋县侯。

南朝齐建元元年(479),周山图被封为广晋县男,食邑三百户。

南朝梁普通年间,羊鸦仁受封为广晋侯。

南朝梁太清二年(548),淳于量以破蛮左功,受封为广晋县男,食邑三百户。

南朝梁太清三年(549),徐文盛被临贺王萧正德封为广晋县男,食邑四百户。

要说这和广晋,也就是石门的关系不大,因为分封只是这些人的爵位,而不是他们的贡献,何况这些人也不是历史发展的重要人物。但是,又正是因为石门作为他们的封地,才足以说明广晋在两晋南北朝的富庶。

在古代,爵位分为五等,即《周礼》中的公、侯、伯、子、男之名,每等又分大、次二级,共五等十级。每级封爵都有封疆里数和户邑数,以方五里和邑二百户为差。东晋南北朝,五等封爵不再划定封疆里数,大、次二级合二为一,皆以郡或县立国,并在爵称前冠以"开国"字样。伯、子、男三级封爵,品秩也由第二分别降至第三、四、五。这种政治和经济的待遇,都以封地为差别,石门被纳入统治者的视野,正说明了它在当时的行政地位和经济发展水平。

上面所记述的 8 个人,除司马愔为王族、何准为皇戚外,后 6 位全都是为当时的王朝南征北战,建立了功勋的人。

萧承之,南朝齐开国皇帝齐高帝萧道成之父,南朝宋著名将领,历任扬武将军、威烈将军、右卫将军、太子屯骑校尉、龙骧将军、右军将军。他"少有大志,才力过人"。初为建威府参军,晋安帝义熙年间,东晋平定四川的谯纵后,萧承之升任扬武将军兼安固郡(治今四川营山)、汶山郡(治今四川茂县)二郡太守。宋文帝元嘉初年,萧承之历任武烈将军、济南太守。元嘉七年(430),北魏乘胜进占青州,安平公乙旃眷进犯济南,萧承之以"空城计"智退敌军。元嘉十年(433),氐族统帅杨难当进犯汉川,梁州刺史甄法护弃城而逃,萧承之率军轻装前进,攻占要塞黄金山和峨公山,但在汉水两岸被敌人围困四十多天。敌军都穿着犀牛皮制成的铠甲,刀剑不入。萧承之苦想数日,得出一计,他让士兵将长槊截成数尺,刺中敌人后,再用大斧锤击槊尾部,使槊贯穿敌人的身体。敌军无法抵挡,只得焚营而退,梁州平定。萧承之因功被封为龙骧将军,转宁朔司马,仍任汉中太守。

刘怀珍(421—483),字道玉,平原人,汉代胶东康王刘寄的后代。刘怀珍的祖父刘昶,在宋武帝时官至员外常侍。刘怀珍的伯父刘奉伯,曾任陈、南顿二郡太守。刘怀珍是大明二年被封为广晋县侯的。那时,敌虏围攻泗口城,青州(今属山东潍坊)刺史颜师伯请求增援。孝武帝派刘怀珍率领步、骑兵数千人赶赴救援,在縻沟湖和敌房大战,连破七座城池,朝廷任命他为建武将军,乐陵、河间二郡太守,赐爵广晋县侯。次年,刘怀珍上启请求回南齐,孝武帝答复道:"现在边防需要人才,不能批准你的请求。"竟陵王刘诞谋反,郡中豪民王弼劝刘怀珍响应,刘怀珍把王弼斩了,并报告朝廷。孝武帝大喜,任命他为豫章王刘子尚的车骑参军,加龙骧将军,刘怀珍后来官至安北将军。

周山图,字季寂,义兴(今江苏宜兴)义乡人。少年时家中贫寒,以受雇为别人抄书维持生活,有气魄和才干。宋明帝泰始元年(465),周山图被征为殿中将军。泰始年间,仆射王彧举荐周山图为将领。周山图"好酒多失,明帝数加怒诮,后遂自改"。泰始五年(469),周山图被征为龙骧将军、历阳令,领兵守城。豫章(南昌)人张凤,在康乐山(今江西万载)聚众起义,屡败李双、蔡保的政府军,斗争延续数年。明帝复遣周山图讨伐,周山图到后,先用病弱的士兵掩饰大部队的声势,不让敌人察觉,然后派人给张凤送上厚礼,诓他出来聚会,并允许他带兵保护自己。张凤不知道这是计谋,果然相信了。张凤行至望蔡(今江西上高),被周山图设于水边的伏兵斩杀,张凤的部众百余人束手投降。因讨贼有功,周山图被授予宁朔将军、涟口戍主。元徽三年(475),周山图迁步兵校尉,加建武将军;南朝齐建元元年(479),封广晋县男,邑三百户。

羊鸦仁(?—549),字孝穆,泰山钜平(今山东泰安东北)人,南朝梁名将。他从小骁勇善战,出任本郡主簿。普通年间,他带领兄弟们自魏来归附梁朝,受封为广晋侯。在攻打青州、齐州时,他屡立战功,被任命为都督、北司州刺史。

淳于量(511—582),字思明,他的先祖是济北人氏,世世代代居住在京都。他父亲淳于文成,在梁朝为将帅,官至光烈将军、梁州刺史。淳于量少年时就喜欢独处,他身材高大、容貌英俊,有才干谋略,熟习骑射。梁元帝萧绎任荆州刺史时,父亲淳于文成拨一部分人马给淳于量,叫他为萧绎效力。淳于量凭借门荫,直接出任湘东王国常侍,兼西中郎府中兵参军,十多年间连续升任府佐、常兼中兵、直兵等职。他的兵甲士卒,在府中是最精锐的。荆州、雍州的边界上,蛮夷多次反叛,山帅文道期聚拢这些蛮夷在边界上作乱为患,中兵王僧辩征剿他们,屡战不利,萧绎派淳于量前往助战。淳于量与王僧辩合力作战,彻底打垮了文道期。因为有战功,淳于量被封为广晋县男,食邑三百户,被任命为涪陵太

守。淳于量参与了平定"侯景之乱",后又归附南朝陈,官至左光禄大夫,死后获赠司空。

徐文盛,字道茂,彭城(今江苏徐州)人。世代都在北魏为将,他父亲徐庆之在梁天监初年,率领千余人自北归顺南朝,没有到目的地便病死了。徐文盛继续带领大家到达南朝,为此建立功绩,受到梁高祖萧衍的宠爱。大同末年,徐文盛任持节、督宁州刺史。徐文盛长于水战,太清二年(548)"侯景之乱"时任左卫将军,在贝矶(今湖北黄冈附近)击败任约,斩任约部将叱罗通,进驻大举口(今湖北黄冈北),于是受封为广晋县男,食邑四百户。

广晋享有过的分封,虽然级别不高,但比起那些寂寂无闻者,正证明了它曾经重要的历史地位。

枧田街，汉晋遗迹今仍见

倘若认真观察枧田街乡的地图，你会发现，它就像一棵挂满果实的树，两条由北向南并行的水流，便是这棵树上的两条主干，一支伸向长城坞，一支伸向石嘴尖，水流的两边分布着的大小村落，如同结出的累累果实。

枧田街的枧，是个不常用且难认的字。在《现代汉语词典》中，"枧"同"笕"，指引水的毛竹或木管。南宋诗人杨万里有诗说："秧畴夹岸隔深溪，东水何缘到得西。溪面祗销横一枧，水从空里过如飞。"古人简简单单的引水工具，居然让鄱阳东北境有了这么个地名，甚至至今仍是今天这个地区的行政中心。

如果真要溯源，枧田这个村的历史，还真有些年头。大约距今1100多年的大唐末年，有黄、李、赵、王四个姓氏，先后由一河相望的西市街，迁到了今天叫枧田的地方。那时，西市街几乎是这一带的中心。唐朝初年，一户从安徽怀宁辗转来的黄姓人家，看准了这个地方，于是落户建村。这里位于千秋河与大源河交汇之西，常有往来排筏和过客在此歇息，渐渐地形成了一条街市，于是拥有了颇有现代风格的村名——西市街。而那时河的对岸，则是一片荒芜，直到280多年之后，才从西市街上迁去了几户人家。虽说新落脚的地方并不缺水，但岸墈离水面较高，尤其是田地的用水成了问题，大畈上水源距离较远，于是人们在村西的小溪之上架起毛竹引水，从此有了"枧田"这个地名。随着河东这边来往的人增多，这里逐渐形成了一条新的街市，而且后来居上，枧田街便远近闻名。

照说枧田这个偏僻的地方，能在唐朝便有村落和街市，已属不错。实际上枧田地区的居住历史远远早于唐朝。在枧田往东偏南的珠田，有一个叫塘家山的地方。这里在汉末便有唐姓人家从县内迁来建村，名曰"唐家山"。后来唐姓人丁渐微，有赵姓迁入，便改作塘家山。唐氏是一个典型的多民族、多源流姓氏，得姓始祖主要为唐尧、唐叔虞、唐仁祖。其发源地有四处：陕西、山西、豫鲁（今河南、山东交界处）、湖北，陕西、山西、豫鲁三地为唐姓繁衍中心，是唐姓主要望族所在地。构成汉族唐姓的来源主要有两支：祁姓、姬姓。第一支出自祁姓，源于上古五帝之一唐尧。第二支是姬姓，为唐叔虞之后。除汉族外，其他少

数民族也有唐姓,包括汉时南蛮、三国时羌人、元朝西域人,以及清朝满洲八旗塔塔喇氏、唐古氏、唐尼氏、唐佳氏等。唐姓的郡望主要有晋阳、鲁国、北海、晋昌等。秦汉时,唐姓分布于江苏、江西、四川、广东、安徽、浙江、山西、陕西、河南、山东、湖北等地。这户汉末入居枧田的唐姓,来自本县马家墩。而马家墩的地名,早已无可考。秦汉之际,鄱阳乡镇间一度出现了吴、英、雷、彭、马、唐、陈、高等姓氏,一斑窥豹,那时的古邦已经是众姓纷呈、人口"稠密"的地方了。

今天的枧田,看起来偏僻,而在古代未必"寂寞"。如果再往前追溯,枧田更有惊人之处。枧田曾经的旧名叫千秋乡,作为古邦基层行政域名,千秋乡出现了较长的一段时间,即使在县域基层地名变来变去的情况下,"千秋"两字也一直不变。更奇怪的是往西流的水,到潼津渡之前,也一直以"千秋"命名。令人费解的是,水因地得名,还是地因水名?此外,这"千秋"两字又是何意?应该说这是一个历史谜,其背后肯定有一段值得弄清的历史事件。好在时间是揭示历史奥秘的利器,当"千秋"二字延绵两千多年后,总算有了一点儿蛛丝马迹。

2001年初秋,有贵州黔西车姓一行二人,受本族人委托,千里迢迢来到鄱阳,寻找他们的祖籍。据《车氏宗谱》记载,贵州黔西车姓徙自饶州鄱阳,因为其始祖车千秋,葬于鄱阳湖之左的古邦,子孙亦在此繁衍,所以特地前来鄱阳寻根问祖。几经打听,鄱阳车姓已经没有了后人。线索虽然断了,但"千秋"二字似乎有了着落,联系到百福山,联系到城墩,联系到清时的《饶州府志》《鄱阳县志》"山川"条中都有"紫城山在千秋乡,去城东北百九十里""交椅山在同一处"的记载,这些都和枧田乡密切相关。

历史不能假设,它只承认事实。城墩地名的出现,紫城山的由来,虽然到目前为止查无实据,但也不是没有一点儿线索。据几年前居住于城墩的老人回忆,城墩一带发现过厚厚的城砖,附近的山岗上还发现过一块雕龙画凤的坟茔碑石,甚是气派华丽。在这人迹罕至、偏僻闭塞的大山之坞,为什么会有这些文物?还有紫城的称谓,古代紫象征尊贵,很多时候代表皇室,不可随意使用。

如果说千秋的得名与车千秋的安葬尚不足为证的话,枧田是鄱阳有史记载的最早拥有道教活动场所的地区之一,或许这点可以作为佐证。"莲花观,在鄱阳县千秋乡,一名真武堂,晋建。"它和丹霞观、元妙观(又称三清殿),同时在西晋出现,使鄱阳有史记载的宗教文化提前了三百多年。以前我们只知道马迹山的延祥观(俗称仙坛观)创建最早——建于隋朝,而莲花观、元妙观被证明建于西晋,无论对枧田还是鄱阳,都是一个值得称道的事。

道教是我国土生土长的宗教,东汉及魏晋南北朝是道教重要的发展阶段。这个时期,原始道教从民间兴起,并逐步演变发展为成熟的官方正统宗教,并开始体制化。鄱阳自古巫风盛行,舞傩因驱鬼逐疫,而极为流行。据《金砂余氏傩神辨记》载,秦汉间吴芮已经将"祖周公之制,付傩以靖妖氛"了。西汉末年,据说张道陵曾由淮入鄱阳,溯江至贵溪,炼九天神丹,丹成而龙虎现,故将该地称为龙虎山。此外,活跃于江西中北部的,是东汉末年到魏晋间的葛玄。葛玄与其从孙葛洪,都以炼丹著称,属于丹鼎一脉。在这种氛围下,鄱阳出现道教活动场所是情理之中的事。而枧田捷足先登,或许与其处在徽饶古道之上,山清水秀,抑或与古人认为这里有某种神秘之气有关。总之,枧田已成为道教传播路上的最佳"驿站",这种推想,还可以与下面的宗教建筑场所在枧田的出现相互印证。

北宋庆历年间,枧田建有松风寺;北宋宣和七年(1125),净明宫落成;南宋咸淳年间,龙成寺创建。此外,枧田还有创建年代不详的法门寺、腾龙庵。

这些古代宗教场所落户枧田,一定有着某种原因。以净明宫为例,它也是道观。净明道是宋元时期在南昌西山兴起的一个道教派别,由灵宝派分衍而成,全称"净明忠孝道"。净明道的"净明"即"无幽不烛,纤尘不染,愚智皆仰之,为开度之门、升真之路。以孝悌为之准式,修炼为之方术,行持为之必要"。净明道认为修炼首先要达到内心一尘不染不触的思想境界,忠孝则是日常行为活动的准则,二者缺一不可。净明道倡导净明,旨在教人清心寡欲,使心念和行为符合封建伦理规范,做忠臣孝子良民。该派尊奉许逊为祖师,称其法箓出于许逊之传。许逊于西晋太康年间曾任旌阳县令,人称许旌阳。后弃官返归乡里,以南昌西山为中心传道。其主要弟子有吴猛、时荷、郭璞、甘战、周广、陈勋、曾亨、盱烈、施岑、彭抗、黄仁览、钟离嘉,世称十二真君(见〔唐〕胡慧超《十二真君传》)。许逊死后,其后代在西山许宅立游帷祠,后改为观,继续传道。隋炀帝时,"焚修中辍,观亦寻废"。至唐永淳年间,道士胡慧超重建。北宋历代皇帝,皆尊崇西山道教。大中祥符三年(1010),西山游帷观升格为玉隆宫。政和二年(1112),宋徽宗诰封许逊为"神功妙济真君",加赠玉隆宫为玉隆万寿宫。宋王

朝敕令:禁名山樵采,免除玉隆宫租赋徭役。黄庭坚等二十六位文官,相继担任玉隆万寿宫提点、提举、管局、主管等职。是不是因为"禁名山樵采,免除玉隆宫租赋徭役",净明宫才落户枧田,抑或还有别的原因?

除了千秋河,可以说迄今为止,枧田街乡也曾经是鄱阳接受外迁户最早的乡村之一。千秋河西的黎家岭,也是枧田街乡有史记载的外人最早迁入的村落。早在1700多年前的西晋之前,就有黎姓人家在此拥有"山权"。正因如此,这个村子后来便称作"黎家岭"。到西晋时,黎姓绝户,才有本乡李姓人家来此居住。枧田东边的沙堤,西晋时由现属浮梁的界田李姓迁入,并延续至今。其实,黎家岭的易主,并非黎姓绝户,而是时代变迁、土地易主。黎姓,在鄱阳曾是望族。据史载,早在秦汉时期,利阳镇黎、彭二氏先祖,就不约而同地来到利阳这块宝地,在周边居住并繁衍生息。利阳镇自古属鄱阳(今属景德镇昌江区),三国时孙吴曾在利阳置历陵县,设官守御,南朝宋时废县,改称"利阳镇"。据《黎氏家谱》记载,早在汉时,黎氏景熙公就曾驻守利阳古城。而枧田、利阳相隔不远,黎家祖山很可能就是这位黎姓的祖业。

历史既是透明体又是神秘物,从车千秋到黎氏、唐氏,及吴、马、陈、高诸姓的落户,无不说明枧田有着非同一般的让人眷恋之处,而最大的莫过两个字:地利,即既要考虑山势走向,又要山水兼顾。清朝雍正皇帝的老师王传在枧田街便置有田产,他死后便葬在枧田一处叫甲山的地方。虽然这不过是历史的一段小插曲,但对于这个偏僻山区,不啻为一个总结。这样一处山长苍木翠竹、地流清溪石泉的山清水秀之地,不只是现代人也是古人喜欢和眷恋的地方。何况一条连通徽州的"徽饶古道",让茶商贾客,沿着铺满青石板的山路,往来于赣皖之间。如今,大源村仍保留着门楼、牌坊、祠堂、店铺、酒肆、油坊、豆腐坊,还有古道上的断桥、老树、鹅卵石墙和黛瓦。这些存迹,至今仍继续诉说着那段历史。

四十里街，遗迹厚重传后世

距鄱阳四十里街太平桥东200余米处的太公山壤里，至今有一座让人敬仰的墓冢，墓主为晋太尉陶侃之父陶丹。

远在东汉建安二十一年（216），为避战乱，陶侃祖父陶同（陶敦之孙）由丹阳迁居鄱阳，来到这个叫双溪即今四十里街的地方定居。陶同在历史上寂寂无闻，然而他的子孙却声名显赫。先是儿子陶丹，出生于三国东吴赤乌二年（239），官至扬武将军。陶丹生二子，原配谢氏生一子黄，继室湛氏生一子侃，可惜陶丹于三国东吴永安六年（263）24岁时病故，并葬于太公山壤。陶丹继室湛氏，从此携子陶侃艰苦度日，将儿子培养为力挽狂澜的东晋枢臣，自己也赢得了古代贤母之一的美誉。

鄱阳陶氏先祖陶敦，源系丹阳（今南京），为汉代陶舍（官居右司马，封开封侯）的后裔。二世为陶青（开封夷侯）；三世为陶偃（开封节侯）；四世为陶睢（开封侯）；五世为陶士元（汉长安公）；六世为陶敦（东汉大司徒）；七世失考；八世为陶谦（封溧阳侯、徐州牧）；九世为陶予（失考）；十世为陶基（三国时东吴交州刺史，生三子）；十一世为陶璜（冠军将军、宛陵侯、交州刺史）。至三国两晋时，中原士族大举南迁，江南一带才涌现出了不少陶姓名人。

陶姓最初以山东定陶为发祥地。周以前，陶姓于史书不显，春秋时才出现了第一位名载史册的人物，即以节义流传千古的女性陶婴。春秋战国时，陶姓逐渐南移到今河南兰考一带，后经繁衍发展，形成了陶姓历史上的第一大郡望——济阳郡。西汉时，有陶舍、陶青出仕长安，陶舍功封开封侯，子孙世袭其职并居于当地。两汉时期，陶姓人逐渐南迁至江苏、安徽一带，并在长江之南落籍。

陶氏源出多种：一是以地名为氏，据《姓苑》所载，上古有陶唐氏（尧帝），居于陶邑（山东省菏泽市定陶区），其后有陶氏；二是以官为氏，据《左传》所载，周初，武王弟康叔受封为卫侯，分到"殷民七族"，其中有"陶"氏，即掌管制作陶器的工匠。又据《元和姓纂》所载，周朝初年，虞阏父为陶正，即掌管陶器制作的官

职,其后有陶氏。郡望分布在河南济阳郡、安徽丹阳郡、江西鄱阳郡。

陶侃的母亲湛氏,豫章新淦县南市村(今江西省新干县金川镇)人,中国古代四大贤母之一。其截发筵宾、退鲊责儿等故事,都发生在鄱阳。陶侃的配偶龚氏,生子十七人,载入史册的有洪、瞻、夏、琦、旗、斌、称、范、岱、茂(另有史料称茂为第七子),但只有九人见于旧史记载,其他儿子都没有什么声名(《晋书·陶潜传》还记载一子)。陶洪,官至丞相掾,早卒;陶瞻,字道真,官至散骑常侍,封都亭侯,苏峻之乱中遇害,后追赠大鸿胪,谥愍悼世子;陶夏,因陶侃功劳封都亭侯,后为长沙公世子;陶琦,官至司空掾;陶旗,咸和末年官至散骑侍郎,封郴县开国伯;陶斌,官至尚书郎;陶称,官至东中郎将、南平太守、南蛮校尉,加建威将军,为庾亮所杀;陶范,小字胡奴,陶侃第十子(一说第九),为其诸子中最有名之人,太元初年官至光禄勋;陶岱,官至散骑侍郎;陶茂,官至武昌太守。陶侃生女一人,嫁名士孟嘉,即陶渊明外祖母。陶侃之孙有:陶弘,陶瞻之子,世袭长沙郡公,官至光禄勋;陶淡,字处静,陶夏之子,隐居不仕;陶定,陶旗之子,世袭郴县开国伯;陶逸,陶茂之子(存疑),当过太守。陶侃曾孙有:陶绰之,陶弘之子,世袭长沙郡公;陶袭之,陶定之子,世袭郴县开国伯。陶侃玄孙有:陶延寿,陶绰之之子,世袭长沙郡公,南朝宋建立后,被降封为吴昌侯;陶谦之,陶袭之之子,世袭郴县开国伯,南朝宋建立后,封国被废除。陶侃的侄子陶臻,字彦遐,有勇略智谋,封当阳亭侯,咸和年间官至南郡太守、南蛮校尉、假节,卒赠平南将军,谥曰"肃";陶舆,陶臻之弟,果烈善战,因功累迁至武威将军,后战死,追赠长沙太守。

说起陶侃,不得不谈及那个叫陶渊明的东晋浔阳诗人。不少注释中说陶渊明是陶侃的曾孙,其实他并不是陶侃的嫡系曾孙。陶渊明系东晋名士孟嘉的外孙,而孟嘉系陶侃的女婿(见陶渊明《晋故征西大将军长史孟府君传》)。从这个层面来说,陶渊明也属陶侃的曾孙辈。对此,陶渊明在其《赠长沙公族祖》(此长沙公指陶侃玄孙陶延寿)一文中,更加明确地印证了陶渊明不是陶侃嫡系曾孙。文中写道:"长沙公于余为族祖,同出大司马。昭穆既远,已为路人。""同源分流,人易世疏。"很显然,陶渊明与"长沙公"为一族,且同为大司马的后裔。不少人理解"大司马"是指陶侃,其实应当另有所指(始祖陶舍也曾任司马)。如果此"大司马"是指陶侃,那么,作为"陶侃嫡系曾孙"的陶渊明,与这个"长沙公"（陶延寿）尚在三四世之内，还没出"五服"，应当称"一家"（亲）而非"为族"（远），也不可能"世疏"，更不可能"昭穆既远""已为路人"。

本来，从《晋书》到历代典籍，陶侃的籍贯都是鄱阳。从陶同、陶丹到陶侃都言明为鄱阳人。《晋书·卷六十六·列传第三十六》记载更详：陶侃，字士行，本鄱阳人也，父丹，吴扬武将军。偏偏有无知者非要移花接木，胡编乱造。可见，浔阳陶氏的嫡宗并非鄱阳陶侃。

春秋变易，历史变迁，但陶氏留下的印记，至今仍深嵌在四十里街这片土地上。太平桥，有文字记载为北宋熙宁七年（1074）建立，而在本地的记载中，则是三国东吴太元年间陶同等人捐资所建。随后在北端又有一桥建成，称之为国安桥，从此这两座桥之间的弹丸之地，既成了街市，又成了连接南北的通衢，更成了深埋在四十里街人心中的记忆。

说到桥，四十里街著名的古桥有三座，除太平桥、国安桥之外，还有徐步桥。徐步桥是清朝嘉庆二十一年（1816），由乡贤陈赞卿等捐资重建的。道光年间，饶州府学教授、《鄱阳县志》总修张琼英为此作《记》。其实，早在清以前，徐步桥就已存在，旧《县志》说："璩（音 qú）卜桥，三十四都，相传璩氏所创，故名。"此桥本名"璩卜"，后变成徐步，乃是谐音惹的祸。试想，徐步桥所在地为老屋陈，并无徐姓，何作徐步？原来乃"璩卜""徐步"口音之讹也。

璩是稀姓，与蘧姓同源，源于姬姓，出自春秋时期卫国公族蘧伯玉的封地，属于以先祖名字简笔为氏。蘧伯玉，名姬瑗，今河南长垣县伯玉村人，曾辅佐卫国三公（卫献公姬衎、卫襄公姬恶、卫灵公姬元），因贤德而闻名于各诸侯国。蘧伯玉之贤闻名遐迩，人们十分敬重他。卫国大夫史鱼，深知蘧伯玉的才能与人品，多次向卫灵公举荐，但卫灵公不听。史鱼临死采用"尸谏"的办法力荐蘧伯玉。他告诉儿子："我在朝不能举荐蘧伯玉，是我活不能正君，死无以成礼。我死后，你不必将我的尸体'治丧正堂'，可以置于窗下，等灵公问起来，再将实情告诉他。"史鱼的儿子按照父亲的遗嘱去办。卫灵公前来吊唁，对尸体置于窗下非常奇怪，史鱼的儿子就将父亲的话转告给卫灵公。卫灵公醒悟道："是寡人之过也。"于是，卫灵公起用了蘧伯玉。孔子听到这件事，对史鱼和蘧伯玉都很赞赏。他说："直哉史鱼！邦有道，如矢；邦无道，如矢。君子哉蘧伯玉！邦有道，则仕；邦无道，则可卷而怀之。"意思是说：史鱼真正直啊！国家有道，他像射出

的箭一样刚正;国家无道,他也像箭一样刚直。蘧伯玉真是一位君子啊,国家有道时,出来做官;国家无道时,他就把自己的才能收藏起来。

蘧伯玉当政后,仍旧十分谦虚。一次卫灵公与夫人南子在宫中夜坐,先听到辚辚的车声,可车声到宫门口时却消失了,过了宫门后又响起来。南子说:"这一定是蘧伯玉的车队从此经过。"卫灵公问道:"你怎么知道?"南子说:"君子非常注意自己的生活细节。车走到宫门口时,没了声音,那是车的主人让车夫下车,用手扶着车辕慢行,怕车声打扰国君。我听说蘧伯玉是一位很有道德操行的君子,所以我才敢断定过去的是蘧伯玉。"卫灵公事后派人打听,果然是蘧伯玉。蘧伯玉积极协助卫灵公,把卫国治理得日益强大。

当年晋国大夫赵简子原想讨伐卫国,派人到卫国探视。探视的人返回后告诉赵简子:"蘧伯在卫国当政,政通人和,无法加兵。"赵简子马上取消了进攻卫国的计划。蘧伯玉谦虚谨慎,他经常反思自己,说:"年五十而知四十九年之非。"他又经常鞭策自己,《庄子·则阳篇》中记载:"蘧伯玉行年六十而六十化。"意思是说他年已六十岁还能与时俱进,随着时代的变化而变化。

蘧与璩读音相同,而古代的玉环被称作璩,由于璩很高贵,因此在发展过程中,部分蘧姓人把姓氏改为寓意较好的璩姓。也有少数蘧姓人单把草头去掉,改为遽姓。另有一说,相传蘧伯玉的后裔因避难,易蘧为璩,居豫章(今江西南昌),再成望族。北宋钱塘儒生编撰的《百家姓》,最初所载只有411姓,第306姓即为"璩"姓,并且注明是豫章郡,浙江衢州、江西南昌璩姓较多。由此可见,这座"璩卜"桥并不比"太平""国安"两桥逊色。

响水滩，水响山巅觅佛踪

响水滩在鄱阳西北边陲，往西接都昌，向北连彭泽，山峦起伏，地势东西高、中间低，整个辖区地形由北向南倾斜，响水河则像一只欢快的小鹿，跳跃着奔向西河。乡府所在地就在狭长地带的中段，连接着这块长条形地域的所有村落。

如果从当地居民的入居史看，响水滩无疑是个年轻的乡镇。全乡 200 多个自然村，两宋迁入的只有 4 个，其中 2 个在宋末；元代 2 个，元初、元末各 1 个；明朝 23 个，明初 7 个，中期 5 个，其他为明末迁入。从入迁前的地点看，基本上是本县和都昌，而且数清朝最多。为什么会出现这种情况？除地理位置偏僻、交通不便外，恐怕还有一个原因就是耕地面积比较少。响水滩处在连绵起伏的丘陵山地之中，山岭海拔不高，但山体盘亘，全乡的最高点为地处西北的黄金山顶峰，海拔 331 米。

近些年来，黄金山似乎成了响水滩的"圣山"，一座佛教禅院永昌寺落户其中，使它蒙上了各种神秘的色彩和诸多传说。例如"专家从黄金山北端山脚下近年出土的船板以及地下沙层分析，黄金山在汉唐时期处在鄱阳湖湖水之中"；又如"公元 322 年，也就是东晋永昌元年正月，王敦以'清君侧'为名，在武昌举兵谋反。晋元帝司马睿下旨，广州刺史陶侃兼领江州（今九江）刺史，兴勤王之师北拒王敦"。当时的形势非常微妙，江南士族多抱观望态度。一日，陶侃泛舟家乡彭蠡湖（今鄱阳湖）上，忽遇狂风恶浪，将船吹到黄金山下，时已三更，只见山上隐约有灯火，旋即寻至。隔着柴门只见一老僧安坐于草堂，老僧并不起身、抬头，只曰："已候贵人多时。"陶侃惊异，即行大礼。是夜秉烛，叩问玄机，次日天明，陶侃方拜辞老僧。是年，陶侃命人在黄金山始建寺院，号"永昌寺"。这个故事不但将这座 21 世纪恢复的禅林渲染得非常灵异，还将鄱阳县有记载的佛教传播史推前了近 200 年。

鄱阳有记载的南朝寺院，最早的建立于梁天监年间。若按传说永昌寺为陶侃命人所建，则永昌寺应是永昌元年（322）所建。陶侃受东晋元帝司马睿之命，领江州刺史参与平叛王敦之乱，为永昌元年三月，建寺当在此前后。若传说可

信,鄱阳寺庙史当推前近两百年。

根据历代县、府(州)、省志记载,鄱阳自南朝梁至清末,记录在案的佛教禅林(包括庵)共126座。其中,建于南朝梁至隋朝的计10座。县城有:永福寺,梁鄱阳王萧恢舍宅为寺;安国寺,晋陶侃的玄孙长沙公延寿的旧居。义感乡有华严寺,梁大同元年(535)创建。义仁乡有龙光寺,梁大同元年创建。文北乡有:广石寺,梁大同年间创建;宝胜寺,梁天监四年(505)创建;真觉寺,梁天监二年(503)创建;罗湖寺,梁大同十年(544)创建。崇德乡有西台寺,梁天监四年创建。文南乡有桐源寺,梁天监二年创建。

道观创建时间早于寺院:丹霞观,在城东北二十里许,西晋王伯辽修炼于此;元妙观,在城东永平门外魁辅坊,旧址在东湖百花洲,西晋咸宁二年(276)创建。此外,千秋乡有一座莲花观,又名真武堂,西晋时创建。

在126座寺院中,全保乡只有4座,时间最早的是建于宋咸淳十年(1274)的甘义寺。另有据传为咸淳年间创建的清溪寺和大德年间创建的法相寺。此外还有一座龙泉寺,创建年不详。若永昌寺为陶侃所创,则它应为鄱阳最早的寺院之一了。

据说,黄金山永昌寺创建于东晋后,后来有高僧在此出家,这位高僧就是道明禅师。道明禅师(586—672),鄱阳人,父王陈叔俨,南朝陈宣帝十五子,太建十四年(582)由皇兄陈后主陈叔宝(553—604)册封为浔阳(今江西九江)王。

祯明三年(589),陈国亡。隋开皇十八年(598),十二岁的道明,于永昌寺出家,法号"慧明"。隋大业二年(606),隋炀帝封道明禅师皇姐陈婵(陈后主第六女)为贵人。因为宠幸陈婵的缘故,隋炀帝召陈氏子弟尽还京师,随才叙用。正值二十岁的慧明,也奉诏脱了僧籍,入伍从军,并屡建奇功,官至三品将军。唐高祖武德元年(618),隋亡。历两朝兴衰,阅人间沧桑,看透世道无常,这年冬天,慧明皈依佛门,重入永昌寺出家为僧。唐高祖武德九年(626),慧明闻听四祖道信于黄梅破额山(又称双峰山)正觉寺传经讲法后,多次前往叩谒,乞沾甘露。这年夏天,历史上著名的"玄武门之变"发生。唐太宗贞观二十三年(649),慧明六十三岁,唐太宗逝世,高宗即位。慧明怀道颇切,扣双峰之法,得四祖指授,往依五祖弘忍法会。

慧明在黄梅门下修法达十三年之久,极意研寻,初无解悟。及至唐高宗龙朔元年(661),慧明听说五祖弘忍已经把衣钵秘密地交付给卢行者(六祖惠能），于是便率领数十人，一起向南追赶惠能大师。他们顺着六祖的行踪，一直追到大庾岭。慧明禅师是个武夫，虽年已七十有五，但仍然步履矫健，疾驰风生，所以他最先追上六祖。六祖见慧明禅师追上来了，就把衣钵放在磐石上，说道："此衣表信，可力争邪！任君将去。"意为：衣钵是用来表信的，岂可以力相争？如果你要，就拿去吧。六祖说完，便隐入丛林中。慧明心想，弘忍大师既授衣钵于他，必有缘故，我且听他说法，于是对着丛林大声喊道："行者！行者！我为法来，不为衣来。"六祖于是从丛林里走出来，于磐石上结跏趺坐。慧明禅师连忙上前行礼，说道："请行者为我开示法要！"六祖道："你既为法而来，那就请你现在屏息诸缘，勿生一念，听我为你说法。"慧明静心良久。六祖问道："不思善，不思恶，正怎么时。阿那个是明上座本来面目？"慧明当下大悟，遍体汗流，泣礼数拜。但是他心里还有疑问，于是问道："上来密语密意外，还更别有意旨否？"六祖道："我今与汝说者，即非密也。汝若返照自己面目，密却在汝边（给你讲的，并不是真正的密意，你如果把目光转移到自身，那么密意就在你身边）。"慧明这一下心里彻底踏实了，说道："某甲虽在黄梅随众，实未省自己面目。今蒙指授入处，如人饮水，冷暖自知。今行者即是某甲师也。"六祖道："汝若如是，则吾与汝同师黄梅，善自护持。"慧明又问："某甲向后宜往何所？"六祖道："逢袁可止，遇蒙即居。"慧明于是再一次礼谢六祖，自己却独自前往庐山布水台。三年后，慧明已七十八岁高龄，始往袁州蒙山。蒙山坐落于宜春市上高县，他在此建起圣济寺，大唱玄化。为避六祖惠能讳，慧明改法名为"道明"，故后世称道明禅师。

道明两次出家的永昌寺，有人说在袁州（今江西宜春），现在通过考证在黄金山，因为道明是鄱阳人。鄱阳既然有永昌寺，并且在风景独幽的彭蠡湖旁，因此自然成为道明出家的首选。

至于道明籍贯为鄱阳，大概与他堂伯陈伯山有关。据历代志书介绍，鄱阳王伯山，字静之，陈世祖文帝陈蒨的第三子。他生来英伟，举止优雅，喜愠不形于色，深得他父亲看重。在陈武帝陈霸先时，朝局初定，诸王受封礼节的人多而空额少。到陈伯山受封时，陈蒨很重视这件事。天嘉元年（560），尚书八座奏道："臣闻本枝惟允，宗周之业以弘，盘石既建，皇汉之基斯远，故能协宣五运，规范百王，式固灵根，克隆卜世。第三皇子伯山，发睿德于韶年，表歧姿于卯日，光昭丹掖，晖暎青闱，而玉圭未秉，金锡靡驾，岂所以敦序维翰，建树藩戚。臣等参

议,宜封鄱阳郡王。"陈蒨同意了大臣的建议,于是封陈伯山为鄱阳王。

道明的祖父陈顼(陈宣帝),为始兴昭烈王(陈道谭)的第二子。陈道谭是陈高祖(陈霸先)的哥哥,陈世祖(陈蒨)、陈高宗(陈顼)的父亲,陈废帝(陈伯宗)、鄱阳王陈伯山、陈后主(陈叔宝)的祖父。陈后主登基前,道明的父亲并未受封。在僧多粥少的情况下,道明一家早已来到鄱阳居住,直到父亲受封。

尤其称奇的是,蒙山对面有一座双峰山,响水滩黄金山对面也有一座双峰山。历代旧志说:"双峰山在全保乡十六都,曰:大者山。分东西南来十余里,双起尖峰,环六七里,高十五仞。"道明选蒙山,既是惠能指点,恐怕也是佛缘,否则蒙山何来双峰山。

在响水滩中部,有个叫牌港的村委会,之中有但家港、大湾两个村,基本住的是但姓。但姓为中国非常古老的姓氏群体之一,源流繁多,正宗一支没有在《百家姓》之内。据传,轩辕氏黄帝本姓公孙氏,有二十五个儿子,得其赐姓者有十四人。黄帝的次子名叫含宏,他的双手掌纹似字:左手掌纹似"人"字,右手掌纹似"旦"字。含宏成年后,十分仁义守信,很得黄帝的喜爱和信赖。后来,在黄帝氏族与蚩尤氏族间爆发的战争中,含宏率主力军与蚩尤氏大战于涿鹿平原,杀得天昏地暗,终得全胜。由于含宏在涿鹿之战中功勋卓著,群臣钦佩,纷纷奏请黄帝给含宏赐姓封功。黄帝说:"我早就已经赐姓给他,吾子左手生'人'字,右手生'旦'字,两手合起来就是一'但'字,这不就是赐给他的姓吗?""但"字,就是人之初始。但姓早期居住于陕西一带,汉时已因仕宦等原因迁居于河南、山西、安徽等地,并在河南宛县一带形成郡姓望族,以南阳、开封、燕山郡为郡望。唐宋以后,但姓逐渐遍布全国各地。今四川、重庆、湖北、湖南、辽宁、安徽、浙江、宁夏、广西、上海、北京、江苏、陕西、新疆、广东均有但氏族人分布,江西星子(今庐山市)、瑞昌、都昌、鄱阳也有但氏族人分布。

大湾人但绅,号褆斋,清朝道光三十年(1850)进士,官户部湖广司主事。但绅自幼就很聪慧,三岁时其父口授唐诗,但绅即能背诵。稍长,但绅殚精力学,博览群书。他为人刚方廉静,事母孝:母亲生病,五十个昼夜不解衣带。但绅工诗文、骈句,尤擅长七绝,著作颇丰,不自收拾,皆散佚。

芦田，村有广石东晋始

芦田旧属文北乡，后改属新兴乡。近代以来一度归上齐乡、下齐乡、泗溪乡所辖。1961年，芦田区成立，辖芦田、饶埠、坽口、大吉四个公社。1968年撤区并社，四个公社合并为芦田公社。1972年底，饶埠公社从芦田公社划出。1983年，芦田乡人民政府正式成立。如果进行居住史普查，芦田境内的村庄绝大多数可追溯到北宋或之后，个别在唐末。实际上早在东晋时，便有人在这片土地上建立村舍，安居乐业，繁衍生息。它就是今天几乎湮没的老屋场广石。

长期以来，由于历史是少数人书写的记忆，绝大多数会被遗忘或遗弃，尤其是县、乡、村的历史，基本都因口口相传，而失去了原汁原味。比方说芦田的得名，有民间传闻说："此地原来遍地芦苇，后来开垦成田。""相传在芦田乡的古老土地上，簇簇芦苇，依水而生，临风而立。夜间在芦苇田里忽见两盏红灯笼闪耀，出现瑞兆，又因祖先有'得田则上，遇水为家'之嘱，所居之地非田即水，先人择芦苇田而居。"这两种传说起始时间都在宋代。然而在有的家谱中，芦田曾被称之为"炉田"，从某种意义上说，这种取名更具内涵，意即另起炉灶，重新操田。其实，不管草头或火旁，如果回到它的繁体"蘆""爐"，它们都出自"盧"字。盛饭之器，居家之所，这是古人赋予"盧"的定义。至于此地到底是"芦"是"炉"，谁对谁错，如今米已成饭，木已成舟，大可不必细究。"芦田"，是经过民政部门注册的地名。不过从探索源流看，它倒能引起一些深思。之所以这样说，是因为到目前为止，当地入居户的有关资料记载，他们先祖是指炉田而非芦田，其依据是家谱。尽管，家谱的可靠性也值得琢磨，但较之口头传闻，来源的准确概率应该要高得多。

据明宪宗成化八年(1472)应氏纂修的《汝南应氏家谱》谱头称，现今芦田老屋场，有一个叫广石的所在，因此称作"古鄱广石"。迄今为止，这支家族是该乡有据可稽的最早"原居民"。

距今1700多年的东晋时期，有位祖籍河南，曾任鄱阳郡参军的应韬，因眷恋鄱阳山水，从浙江省金华迁至鄱阳广石(即今鄱阳芦田乡老场村的一处)，另

起炉灶,造舍建屋,落地生根,一切从头开始,成为这块土地有记载的先民。而这个名为广石的地方,坐落在距今乡府所在地——芦田(李家)约四公里的老屋场。在它的西北方,包括广石、庄前、槐树下、大栗树下四个小村。

从老屋场的地理位置看,它处于芦田中部低山丘陵地带,依山傍水,村前良田百亩。整个村落按七条巷、八大块,依地势坐东北朝西南顺势而建。全村共有应、李、程、钱、蒋、袁六姓。一条发源于板桥黄家和大吉张家、南北走向的大塘河,在村西经过。这条河与发源于栎林方家东北—西南走向的另一条河,交汇于老屋场村南不远的瓢砳(lè)山。山的近处,有个叫寺前桥的码头。旧时,人们从这里上船,经塌脚湖(即饶埠乡塔前湖)入乐安河,可达全国各地。而通往寺前桥码头的村前古道,一度梧阴匝地,茶馆飘香,商贾贩夫,人来车往。京都新闻、府县号令、镇埠民风、庄内长短,都会传遍周围的村寨。村子对面有存子峰(山顶有庙,已毁)、笔架山、高山,周边有老虎岩、禾斛岭、兔子山、猪山、月亮山。以家族、血缘关系为纽带的同姓同族的应姓家庭,便聚居在这里,延续着一代又一代人的耕读传家。

广石应氏始祖应韬,字思贤,东晋汝南南顿人(今河南项城南顿镇),西晋黄门侍郎应绍之子。应韬生性敏锐且待人宽和,少年时喜欢读书学习,通涉经史,博学广闻。他听说高平的虞溥(在鄱阳办学的内史),才学出名,便前往跟随。虞溥珍爱他的才华,便将女儿嫁给他。东晋初(约318),应韬随宗族南渡,曾当过鄱阳参军。在任上,应韬清廉正直,百姓敬爱,于是爱上了鄱阳,后来从浙江落籍广石。

应韬的家庭在魏晋时虽非豪门望族,但也不是无名之辈。他父亲应绍(生卒年不详),字嘉仲,应纯之子。应纯是应贞的弟弟,他们的父亲应璩,曹魏时当过侍中。

西晋怀帝司马炽当政时,应绍被提升为黄门侍郎,后受长史潘滔、左长史刘舆诬陷。永嘉三年(309),东海王司马越带三千甲士闯入庙堂,在晋帝司马炽面前,以莫须有的罪名,逮捕了应绍,一起被害的还有中书令缪播、散骑常侍王延、太仆卿缪胤、尚书何绥、太史高堂冲等数十人。应韬的伯祖应贞,《晋书·文苑列传》有载:应贞(234—269),字吉甫,汝南南顿人,三国曹魏侍中、文学家应璩的儿子。从汉到魏,应氏家族的人,多因文采好而成为重要的官员。应贞精通经史,擅长辞令,善谈论,口若悬河,少有才名。曹魏正始中,夏侯玄名势甚盛,应贞常在夏侯玄面前即兴作五言诗,很得夏侯玄赏识,夏侯玄因此在官员考核中将应贞列为优等。后来司马炎任抚军大将军时,应贞作为他的参军。司马炎登基后,应贞升任为给事中。虽然这个家族迁至鄱阳后并不显赫,但人丁兴旺。即使在唐末那场波及全国的黄巢起义期间,他们也没有受到多大冲击。传说黄巢兵过之处,杀人抢粮,不少地方被洗劫一空。而芦田应氏在起义军过境时,用禾斛装鸡蛋放在山脚下,一兵一蛋,兵完蛋尽。此举使得起义军将领深感震惊,于是派人打探,得知此乃鄱阳广石应氏所为,便令军队通过广石一带时做到秋毫无犯,广石应氏与附近居民这才逃过一劫。从此,这座山便叫"禾斛岭"。

关于《应氏家谱》的可信度,历代县志、府志和《大清一统志》可以佐证。这些志书中的"寺观庙宇"条中都有"宝胜寺,一在文北乡,梁天监四年(505)建。一在和北乡,唐开元七年(719)建"的记载。曾经,我们因它们的无着落而耿耿于怀。后来,在游城乡淮王坦找到了唐代的宝胜寺(详见拙文《宝胜寺与宝胜桥》),而更早的却无音信。谁知踏破铁鞋无觅处,《应氏家谱》中,居然出现了"宝胜寺,梁武帝天监四年,505年,应氏八世祖应韧捐建。遗址在今万年县石镇街应家山附近(古代属鄱阳县文北乡管辖)"的记载,于是,这一历史旧案总算有了结果。此外,旧县、府、省志中有"龙安寺有二,在文北乡,唐贞观六年建,一在复礼乡""龙安寺,唐贞观六年(632),十三世祖应任(孟常)建。遗址在今鄱阳县饶埠乡寺背吴家"的说法。除这两座寺庙之外,他们还举家族之力,兴建了"广石寺,梁武帝大同元年,535年,九世祖应成捐建。遗址在今鄱阳县芦田乡寺里村"。这三座寺庙的兴建时间都在《应氏家谱》中有了答案。

栎林旧称上齐,是鄱阳方姓的主要祖居地之一,其余分布在谢家滩、田畈街、古南、中洲、团林等乡镇。其中,迁来鄱阳最早的是栎林方姓。北宋景德年间,有方氏名元修者,经德兴迁来鄱阳,据称其祖籍河南新县。

方氏出自方雷氏,是一个典型的多民族、多源流姓氏,至今有近4700年的悠久历史。炎帝十一世孙即八代帝榆罔长子曰雷,黄帝伐蚩尤时,雷因功被封于方山(今河南省禹州市方山镇)。雷受封于方山后,称方雷氏,子孙以地为氏,分为雷姓和方姓。先秦时期,方姓活动于河南,但一直不活跃。西汉平帝元始年间,丹阳县令方纮因王莽篡权,为避乱,从河南迁至安徽歙县东乡(今为浙江

淳安),成为徽、严二州,乃至所有的江南方氏之共祖。历史上,方姓以河南为发源地,以古徽州为中心向四周扩散,是典型的南方大姓。后来南方各地出现的有些方氏族人成为望族,这是河南方氏族人向南播迁的结果。唐朝时,方姓已经分布于中原、华东和江南各地。宋、元、明期间,方姓的分布总格局变化较大,其人口主要由北向东南、由南向北迁移。全国重新形成了以浙江为中心、向四周散发的方姓分布特点。方姓人口数安徽、浙江、江西、江苏、河南为多。新安(婺源、休宁及淳安原来皆为古歙县的一部分,历史上属古新安郡)方氏的共同祖先为方纮之孙方储(号仙翁),方储辅佐汉章帝、汉和帝,政治名声大,死后封侯,并被神化,故后世裔孙皆尊奉方储为始迁祖,继而出观之、赞之及宏之三派。《古今图书集成》云:"大抵江南之方,要皆仙翁苗裔。自雉山而分者,又为睦州刺史亮之派;自白云原而分者,多为玄英处士之支。"故方储子孙散居于徽、宁、饶、衢、婺、祁、绩等地。

当然,芦田更大的姓氏是李、张等别的姓氏,但他们都晚于应姓。其中,稍晚于应氏定居的,是相隔不远的老屋场北端的吴姓。黄巢起义造成的唐末战乱,使这位家住徽州的经商客,来此落户农耕,从此有了吴村。徽州多名门望族,素有"新安十五姓"和"徽州八大姓"之说。吴姓是古徽州八大姓之一。程、汪、吴、黄、胡、王、李、方,吴排第二。据家谱记载,吴姓为汉初长沙王吴芮第三子浅,封便顷侯,析居黟县,是徽州吴氏一世祖。传六十一世为吴少微。徽州吴氏一般以吴浅为远祖,以吴少微为近祖。他们落户鄱阳,也称得上"落叶归根"。

位于芦田徐家东北角、海拔 110 米的仙峰岭,因形似腾空跃起、头颅高昂的老虎,所以称之为飞虎山。飞虎山山势险峻,云罩雾绕,似缥缈仙境。19 世纪末,周边村民捐资建寺庙一座,寺前有一株双人合抱的千年古柏,柏树上吊有一口重千斤的生铁铸钟,每有佛事,钟声嘹亮,清悦悠长。官田村东南角的峰坡岭多奇岩怪石,其中最大的要数老虎岩。这里地形险要,流传着许多传说。此外,九龙山岭有一块百来平方米的平地,人站在山岭,不仅南湖全景尽收眼底,就连村子里的吆喝声也听得清清楚楚。如此种种,无不增加了这片土地的神秘。

游城，士弘遗痕覆周边

历史因为时间而模糊不清，常常留下许多谜。比方说地名的由来，虽说仅是一种符号，但都有来头，因为中国人很重视这一点，所谓名不正则言不顺就是这个道理。游城为什么叫游城已无从考证。《波阳县地名志》说："明末，县城有一胡姓进士闲游于此，见此地山清水秀，田野宽广，于是举家迁此，并立意将此地变为小城，故名。"从狭义上看，此说虽然牵强，但看似合理；从广义上看，就不尽然了。游城之为游城，就在一个"游"字。那么，这个游城的"游"字到底是什么？原来，它与史书上有记载、历史没有承认、事实上存在了六年的鄱阳籍皇帝林士弘有关。

隋大业十二年（616），鄱阳新义（今属金盘岭乡）操家人操师乞，伙同太阳埠人林士弘，分别在金盘岭、太阳埠带领农民撑起了起义大旗。林士弘在击败前来征讨的隋军后，在豫章（今南昌）称帝，国号楚，年号太平。唐武德五年（622），大贵族、地主出身的李渊，收编了北方大大小小的义军后，把目光转向了南方的楚国。李渊使尽各种手段，从内部瓦解了林士弘政权，致使林士弘忧愤而死。林士弘死后，楚军自行溃散，楚国自兴至亡不过六七年。林士弘的失败，据说与一位叫高纶的人有关，最终高纶得到了唐皇的封赏，获得了林士弘各处产业共二十九庄。于是，其家谱就有这样的记载："帝八载亦不轻易林氏产业，方圆六十里尽付纶管。东立兵田、屯田；西立两寨，界、潭是也；北立一城，名曰'游城'；又立一营一寨，是桃花池，通池州路也；南立一县武阳，今古县渡是也。"原来，兵田、屯田是林士弘起事前的粮仓，而游城则是那个时期的游击之城，可攻可守。它立于唐朝之初，比起1985年版《波阳县地名志》中的所谓明朝得名，要早七百多年。可见游城村的历史有迹可循有一千多年了。然而，在游城周边仍留下不少待解之谜。

宝胜寺为南朝梁时所建，距宝胜寺偏东不远的地方，有个叫袁家的小村。据说，袁家人在东汉时便由古县渡迁于此建村。这些都足以证明，隋之前，现在的游城乡范围内，便有人居住了。不仅如此，位于游城西北的范田汪氏，在东汉中期便从新安迁于此。

袁氏在东晋、南朝,与陈郡谢氏、琅琊王氏、兰陵萧氏,同为侨姓大族。袁氏早期主要是在其发祥地河南淮阳一带,世居阳夏。至西汉时,其子孙世代为官,地位显赫,成为当地的一大望族。阳夏是袁氏的祖居地,该地晋代属陈留郡,所以袁氏以陈留郡最望。此后,迁徙各地的袁氏多为陈留分支,他们都以"陈留"为堂号。至东汉,迁居汝南的袁氏,发展形成了当地的一大望族。从魏晋南北朝至隋唐,汝南袁氏后裔因仕途避难等原因,形成众多支系,在北方的广大地区及江南的许多地方,经过不断的繁衍发展,成为当时的望族,形成了彭城、京兆、东光、太原、华阴、襄阳、濮阳、宜春等郡望。袁姓南迁始于唐代以前,至宋时,已成为南方的一大望族,其中以浙江、江苏、江西分布为最多。袁氏入闽始于宋代以前,宋代以后便自福建迁入广东等地。明清之际,袁姓已遍布我国广大地区,在广西、云南等省的瑶族中,袁为大姓。

汪氏是一个典型的多民族、多源流姓氏,2013 年出版的《中国四百大姓》将汪姓排在第 60 位,属于大姓。先秦时期,汪姓活动于浙江、河南、陕西、山西、山东地区。两汉至唐朝,汪姓主要的活动地区在皖、赣、浙、苏,已经发展为当地的望族。唐朝以后,汪姓主要从安徽和江西向河南、湖南、湖北、贵州、四川、安徽(合肥、安庆)、两广和福建地区扩散。

在游城乡西南,有一座海拔仅 80 米的山峦,当地人称之为胜峰岭。胜峰岭东南谷地,有一个只有 500 多人的小村——陶家。南园陶家村子虽小,却大有来历,其先祖就是鄱阳鼎鼎大名的晋太尉、大司马、长沙桓公陶侃。据《晋书·陶侃传》记载:"侃有子十七人,唯洪、瞻、夏、琦、旗、斌、称、范、岱见旧史,余者并不显。"这就是说陶侃还有八个儿子,不知道叫什么名字。有一点可以肯定,陶侃确实有不少子孙。南园陶家的家谱这样记述:"陶氏自叔公至侃公为二世祖,延至三十六世名澄一公而生庸公,庸公生淋公,淋由菱塘迁居建德绕山陶家坡卜居。康熙甲午间(1714),大棱、大祥兄弟自绕山陶家坡,迁居鄱阳胜峰岭南源里黄龙形之地居住。"其中所叙的叔公,就是陶丹。两晋前,鄱阳、柴桑(今九江)、彭泽、建德(今安徽东至)均为庐江郡所辖,而鄱阳的陶侃家族无疑是这个地区的名门望族,其子孙散居在这一带也是顺理成章的事情。

宋叶梦得《避暑录话》云:"饶州自元丰末朱天赐以神童得官,俚俗争慕之。小儿不问如何,粗能念书,自五六岁即以次教之五经,以竹篮坐之木杪,绝其视听。""流俗因言饶州出神童。"

《文昌杂录》又载:"礼部试饶州童子朱天赐,年十一,念《周易》《尚书》《毛诗》《周礼》《礼记》《论语》《孟子》,凡七经,各五道,背全,通无一字少误者。"

无独有偶,游城有个神童坞。神童坞距游城六公里左右,在正北偏东方向。村子不大,傍山依坡而建。1985年版《波阳县地名志》说:"明洪武间,邑内田畈街张家林迁此,因居地风景优美,犹神仙境地,故名。"明明是以神童为符号,却变成了神仙境地,这纯粹是风马牛不相及。神童与仙境,相差何止十万八千里!奇怪的是,在神童坞不远处,有个学堂坞,这该做何解释?倏地,我想起《避暑录话》中对培养神童的方法的批判:"以竹篮坐之木杪,绝其视听,教者预为价,终一经,偿钱若干,昼夜苦之。中间此科久废,政和后稍复,于是亦有偶中者。流俗因言饶州出神童,然儿非其质,苦之以至死者盖多于中也。"我想,作为宋朝遗存的俚俗,尽管弊大于利,为了声誉,还是有人追逐,而且不断改变方式与方法。在深山坞洼办学,断其外界交往,一心一意地诵读五经,而且果然出了奇迹,并以神童命名此地。莫非这就是神童坞的来历?黑格尔说,存在即合理。不管神童考试成绩怎样,但是能推动人们的上进之心,饶州神童的影响于是代代相传。所以神童坞以神童取名,还真的名副其实。元朝时,鄱阳有姓张名瑀字伯辉者,以神童进士仕迪功郎,进修翰林侍讲。接着又有张琮,字伯文,十四岁登进士。一个朱天赐尚且能称"饶州神童",两个张姓昆仲,不就更能命名出此人才的山坞为神童坞吗?原来,在明初张氏英二公迁来之前,神童坞一带便是田畈张氏的祖业。从他们祖遗的所有山界可以看出,与土塘张氏相连,土塘张氏与他们同出田畈张氏分支。一段并不复杂,只因时间而变得模糊的记忆,被本族人不明就里地轻描淡写,混淆得面目全非。

神童坞找回了记忆,这是一段让游城人值得骄傲的记忆。两个同姓兄弟,在一个历史朝代——元朝,先后以少年的身份,取得了进士的功名。不管他们后来是不是为家族为地方带来显赫功勋,但有个不争的事实:他们的家乡至今仍人丁兴旺,他们的故事仍被传为佳话。

距离游城四公里多的踏水桥头余家,是个以余姓为主、多姓杂居的不算大的村落。在这个村子里,每到农历六月二十四,都要过一个与众不同的特殊节日——老郎菩萨节。到了这一天,全村上下老少出动,忙作一团,请道士做法

事、自编自演"三角班(即唱黄梅戏)",夜夜唱戏、聚餐,一个六十户人家四百来人的群山环绕的小村,顿时热闹起来。

桥头余家这个罕见的节日,到底源于何时,村里无人说得清楚。但有一点,这个节日世代相袭,不知传了多少代。只要农历六月上旬一过,村上主事的人,就会发动大家凑钱凑粮,无钱无粮的出力,筹备着过好这个节。其实这天说是过节,实际上还是酬神。一大早,请来的道士念过经文,便挨家挨户地驱邪禳灾。晚上则有由本村人组织的"三角班"演出。这些程序完成后,这天的节就画上了句号,明年又是如此。不过,余氏的节日又与宝胜寺有关联。宋元以来,在官方的许可下,神祇崇拜比之前更加广泛,各种各样的行业神信仰一天天增多,民间出现了滥祀。这里的滥指滥、泛滥。有许多地方的神庙,不知敬的是何路尊神。这种风气一直延续,于是佛教净土变成了民间神庙。从现在的分布情况看,宝胜寺周边多是余姓。里面后来居然祀奉了天姥皇恩万寿仙娘,金花圣母,药王孙、喻二真人等。为什么将这些神明请进宝胜寺?

从《余氏家谱》的记载中可以看到,其先祖原籍广东韶州,也就是今天的韶关。后来先祖中有人在湖北江夏,也就是今天的武汉做官,在江夏住了一段时间。而踏水桥余家的始祖,就是从江夏迁到游城的。

我们中国是根亲文化非常发达的国家,追宗寻祖,向为己责。踏水桥余氏也不例外。其表现,除续修宗谱外,再就是习俗,包括神祇信仰。清朝时,广东民间流行信奉"送子娘娘"。这位送子娘娘就叫金花夫人。余姓祖籍广东,宝胜寺有金花圣母,能说这仅仅是巧合?再者,武汉在四川下游(以长江为参照物),峨眉山乃四川名山,天姥皇恩万寿仙娘为峨眉仙人,引进者无疑在四川、湖北生活过,那么曾在江夏生活过一段时间的余氏,是否与此有关?六月二十四日是"姥姥节","姥姥"这位神仙在我们国家历史中找不到,但与此谐音的还是有,那就是老郎神。老郎神是戏剧业供奉的神。余家来自湖北,湖北黄梅是黄梅戏的发祥地,余家过节要唱"三角班"即黄梅戏。三种现象连在一起,这个节实际上就是余氏先人们,为提醒子孙后裔不要忘了自己的根,而延续下来的一种风俗。虽然我们一向有"五里不同风,十里不同俗"的说法,但风俗之间还是有着某种联系的,特别是移民。这个群体在辗转数百上千里后,仍念念不忘那块曾经生养他们的祖籍地。那里的风俗习惯,是教育子孙不忘祖根的一种传承。

金盘岭，大梨、新义有来头

金盘岭镇原属田畈、义阳、踏溪、枧田等乡管辖，20世纪50年代后期才有了今名。这里山垄相间，田畴互连，极易生存。据传，汪桥岑家村口小溪两旁，各有一棵数百年的古樟，人称"倒插樟"便是明证。明朝初年，有安徽至德（今东至）岑姓曰兴贤者，贩杂货路过此处，感觉这里是个极宜居住的地方，于是在溪旁倒插小樟树两棵，并暗自祷告：三年后，这两棵树若能活，便是有神灵保佑，我便来此安居。三年后，岑兴贤重返旧地，果见樟树存活，于是建村，是谓岑家。

岑氏是一个多民族的姓氏群体，发源于今陕西韩城。在历史上，岑姓曾经是一个光彩而神气的姓氏，尤其是汉、唐两代。魏晋南北朝至隋唐间，岑姓依旧繁盛于南阳郡，并以此为中心。因仕宦、避难、谋生等原因，渐有岑姓人远离祖居地而徙奔于山西、山东、河北，以及南部的安徽、江苏、浙江、湖北、湖南等地。鄱阳岑姓，多为迁徙来江西的岑姓分支。

岑姓在金盘岭当然不算望族，胡姓远比岑姓显赫。宋仁宗赵祯天圣五年（1027）春，参加春闱的鄱阳考生沈璋、王宿、胡光金榜题名，同为王尧臣榜进士，同榜登科的还有二十八岁的包拯。只是在同登进士的三个鄱阳人中，唯有胡光当过工部侍郎，其他两位不见记载。九年后的仁宗景祐三年（1036），贬知饶州的范仲淹安排好公事之后，在一个秋高气爽的日子，特地抽空来到离州城九十来里，地处县东北的铁炉冲村（今鄱阳县金盘岭镇大梨胡家村），看望已经致仕的曾经同僚胡光，征询治饶的良策。其间，胡光挑了几个自家梨树上结的大梨，款待贵客。范仲淹赞不绝口，留下铁炉冲村改名为大梨胡家的佳话。不过，范仲淹此次专访，确实让鄱阳乃至饶州受益良多。府县志对这次范仲淹的大梨之行存有专门记载："胡光，字子成，鄱阳人。登进士，官至工部侍郎。致仕家居。时饶苦茶贡，百姓惮于转输。光为郡守言，上疏奏免之。民歌曰：'一章奏免贡新茶，惠及饶民几万家。'"这既有胡光的功德，同时也体现了范仲淹治饶的仁政。

鄱阳胡姓,若追根溯源,不少与大梨胡氏有瓜葛。大梨胡姓,原为婺源胡常侍的后人。唐朝末期,其先祖从婺源清华街迁到铁炉冲定居。后来,随着人口繁衍,胡氏遂向各乡分支,一支迁至花桥,一支迁至北关。而清华胡姓,在各个朝代,都陆续有人迁出。"唐散骑常侍学公者,由黄(篁)墩徙居婺北清华,是为清华常侍胡始迁祖。"《清华东园胡氏勋贤总谱》记载:"学公,字真翁,号东山,行十八。生唐宣宗大中四年(850)。咸通九年(868)登赵峻榜进士第……官至银青光禄大夫、散骑常侍,诏赐新安郡开国男,食邑三千户。文德元年(888)致仕,由黄(篁)墩徙居古邑婺北清华,是为清华始迁祖。"

正是这支胡姓,能人辈出。大梨除胡光外,四百多年后的大明王朝,又有胡姓人士胡德健,字本诚,明代宗景泰年间以上舍生授官湖南耒阳县丞。耒阳建置很早,在夏、商属荆州,战国时属楚。秦王政二十六年(前221)置耒县,因耒水而命名,隶长沙郡,乃中国古代四大发明家之一蔡伦的故乡。本县进士刘济当时任知制诰,称胡德健穷经学,有善德。

金盘岭镇最引人注目的历史事件,是隋末农民起义和起义领袖操师乞。隋大业十二年(616),鄱阳新义(今属金盘岭)人操师乞、与太阳埠人林士弘,分别在金盘岭、太阳埠,率领农民撑起了起义大旗,以武装斗争反抗隋朝的暴政。在金盘岭,与操氏有关的村共八个,分别是:楼下操家、嘴上操家、角上嘴操姓、三甲操姓、南冲坞操姓、新义操氏、操家及南山庙操姓。奇怪的是,这些操姓几乎都不是土著,而是从外地迁入的。最早的是楼下操家,南宋时来自安徽安城(今安徽省淮安市安城镇),其他的则是在此后各个朝代陆续迁入。

其实,金盘岭应是操姓的发祥地。操氏来源以前流传着三种说法:来源于官位,出自殷朝君主盘庚给大夫所封官职,属于帝王赐姓为氏;源于姬姓,出自周武王姬发后代,属于以职业技能名称为氏;复旦大学历史学和人类学联合课题的研究成果表明,操姓不是曹操后裔。而据专家考证,金盘岭操姓才是该姓氏的源头。

查阅二十四史,史书中最早有记载的操氏历史人物,是隋末农民起义领袖操师乞。《隋书》卷四《帝纪第四》"炀帝下"记载:"(大业十二年)十二月癸未,鄱阳贼操天成举兵反,自号元兴王,建元始兴,攻陷豫章郡。乙酉,以右翊卫大将军来护儿为开府仪同三司、行左翊卫大将军。壬辰,鄱阳人林士弘自称皇帝,国号楚,建元太平,攻陷九江、庐陵郡。唐公破甄翟儿于西河,虏男女数千口。"《旧唐书》卷五十六《列传第六》记载:"林士弘者,饶州鄱阳人也。大业十二年,与其乡人操师乞起为群盗。师乞自号元兴王,攻陷豫章郡而据之,以士弘为大将军。隋遣持书侍御史刘子翊率师讨之,师乞中矢而死。士弘代董其众,复与子翊大战于彭蠡湖,隋师败绩,子翊死之。士弘大振,兵至十余万。"《新唐书》列传第十二《萧辅沈李梁》记载:"林士弘,饶州鄱阳人。隋季与乡人操师乞起为盗。师乞自号元兴王,建元天成,大业十二年据豫章,以士弘为大将军。隋遣治书侍御史刘子翊讨贼,射杀师乞,而士弘收其众,复战彭蠡,子翊败,死之。遂大振,众十余万,据虔州,自号南越王。"

这三本史书记载的,都是公元616年发生的同一件事,但除《隋书》外,另两本史书都将"操师乞"记作"师乞",而非"天成"。"天成"在《新唐书》中,被认为是操师乞政权的年号。那么,操天成与操师乞是不是同一人?这个操天成与《操氏宗谱》上始祖的历史为什么吻合?

在《操氏宗谱》中,有操姓始祖天成的画像并附有赞美之词。看画像,天成是皇帝,身穿祥云龙袍。有词赞曰:"位尊兮,亚帝;爵重兮,诸侯;功烈兮,称职;发祥兮,九州;远不可追兮,绍公于始;辟昆仑兮,绵亘其何收。"操师乞中流矢而死,未能称帝,显然操师乞不是操天成。那么,操天成是谁,为什么史书上将操师乞认作操天成,这之间到底是怎么回事?

据《南史》卷五十一《列传第四十一》记载:萧渊明(? —556),又作萧明、萧深明,字靖通,南朝梁武帝萧衍的侄子。萧渊明年轻时,深得他叔父梁武帝萧衍的宠爱,历任显要的职务,封爵贞阳侯。梁太清年间,萧渊明担任豫州刺史。侯景背叛东魏投降南朝梁时,梁武帝命令萧渊明率领十万水陆军队,奔向彭城接应侯景,并伺机北伐,攻打东魏。梁武帝又命令兖州刺史、南康嗣王萧会理,总领众帅,指示方略。萧渊明渡过淮河没多久,就被魏军击败,萧渊明及其部众全部被魏军俘虏。东魏孝静帝元善见登上城楼,亲自接见萧渊明和梁朝众将帅,解除对他们的囚禁,送往晋阳。东魏丞相高澄非常隆重地接待了萧渊明,并对他说:"先王同梁主和好十多年,听说他拜佛的文辞常说敬奉魏主以及先王,这

是梁主的厚意。不料一朝失信，导致这场纷扰。自出师征伐以来，我们东魏作战没有不胜利的，攻城没有不陷落的。今天想要和好，不是武力疲惫。边境上的事情，我们知道不是梁主的本意，应当是侯景违命煽动所致。您可派使者询问斟酌，如果还念先王情义，重新往来友好，我不敢违背先王的旨意，您及众人一并马上放回。"萧渊明没有意识到这是高澄的反间计，欣然修书给梁武帝萧衍，提出要恢复两国邦交。萧衍同样中计，致使东魏降将侯景叛乱，自己被囚禁至死。高澄则趁火打劫，侵吞了梁国大片土地，为其弟高洋建立北齐打下了基础。承圣三年（554），西魏攻陷江陵，杀害梁元帝萧绎。承圣四年（555），北齐文宣帝高洋立萧渊明为南朝梁皇帝，让从前俘获的梁将湛海珍等人，跟随萧渊明归梁朝，命令上党王高涣率部下送行。当时，南朝梁太尉王僧辩、司空陈霸先在建康立晋安王萧方智为梁王。高洋赐王僧辩、陈霸先玺书，王僧辩没有接受诏书。高涣于是进军，萧渊明又给王僧辩写信，再三陈述利害。王僧辩起初不接受，不久高涣攻破东关，杀死梁国太守裴之横，江南形势危急。王僧辩于是被迫接纳萧渊明，并派船迎接。高涣以酒食款待梁国的将士，与萧渊明杀牲歃血，订立盟约，梁国成为北齐的傀儡政权。萧渊明在建康称帝，改年号为天成，大赦天下，立梁元帝第九子萧方智为太子，任命王僧辩为大司马。萧渊明上表派第二子萧章，乘马疾驰到北齐京都，拜谢文宣帝高洋。同年冬天，陈霸先诛杀王僧辩，废黜萧渊明，改立萧方智为帝，并以萧渊明为太傅、建安王。陈霸先给朝廷上表，说王僧辩阴谋篡逆，所以杀了他。萧方智请求向北齐称臣，永远作为北齐的附属国。北齐派遣行台司马恭和，与梁国在历阳订立盟约。太平元年（556），北齐要求梁国送回萧渊明。陈霸先准备派使者送还萧渊明，但适逢萧渊明毒疮发作，还没有出发就死了。梁元帝之孙萧庄称帝后，追谥萧渊明为闵皇帝。

萧渊明去世后，其子孙为了逃避朝廷及家族纷乱，以萧渊明的年号天成元年为改姓起点，此乃江山易主，天子改姓。随后，萧渊明的子孙举家迁至江西一带隐居起来，最后在鄱阳僻乡野岭（即金盘岭）建庭院，办乡学，习武，农耕，繁衍生息。操师乞于公元616年举兵反隋，距公元556年整整六十年，萧天成去世前的哀叹"辟昆仑兮，绵亘其何收"，他的儿孙们未曾忘却。隋朝末年，社会大乱，民不聊生，各地人民纷纷举兵反抗，形成了声势浩大的全国性的农民起义。

操师乞便以其祖爷爷"天成"的影响力,打着祖爷爷"天成"的旗号,自称元兴王,和同乡林士弘发动起义。原来,鄱阳操师乞的先祖姓萧,萧天成乃他们的始祖。而且上述史书记载,与《操氏宗谱》完全吻合,这就是金盘岭操师乞家族的来历。

如今,鄱阳的操姓主要集中于金盘岭镇的新义村、楼下村,银宝湖乡的操家村,田畈街镇的七甲操家村,谢家滩镇的西山畈操家,响水滩乡的达田畈操家,枧田街乡的操家。操姓还分布于江西省其他地方,如乐平市塔前镇兰桥村、月湖村和进贤县文峰览溪。此外,安徽的潜山、怀宁、芜湖、安庆,河南鹿邑县玄武镇操庄,浙江嵊州市长乐镇、金华市、开化县,湖北武汉市新洲区、鄂州、应城、蕲春、随州,陕西汉中西乡县三花石和重庆市长寿区都是操姓的聚居地。

莲花山，离天还有三尺三

莲花山是鄱阳的"高原"，云雾缭绕，深谷通幽，被列为国家级森林公园。在这个山高林密的地方，唐初便有浮梁籍王氏，来到一个叫苦竹坡的地方落地生根。清朝初期实行保甲制，苦竹坡被编为八甲，从此这里被称为八甲里，新中国成立后改名为莲八。随后又有王氏迁入莲花山下塘边落户，这个村被叫作莲塘。

莲花山的政治、文化中心是中垱。唐朝末年，有孙、王二姓从毗邻的浮梁迁于此建村。当时，村边的小河常常泛滥成灾，村民做垱挡水，于是有了"垱里"之称。再后来，因它地处莲花山谷的中心位置，所以改名为中垱。除上述村子外，自唐末建村的还有计家林、项家湾、明水墩、百福等。

在海拔 627 米的莲花山半山腰，有一个叫潘村的村落。山上除郁郁葱葱的林木外，还有水田旱地、塘堰水井。令人费解的是，一个偌大的拥有几百人口的潘村，竟然没有一位姓潘，都姓桂。据潘村的老一辈人说，桂姓本来姓潘，而且是北宋名将潘美的正宗后代。

潘美（925—991），字仲询，大名（今属河北）人，宋朝名将，民间称其为潘仁美，行伍出身，官至忠武军节度使，参与陈桥兵变，拥立赵匡胤称帝。宋朝建立后，他屡立战功。开宝三年（970），潘美任行营诸军都部署，率军攻南汉。南汉是五代十国时期的政权之一，位于广东、广西两省及越南北部，面积四十多万平方公里。唐朝末年，刘谦任封州（今广东封开县）刺史，拥兵过万，战舰百余。刘谦死后，刘隐继承父职，逐步统一岭南，进位清海节度使。唐天祐四年（907），刘隐受后梁封为大彭郡王；后梁开平三年（909），改封为南平王；次年，又改封为南海王。刘隐死后，其弟刘䶮袭封南海王。刘䶮凭借父兄在岭南的基业，于后梁贞明三年（917）在番禺（广州）称帝，改称兴王府，国号"大越"。次年十一月，刘䶮改国号为"汉"，史称"南汉"。

潘美不到半年，便攻灭南汉。开宝七年（974），潘美任州道行营都监，率兵与都部署曹彬攻南唐。南唐是五代十国时期李昪在江南建立的政权，定都江宁（今南京），传三世三帝，享国 39 年，是十国当中版图较大的国家。潘美击败了江宁城下的十万南唐军,南唐灭亡。雍熙三年(986),宋辽岐沟关之战中,潘美任西路军主将,杨业为副将。杨业(?—986),原名重贵,戏剧中又名杨继业,原籍麟州(今陕西一带),后迁徙至并州,北宋名将,官至云州观察使、代州刺史,追赠太尉、大同军节度使。

　　潘美率军连下寰、朔(朔州)、云(大同)、应(应县)等州(约在今山西雁北地区),于陈家谷口(今山西朔州市南阳方口陈家沟)大战,潘美与监军王侁未接受杨业的作战方案,迫令其出战;当杨业失利时,又未予以接应,致使杨业被俘,绝食而死。杨业的死,民间传说是潘美借刀杀人。而《宋史》记载,杨业的死,缺乏作战经验却大权在握的监军王侁要负主要责任。当时西路军的任务是掩护各州人民南徙,但王侁强迫杨业出击(杨业主张用声东击西的打法,却遭到王的耻笑)。杨业自知敌众我寡,此战难以取胜,遂要求王、潘在陈家谷口预设强弩步兵接应。杨业的作战经验丰富,宋军以步兵为主,对抗契丹骑兵在野战中难有胜算,但用劲弩装备的军阵确实是抵抗骑兵的最佳选择。实战中,王侁和刘文裕率领的接应人马,先是为了争功私离防地,发现战况不妙又狂奔而逃。杨业突破辽军重围,浴血转战到陈家谷口,已经矢尽弓折,却发现接应人马早已逃走,"拊膺大恸,再率帐下士力战",以疲兵反身迎战。杨部下有老将王贵箭法如神,连射契丹勇士十余人落马。无奈王贵箭尽,只得步战,持空弩仍打杀辽军数人,最后战死;杨业之子延玉、部将贺怀浦等都死于乱军之中。杨业身负数十处伤被俘,最后绝食而死。按照《宋史》的说法,潘美当时与杨业的立场相近,只是没有力争,王侁军离开防地时还曾予以制止,似乎潘在其中责任不大。从战后的处分来看也是如此,潘美仅受降职处分,而王侁和刘文裕皆被撤职发配。后人不知原委,加上《杨家将演义》《杨家府演义》等演义、话本、戏剧,都将潘美刻画为杨业的死敌并在民间广泛流传,所以潘美从红脸变成了白脸。这件事后来被传为潘美为报私仇,设圈套使杨业丧命。

　　杨业死后,其妻折太君(民间亦称"佘太君")悲痛万分。在朝中一些与潘美不和的大臣的唆使下,折太君便多次去宋太宗那里控告潘美,这些大臣也趁机在太宗皇帝面前弹劾、攻击潘美,欲置其于死地。因当时杨业是北宋名将,在民间影响很大,多次为朝廷立下汗马功劳,所以他的死震惊朝野。皇帝迫于舆论压力,下旨对潘美先削秩三等(秩:官员品级和俸禄),指派门下省官员调查此

事,再据实处理。消息很快传遍全国,内容却渐渐演变为潘美利用权势陷害爱国将领杨业致死。消息传到河北大名府潘美家中时,潘族一片惊慌,火速商量对策。潘姓认定朝廷将潘美问罪是真的,决定凡与潘美同族并在九族内的潘姓全部改姓,各自逃生。有一部分潘姓族人落荒而逃,直接从河北南下,从安徽经浮梁到莲花山,最终选择这块山头,并改姓为桂。他们将这里取名为潘村的意图很明显,即不忘本源。至于为什么他们选择姓桂也有两种说法:一是按照北宋时期留下的《潘氏宗谱》谱头潘氏辈分排列,潘村安家的最高辈行是"桂"字辈。"桂"字在此时此地的含义很深,历史、族规、艰辛、怀念等都在其中。二是当时山上有几棵桂花树,香气醉人,适值中秋时节,似乎也闻到月中桂树的芳香,他们便决定以"桂"定姓,盼望有一天会与潘姓大家族团圆。

与潘村桂姓不同,处在中垱东南、天河山下的清溪,在唐末有孙、桂两姓,从安徽合肥迁于此建村。

这里的桂姓,姓自本宗,源自姬姓,其祖先姬季桢是东周末期人,曾当过秦博士。他被人陷害,他的弟弟姬季眭怕遭牵连,就让他的四个侄子按自己的名"眭"的同音字改姓,分别姓桂、昋、炅、炔。其中,他的大儿子改名为桂弈。后来昋、炅、炔三姓的后世子孙都认祖归宗,改姓了大房的桂氏。另外,《姓氏考略》指出,桂姓系出姬姓,是鲁公族姬季桢的后代。关于桂姓的子孙分布,据历史资料考证,头一个以桂为姓的是姬季桢的长子桂奕,依照宋《桂氏家乘序》的记载,他在幽州的老家守庐墓。老二昋迁居济南的朱虚,老三炅迁往济南的历山,老四炔移居河南城阳。当时,兄弟为了逃难,各奔前程,为桂氏家族遍布全国各地,找到了注脚。桂姓早期的表现比较岑寂。宋、明以后,情形完全不同,尤以浙江宁波、慈溪的桂氏,在明一代更加光彩照人,使源于北方的桂氏家族很快成了江南的名门著姓。为桂氏家族在浙江宁波奠基立业的,应推明初被洪武皇帝赞誉为"江南大儒,惟卿一人"的桂彦良。史载,当朱元璋正在南征北战之时,桂彦良是包山书院的山长,以满腹经纶名闻天下。张士诚和方国珍等人欲聘其入幕府,皆遭到拒绝。明立国后,他才出山入仕,以"有所咨问""对必以正"著称。桂彦良的侄子桂宗儒、桂宗蕃皆擅长文学,为《永乐大典》的编修人;他的孙子桂恭是著名的孝子;他的从弟桂孟诚,任河源知县,有政绩。此外,他的后代如慈溪的桂伯谅、桂琏等,也很有名气。

　　清溪桂姓,应该是五代的时候为了躲避战乱,南渡到广信、饶州(鄱阳)等地区,来到莲花山落户的。

　　再说孙姓,孙姓自商末周初立姓之后,一直活跃在河南和山东一带。春秋初,姬姓孙氏一直世袭卫国的上卿,权倾一国,孙姓在河南地区发展很快。到春秋末,孙氏在卫国失宠,北迁晋国,东迁齐国。自春秋战国以来,孙姓发生了几次大的迁徙,自北向南,甚至跨海域、跨国度。秦汉以后,孙姓由山东向四周扩散,西进山西太原,南达浙江南部,西南达到湖北。三国时,孙坚父子在江南建立了吴国,孙氏的发展达到了顶峰。在魏晋南北朝时,北方、中原和江南的孙氏都得到了迅速的发展,出现了一批孙氏名门望族。

　　莲花山最高的山峰是雷打石。据说,这座山原来并不太高,后来山中长出了一块巨石,形如雄狮,年年上长。不知经过了多少年,它竟然长得离天三尺三。于是附近很多人就沿着岩石向上打凿台阶,想登台阶上天去看看,没想到惊动了玉皇大帝,玉帝命太白金星察看。太白金星察看后如实向玉帝禀报,说凡人闹哄哄地要上天来。玉帝闻听大怒,马上命雷公将巨石劈得粉碎,所以当地人就把这座山峰取名为雷打石,在雷打石这块巨石四周,真的还可以看到许多碎石。

　　在由鄱阳通往莲花山的路上,有一座军民水库。这个总库容 21.6 万立方米的大型水库里,沉睡着一个旧时为鄱阳东北边陲的繁华村镇——横埇坝。坝者,平地也,意指这崇山峻岭中的一大块"平原"。横埇坝地理位置特殊,曾经在较长的一段时间内,为周边的商品集散地,繁华时有商店三十多家,侯家岗、莲花山,乃至邻近鄱阳的浮梁山区的山货,经常从这里输出。尤其是管驿前渔民用的弥钩(鄱阳湖特有渔具,俗称竹卡,用毛竹丫削制),多从这里输出。如今,这里只是人们追忆的所在。

　　莲花山多王姓,旧时称横埇坝的王姓,为琅琊王的后裔。"大荣公于宋时由浮梁北乡坑头过横埇石田,德裕公于明弘治由石田迁郭母尖、新田畈,又分迁饶城王府山,又分迁永滩。"这就是清朝雍正皇帝老师王传的家族迁徙路线。

三庙前，风水育就几代才

有人说三庙前只有七八百年的历史，此话既对又错。说三庙前村，这话可信，说三庙前乡，此言大错。朗里严家，自豫章即南昌迁来后，历 50 多代，1500 多年。他们当在南朝宋末，来此落户建村。严姓主要由庄姓改姓而来，一开始就分布广泛。史载，先秦时期严姓氏族势力弱小，主要聚居在西北部。到东汉以后，芈姓严氏的加入，使这里发展得很快，中国江浙地区因此形成了严氏的聚集区。魏晋时，西部丁零部和巴人的严氏同化为汉人，但后世战乱的频发和朝代的更迭，导致严姓多次南迁。

唐末，中胡、下胡由婺源迁入，朱家由祁门迁入，并繁衍生息至今。

婺源清华镇的胡氏起于西北，源于汉代安定郡，隋唐时期迁徙至徽州，唐末为避黄巢之乱南迁，先迁至歙县篁墩，再迁至祁门义成都，最后才定居婺源清华镇，成为徽州历史上的望族。清华镇是婺源县的重镇，原为婺源建县时的治所："唐分休宁回玉乡，并割鄱阳怀金乡，置婺源县，治清华镇。"唐僖宗时，其先祖先迁至芝城即鄱阳镇，再迁至雷溪今址。

再说朱氏，新安朱氏原为邾国遗民，其先祖最早得姓聚居在山东邹、滕两地。楚并天下时，朱氏避乱于沛（今江苏沛县），遂去邑而易姓朱。汉元始三年（3），沛国朱姓逐渐南渡长江，后来成了吴郡大族。唐朝僖宗乾符年间，"爵位近于三台"的殿中丞朱师古，因避黄巢起义战乱，带领四个儿子由姑苏（今苏州）迁来歙县篁墩。朱姓本不是新安土著，是地地道道的外来户，所以朱师古就成了新安朱氏一世祖。

可见这一带早已有小桥流水人家，田畴炊烟茅舍。不仅如此，到了宋朝，因这一带风水好，而被有识之士洪士良相中，从而造就了几代人才。

北宋时，有乐平人洪士良，种田兼做小贩，经常往来于乐平与鄱阳之间。洪士良始居乐平金山，他继承了先祖的经商传统，骨子里有种不甘平庸的潜在本质。洪士良不仅是一位精明的商人，而且博览群书，怡情山水，轻财好施，积德累仁，以气节闻名于乡里，同时也是一位雄心勃勃的当家人。洪士良的儿子洪炳为中大夫，可惜早逝，两个孙辈洪彦昇、洪彦遑年幼。洪士良为两个孙子着想，便让两个孙子到饶州城师从最好的先生，故迁居鄱阳。洪士良后以孙贵，被赠中奉大夫，例赠少保。洪士良曾师从宋朝著名的堪舆大师、德兴人吴景鸾。他往来经商于歙、徽、婺、鄱、乐之间，为鄱阳城繁荣的市场所吸引，遂起意迁居鄱阳，时间一长，便看中了离县城三十多里、现在属于三庙前乡的一个叫瀹港（今阳家湾村）的地方："舟过之，爱其水朝山绕，可卜居兆。"但要在瀹港村买地建房，却不是一件容易的事情。据洪适《盘州集》卷三十三《盘州老人小传》载，瀹港村雷姓为晋代丰城县令雷焕的后代，他们在瀹港村繁衍生息已有很多代，视那里为祖宗传下的宝地，不愿轻易卖掉。洪士良为了达到迁居目的费了不少心机，花了不少钱财，也使用了一些手段。他刻意结交当地雷姓长老，积极谋划，并最后达到了自己的目的。"于是每归必以鱼盐遗主人雷氏，岁久浸熟，秋成则买谷百许斛，分寄诸家，尝置酒聚其族曰：'诚惭岁以谷相溷，欲谋数丈地自作仓以贮，可乎？'皆曰：'诺！'"每做生意路过瀹港，他有事无事均要到村里停留，常以鱼盐稻谷为礼物，赠送给雷氏家族中的头面人物。这样来往多了，与雷家人的感情便发展到非常亲密的地步。有一年年初，他专门设酒宴宴请雷家人。在宴席上，他乘机提出想要一块地建粮仓。这是洪士良的策略，如果明说要买地建房，雷家人不会同意。在场的雷家人表示同意，唯有村里的一位老人不同意。这位老者性格孤傲强硬，在雷氏家族中又有话语权。洪士良得知那位老者很怕老婆这件事后，便送给他老婆两匹细绢，老妇人高兴地收下礼物，然后对老头说："洪八翁往来吾里如骨肉，求一片地奈何不与？"老头子"即呼人书券相授"。洪士良见机行事，将原来所谓的立仓储粮，变成了建立新田庄，实现了买地建房、举家迁居瀹港村的愿望。而后随着家业的发展，洪士良再向鄱阳城搬迁，最终达到了迁居鄱阳城的大愿。洪士良逝世时享年七十三岁。去世前，他立遗嘱嘱咐子孙："葬我必于瀹港仓下，子孙当青紫不绝。"至今在三庙前还有洪家村，村里住着南宋名臣洪皓长子洪适的后裔。

　　洪士良入籍鄱阳的经历，再次证实了"四洪"籍贯鄱阳。古人以三代为籍，从洪士良到洪皓刚好三代。而那些坚持认为洪氏为乐平籍的观点，显然是站不住脚的。

　　由于三庙前乡地理环境特殊，形成的过程也就有点儿奇特。占人口多数的

姓氏，几乎都是后来居上，其发展速度与地处东北、落户较早的几个姓氏，形成了反差：湖区的比早据丘陵的发展得要快，而后来者多为贫寒之士。于是出现了一件怪事：在三庙前居然发掘出一件元青花松竹梅纹梅瓶，现藏于江西省博物馆。

元青花瓷气度恢宏，一改宋瓷的精巧秀雅，但元青花出现在陶瓷史上短短100年后，一度在中国绝迹。明清时期，无人知晓元青花的存在。元青花瓷在中国历史上的消失，应该与明太祖朱元璋的政治主张有关系。"驱逐胡虏，恢复中华。"明太祖在立国之初，曾掀起过一场肃清前朝文化的运动，作为蒙古族文化载体的元青花在劫难逃。现代存世的元青花，除了元代以贸易方式流传至海外的外，国内馆藏的元青花，多是1969年后陆续出土所得，其中窖藏所出最重要，有元大都遗址窖藏、江西高安窖藏、河北保定窖藏以及内蒙古地区窖藏。

元青花瓷开辟了由素瓷向彩瓷过渡的新时代，它的造型大气而不失精致，绘画风格豪放而富丽雄浑，与唐宋以来素瓷的审美风格大相径庭，是中国陶瓷史上的一枝奇葩，从创始之初就站在中国青花瓷史的顶峰，使今人为之感叹。

这样一件稀世珍宝，当然非一般平民百姓所能拥有，拥有者一定是个很有身份且懂得艺术的人。那么，拥有者究竟是谁呢？笔者认为，最有可能的是明朝景泰二年（1451）进士童轩。童轩（1425—1498），字志昂，鄱阳三庙前人，明朝科学家、文学家、民间艺术家。他博学多才，能诗善文。晚年时，他在工艺品上的研究，对明代木制品的发展产生了巨大的影响。此元青花松竹梅纹梅瓶，大概率为其家族所有。遗憾的是，至今在鄱阳三庙前尚未发现童姓村落，也使得这一说法缺乏确凿的证据。

在三庙前，曾有稀姓兀（wù）氏在濠湖村居住。北齐时，兀氏兄弟声和、声远，由乐安（今乐平）迁至饶，宋时再迁至濠湖。兀姓是中华民族中人数极少的姓氏之一，兀氏源于北魏，是中国古代鲜卑族拓跋氏的后裔，祖先起源内蒙古自治区鄂伦春自治旗阿里河镇西北十公里的嘎仙洞。北魏王朝从平城迁都洛阳后，魏孝文帝拓跋宏为了稳定北魏对中原的统治，遂按照汉族姓氏的标准定鲜卑姓氏为单字姓，并将皇室姓氏定为最高姓氏。公元496年，孝文帝下诏，以为"北人谓土为拓，后为跋。魏之先出于黄帝，以土德王，故为拓跋氏。夫土者，黄口之色，万物之元也；宜改姓元氏。"从此北魏皇帝改姓元，其余鲜卑人也都改了姓氏。北魏末期,农民起义四起,安乐王元鉴在奉旨讨伐葛荣的起义军时投靠了葛荣。北魏朝廷遂命裴衍等人平定元鉴叛乱。元鉴兵败被赐死,北魏皇帝没有诛杀元鉴的族人,但诏令天下,将元鉴及其族人改姓兀。这便是兀姓的由来。

　　樟潭屈姓,元末时自咸阳迁来。屈,现读作 qū,古音读作 qué,亦可读作 jué。屈氏是一个非常典型的多民族、多源流的姓氏,最早的屈氏,当始于狂屈竖,是非常古老的姓氏之一。该支屈氏的"屈"正确读音为 qué。传统意义上的屈氏远祖,始于春秋时期的楚武王之子芈瑕。他受封于屈(湖北秭归),子孙后代遂以封地名"屈"为姓。西汉后,两湖之地的屈氏,一部分迁居浙江临海,一部分迁居江苏泗洪、盱眙等地。两汉之交动荡不宁,关中屈氏有进入山西、河北、山东者,其中一支迁居河南洛阳。三国时期,汝南人屈晃因仕宦于吴,落籍今江苏省境。北魏时期,屈遵家族在河北北部、辽宁南部的繁衍也颇引人注目。随着同时期屈突氏改屈氏,屈氏家族更加壮大。魏晋南北朝时期,繁衍于今浙江临海、江苏盱眙、河南洛阳的屈氏,家族庞大、人丁兴旺,发展为临海、临淮、河南等屈氏郡望。隋唐时期,屈氏的发展表现为南北争雄,竞相发展。宋元时期,屈氏在南方的发展压倒了北方,播迁至南方广大省份,江西屈氏应是那个时期入赣定居的。

饶埠镇，一个"畬"字见文化

　　饶埠，据说得名于唐朝中叶。一户饶姓人家从千里之外的华北，渡黄河、历河南、往安徽，一路南下，来到了江西鄱阳，在乐安河边安顿下来，繁衍生息。因落脚处为船只停泊的码头，故称之为"饶埠"。据专家考证，饶氏是一个古老的多民族、多源流的姓氏群体。饶氏这个家族的最初发祥地，是古代的饶阳（今属河北省衡水市）。饶阳历史悠久，是战国时期赵国的一个邑。在《史记·赵世家》中就有"赵悼襄王六年（前240），封长安君以饶"的记载。饶姓自得姓至今，已有超过 2200 年的历史。饶姓的迁分路线始于河北饶阳（众多起源地之一），继而是江西饶州，再南迁至浙江、福建、广东。江西为饶姓第一大省，鄱阳是饶姓入迁的第一个落脚点。

　　关于饶姓的起源，有四种说法：除认定古代的饶阳是饶氏家族的最初发祥地，以封邑为姓外，根据《古今姓氏书辩证》一书的记载，饶姓出自姜姓，战国时期食采于饶邑的齐大夫，据说是周朝开国宰相姜子牙的子孙。所在地就在现在的山东省青州一带，其子孙以邑为氏，称为饶氏，望族出自平阳、临川。第二种说法认为，《百家姓考略》载，饶氏出自妫姓，舜帝本为姚姓，因居妫讷而得妫姓。舜帝受封于饶，后代以国为氏，亦称饶氏。第三种说法称，饶姓系上古五帝之一唐尧之后裔，这支饶姓与鄱阳饶氏走得最近。根据古籍考证，尧名放勋，帝喾之子，受封于唐，定都平阳（今山西临汾），谥号为"尧"，史称唐尧。公元前 1046 年，周武王灭商，分封诸侯，追思元圣，周武王封地给帝尧后人二十三世"京"（字子京），住蓟（今北京附近）。其子"理"迁移到山西平阳（今山西临汾市），其子孙后代以祖上谥号为姓，称平阳尧氏。至秦灭六国，尧姓家族为避战祸，从此子孙散迁天下。平阳尧氏五十四世尧萱，从平阳徙居江西鄱阳（古饶州），后迁临川（今抚州）。五十六世尧濙（音 yíng，古同"滢"）所处时代为西汉。西汉宣帝刘询即位，刘询本名刘病已，即位后改名询。下令全国要避帝名"询"之讳，如把姓"荀"的改姓"孙"。尧濙时任京兆尉。同朝御史大夫魏相上奏皇上，说尧濙虽是上古唐尧的嫡系后代,但帝尧乃上古五帝之一,百圣至圣,尧淡也应该避讳,于是汉宣帝就在"尧"的左边加一个"食"旁,即"饶",赐尧淡改姓"饶",为饶姓始祖,擢升为太傅,并下诏全国,要求天下凡姓"尧"的均改姓"饶"。第四种说法称,饶姓源于芈姓,出自汉朝初期淮南王英布之后,属于以先祖葬地名称为氏。英布的后裔子孙以及忠诚部下中,有一支一直避居于鄱阳湖中的沙洲上,以先祖葬地名称为姓氏,称饶氏,世代相传至今,是为鲤鱼洲饶氏。该支饶氏的姓氏读音为 ráo。照此看来,饶埠之饶姓,只是自北方回到祖居地而已。

饶埠镇的大姓有很多,钱姓和徐姓后来居上。在饶埠所辖的范围内,居然有两个以畲为地名的村委会,一为畲埠,一为畲塘。"畲"字,古同"畬",如今只用作民族,畲族是中国的少数民族之一。不过,饶埠这两个村至今都没有畲族人,这让人不禁联想到此"畲"莫非是"畬"的讹误? 有意思的是,鄱阳正好有一处地名叫畬田英家村。之所以这样叫,是因为当地有一座社公庙,又叫畬田庙。在《现代汉语词典》中,畬田意为使用刀耕火种的方法耕种的田地。如此看来,将村命名为畬田,恐怕不是一般的文化人。

其实,畲、畬二字在古代都有刀耕火种的意思,至于哪个字出现得更早,没有定论。在历代古籍、工具书中,两个字也存在混用的情况,似乎畬字使用得更为频繁。

与畲不同,畬是个多音字,除了有 shē 的读音外,还读作 yú。《说文解字》载:"三岁治田也。《易》曰:'不菑,畬田。'从田余声。"《康熙字典》援引了《说文解字》的说法,认为畬的首选读音是"余",在作为刀耕火种解释时才读作"奢":"《唐韵》:'以诸切,音余。'《说文》:'三岁治田也。'《易·无妄》:'不耕获,不菑畬。'《诗·周颂》:'如何新畬。'《传》:'一岁曰菑,二岁曰新田,三岁曰畬。'《礼·坊记引易不菑畬郑註》:'田一岁曰菑,二岁曰畬,三岁曰新。'《诗诂》:'一岁为菑,始反草也。二岁为畬,渐和柔也。三岁为新田,谓已成田而尚新也。四岁则曰田。若二岁曰新田,三岁则为田矣,何名为畬。'《正字通》:'据此则诗传,《尔雅》《说文》谓三岁为畬,皆不足信,当从郑注。'又《集韵》:'羊茹切,音豫。治田也。或书作睮。'又诗车切,音奢。火种也。"而在《康熙字典》中对畲字并没有单独的解释。

通过《康熙字典》的解释，不难发现畬在古代读作 yú 时，或指第三年的田，或指第二年的田。著名历史学家许倬云在《西周史》中指出：西周时代的农田，有所谓"菑田""新田""畬田"的名称。他认为，杨宽先生以为"菑"是第一年初开垦的荒田，"新"是第二年刚好可用的新田，而"畬"是第三年已垦好的熟田的说法较为合理。

据说，畬（畲）字衍化为族称，始于南宋时期。南宋诗人刘克庄《漳州谕畬》载："畬民不悦（役），畬田不税，其来久矣。"因此，有学者认为，"畬"作为族称，便是以当时畬民到处开荒种地的游耕经济生活特点而被命名的。《龙泉县志》说："（民）以畬名，其善田者也。"在众多字典中出现的如畬耕、烧畬等词都是刀耕火种等耕种的意思，也反映了畬民的生活方式。

那么，饶埠的畬呢？畬塘村委会的埠口、竹林、中塘、塘埂四村的胡姓，宋末元初由婺源清华街迁入。畬埠晚于畬塘，他们以畬为村，难道是出于上述最后一个原因？

畬埠洲每年正月初一的打鼓游春，是个流传了几百年的传统习俗。后来，这个风俗与元宵闹花灯结合，被称为"太平鼓"。在中国传统文化中，人们特别重视吉利、祥瑞之意。原始社会时期，生产力水平低下，人们为了生存，必须要与自然做斗争。在"万物有灵"观念的影响下，祖先们普遍具有鬼神信仰和自然崇拜，并产生了趋吉避祸的心理诉求，于是使用各种道具举行一些仪式，以祈求风调雨顺，消除各种自然灾害。"鼓"就是其中重要的祭祀器具之一。在远古时期，鼓被尊奉为通天的神器。在狩猎征战活动中，鼓被广泛应用。鼓作为乐器是从周代开始的。周有八音，鼓为群音之首。古文献所谓"鼓琴瑟"，就是琴瑟开弹之前，先有鼓声作为引导。鼓的文化内涵博大精深，雄壮的鼓声紧紧伴随着人类，从远古的蛮荒时代一步一步地走向文明，俗可以是民间的欢庆锣鼓，雅则可以进入庙堂用于祭祀和宫廷宴集。从原始的陶鼓、土鼓、皮鼓、铜鼓，发展到种类繁多的现代鼓，鼓一直是最受人们喜爱和广泛应用的乐器之一。"太平鼓"以"鼓"为主要道具，寓意便是五谷丰登、万物旺盛和春天的美好，寄托人们追求吉祥如意、欢乐喜庆、和谐幸福的愿望。畬埠洲在开展"太平鼓"活动时，有下面几个重要的过程：庆典正式开始前先试鼓，周边各村爱好擂鼓者都可以参加;比赛较量后,选出佼佼者代表本村参赛;赛鼓这一天,彩旗飘舞,鼓声喧天,村民穿上新衣,扶老携幼,接踵而至。参赛者擂鼓,一是比擂鼓时间的长短,二是比擂鼓传情生色的程度,三是比擂鼓声音的大小。具此三条者获胜,优胜者披红挂彩,人们以鼓乐簇拥祝贺。随后鼓声响起,龙灯、花灯、狮子灯顿时齐舞,整个赛场热闹壮观。"太平鼓"直径一般为90厘米,高1米,由四人抬着,一人站在鼓架上左右开弓,边击边舞。长70厘米的鼓槌有小孩胳膊般粗细。身穿白背心、腰系红飘带、头扎黄包巾的击鼓者,手起槌落,鼓声震天,好不威风。观望者无不倾慕,人们在鼓声里感受到春意盎然,感受到万物复苏,感受到又一个丰收年景即将来临。

除太平鼓外,在饶埠与畲字相关的村落里,还有一些奇特的景观。畲塘(不知是塘埂胡家,还是竹林、中塘胡家)曾拥有一个灯彩绝活——手狮灯。手狮灯历史悠久,据说始于清代康熙年间,已流传三百多年。"手狮灯"身长四尺半,高三尺余,用篾扎制而成,蒙着布,"狮毛"茂盛,"狮口"衔珠,可伸可缩,一人手持,彩绘而成。"狮子"肚皮下安有两根木棍,舞狮者两手各持一根木棍,将"狮子"举起舞动。每只"狮子"重约50斤,由一名舞狮者和一个副手,轮流配合舞动。"手狮灯"的表演形式有抖狮、摇狮、睡狮、盘球、狮子坐肩、狮子理毛、狮子推磨、狮子拜门、逗猴等十余种。表演融灯彩、杂技等为一体,技艺性强且难度大。跃扑摔翻,踢打蹦跳,粗犷勇猛又刚柔相济,精妙绝伦又细腻动人。一套动作做完,很费体力。这是鄱阳独一无二的民间灯彩,不知现在还有没有传人。

至于饶埠最早的原住民,饶、钱二姓恐怕都不可望其项背。根据记载,饶埠的最早落户者是凤源蔡家。据说,西汉时有一个叫蔡凤源的人,从浙江流落至此,在此落户生根,繁衍生息。

蔡为中华姓氏之一,是一个典型的多民族、多源流的姓氏,主要源自姬姓、姞姓及少数民族改姓,西周时期的蔡仲为蔡姓始祖。先秦时期,蔡氏主要在今河南、安徽境内发展繁衍,也有到外地做官留居当地者。战国时,蔡泽曾取代范雎任秦国相,封纲成君。此外,齐国有大夫蔡朝,楚国有大夫蔡鸠居,晋国有太史蔡墨。汉代,已有蔡姓人居于今江苏、浙江,如西汉蔡千秋为沛(今江苏沛县)人,东汉文学家蔡邕为陈留圉县(今河南杞县南)人,同时上虞(今属浙江)还有

一个"以孝行闻"的蔡邕。但河南仍是蔡氏的主要聚居区,直至南北朝时期,陈留圉县一直是蔡氏的发展繁衍中心。至于凤源蔡氏具体的来龙去脉,不知他们是否还有家谱记载。

在饶埠镇中心北偏西方向,有一个叫寺背吴家的小村。在吴姓人家于此建村之前,这里就有一座享誉周边的古寺。关于这座古寺,芦田《应氏家谱》曾有记载:龙安寺,唐贞观六年(632),十三世祖应任(孟常)建。遗址在今鄱阳县饶埠乡寺背吴家。这座古寺,历代省、府、县志都记录在案。有寺则有人朝拜,而寺离饶埠有5.5千米路程。若无"高峰水库",凤源蔡家则离此更近。可见,唐朝初期,这一带便有人居住,虽然古寺早已荡然无存,但或许可以印证,高峰水库一带,是饶埠人的最早发祥地。

莲湖，鄱湖荷叶永不沉

　　莲湖古属立德乡，旧志转引古籍地理书——北宋乐史所著《太平寰宇记》"鄱阳县"条："在立德乡，去城西四十里彭蠡湖中，望之如荷叶浮水面，周翘百里。"这种称谓很形象，漂在鄱阳湖上的荷叶，后来改称莲湖。

　　莲湖开始有人居住，据说在唐之前。莲湖中部有一块高地，当地人称作山，海拔32米多，名曰美女献羞，实际上只是一个大土丘。在它东南有一个土丘，海拔28米多，人们仍称作山，名曰样山。在两山之间，有一个村落，名宋家嘴，这是当年这片土地上的第一个村庄。虽然这个村子在唐代便无人居住，但留下了人居的历史。

　　从古至今，一直人口稠密，而且居住历史比较悠久的村落，那当然非莲湖朱家莫属。据该村的《朱氏宗谱》介绍，唐文宗大和八年（834），因黄巢起义，兵戈扰攘，该村始祖朱禹二奉父朱介之命出外谋生。朱禹二从南京乌衣巷出发，入湖口、下鄱阳，到此见山川秀美，遂择地定居下来，距今已有1177年，繁衍子孙共四十二代。从此以后，这里人便越来越多，因此成为莲湖的第一大村。

　　朱姓是中国的大姓之一，发源于今河南省商丘市柘城县一带。西周时，周武王封曹挟于邾（今山东曲阜东南），后来，部分邾人南迁至安徽、江苏等地；战国中叶，楚宣王灭邾国，迁邾人于楚（今湖北黄冈西北）。秦汉时期，朱姓已遍布中原和华东地区。魏晋时期，朱姓继续南迁，但主要繁衍地仍在淮河及长江下游大部分地区。

　　据唐代林宝《元和姓纂》和宋代郑樵《通志·氏族略》记载，自汉朝至唐朝，朱姓在全国共有八大郡望（包括国、县），即沛国、丹阳、永城、吴郡、钱塘、义阳、太康、河南。其中丹阳郡有二：一在今江苏镇江一带；一在今安徽当涂一带。这些郡望基本上反映了唐代及以前朱氏有代表性的家族分布和历史演变情况，也是后世朱姓人认祖归宗的主要标志。从"朱禹二从南京乌衣巷出发"的记述来看，莲湖朱家无疑当属"丹阳郡"郡望。

　　丹阳郡，汉武帝建元二年（前139），更秦鄣郡为丹阳郡，郡以境内丹阳县而

名。汉治宛陵(今安徽宣城市宣州区),辖今安徽宣城市、池州市、铜陵市、芜湖市、马鞍山市、黄山市,江苏南京市,浙江杭州市、湖州市的全部或部分地区。三国吴移治于今南京,后辖境渐小。西晋太康二年(281),郡治移至建业(今南京市)。辖建业县、秣陵县、江乘县、江宁县、丹阳县(今安徽当涂)、永世县(今属江苏溧阳)、溧阳县(今溧阳市)、湖熟县、句容县、于湖县(今属安徽当涂)、芜湖县等县。丹阳郡是当时中国重要的政治、经济和文化中心,隋开皇九年(589)废。丹阳朱氏出自沛国朱氏,尊东汉司隶校尉朱禹为始祖。朱禹遇害后,其子孙逃到丹阳避难,后代散居于今南京、镇江及安徽南部山区,后发展成为东南巨族。在唐朝,襄州司马朱伯道的后代有多人入朝为官,家族繁盛。另外,朱禹的弟弟朱卓的后裔,于西晋末年徙居江南,其中有朱龄石、朱超石兄弟,为东晋名将,另为丹阳朱氏一支。关于朱姓的源流变迁,其族中有一首诗云:"沛国源流太祖宗,砀山移楚到句容。流来楚水分支派,望出吴山寄迹踪。直上南京居凤阳,又转徽州婺源中。继承祖业兴邦国,乔迁福建振文风。朱氏后裔遍天下,福建江西入广东。再沿西江入桂境,粤桂朱氏多同宗。立谱铭记真纪源,世代裔孙颂宗功。"朱姓的重要堂号有"沛国""凤阳""紫阳"等。

自宋之后,莲湖的人丁较之前逐渐兴旺起来。北宋末,中国第一家族孔氏入户莲湖,并在茭草满溪的鄱阳湖边落地生根,繁衍生息。孔氏家族是中国历史上谱学严明、文化底蕴深厚的世家大族。孔氏,主要源于子姓,或以人名、祖名为姓:宋国大司马孔父嘉为孔姓的始祖;春秋时郑国有出自姬姓的孔氏,以郑穆公后人孔张的名为姓;卫国有出自古佶姓的孔氏,为黄帝的后裔,以祖字为姓;陈国有出自妫姓的孔氏,以孔宁之名为姓,乃舜之后裔。先秦时期,孔氏族人主要活动于山东、河南地区。秦汉以后,孔姓很快散播到河北、山西、湖南、广东等地,三国两晋时迁移到浙江、江西东南地区,唐宋时播散到全国各地。南宋初,孔子第四十七世孙孔传与第四十八世孙、衍圣公孔端友率部分族人南渡,逐渐形成了"孔氏南宗"。其中,迁徙到江西的南宗后人不计其数,莲湖茭溪孔氏应是这部分人之一。

传说和真实往往一纸之差。莲湖有个地点叫表恩,是个湖岛,古称"表恩山"。旧志曰:"表恩山在立德乡,去城西南四十里,滨彭蠡。相传,宋有徐姓者居此,献龙马,封池州太守,故名。"它在莲湖的最南端,涨水时是个孤岛。志中所说的表恩徐氏来自奉新,奉新徐氏,为徐稚的后裔。徐稚(97—168),字孺子,今丰城市白土镇隐溪村人,东汉隐士,为江西历史上第一位著名贤士。他一生博学多才,淡泊自守,官府多次征召,皆不出仕,有"南州高士"之美称。相传豫章太守陈蕃慕其才品而特为其专设一榻,去则悬之,于是便有了王勃《滕王阁序》中"人杰地灵,徐孺下陈蕃之榻"这个典故,千古流芳。今南昌名胜孺子亭,原是徐孺子垂钓之处,为豫章十景之一。徐稚下传四十三世有徐复,字仲晦,又字冲晦,南宋初年从高安米岭徙居奉新,被奉新六溪徐氏尊为一世祖。

在表恩,有村民收藏明朝本村人徐晟的《寿藏志》(墓志铭)。志铭额题为"处士徐公寿藏志铭"。青石长约1.2米,宽约0.7米。铭由壬子(明宣德七年,即1432年)科乡贡进士、任湖广永州府东安县儒学司训的徐行撰文,前山南东道节度使巨容公裔孙、儒生刘中道书丹。徐行在志中说及此事:"(徐晟)先世,本洪州丰城隐溪人也,家殷族盛,大有显宦,官至饶州。子孙遂家于番之表恩,由唐而至宋。""在高宗南渡之后,家殷族盛,产龙马之瑞,尝闻子思云,国家兴有祯祥,徐氏亦有祯祥之兆也。鼻祖六二公贡献于朝得宠天恩是马也。能符国家之兴又挑徐氏之盛,赠封以中宪大夫,授池州守,以表恩敕兹地。"此说与《鄱阳县志》的记载不谋而合。墓志铭的主人徐晟,为献马给皇上的徐氏六二公的后人。志铭中说:"承祖父之遗训,涉猎书史,闻见过人,乡党朋友,莫不各尽礼意以遇之。处士尝从容语人曰:吾家先世,读书尚义,累拜名爵,我为人后者,岂可不知所自哉。由是栋宇昂新,田园充拓,扬中溢外,启后光前。于天顺戊寅年(1458)出谷百石,施入官仓,以济郡之贫乏者。"徐晟生于明洪武二十年(1387),他63岁时,儿子徐顼不幸去世;天顺二年(1458)71岁时,捐谷百担于官仓济贫。这份墓志铭是他死之前,即筑好坟墓时提前写好的墓志铭。其时,徐晟就已过了百岁。

莲湖较有名气的莫过于四望湖和莲华山,关于这两处,曾有个传说:后梁开平年间,有游僧慧通持钵云游黄山后,经婺源、过浮梁、入鄱阳至芝山寺,并在芝山寺小住。有一天拂晓前,慧通站在芝山岭上观望,见远处西南方向的湖面有灵光呈现,一连四天,天天如此,于是将那片湖称为"四望湖"。这正是莲湖乡四望湖名称的由来。

慧通见此灵光,随即前往探访。时值金秋季,慧通来到湖边,见秋色怡人,风景秀美,湖南岸不远处,有一座不高的山丘,山上树木茂密,修竹遍布。山前莲花塘内,白莲满塘,香气宜人,他于是驻足观赏。正当他要启程返回时,佛担却无法挑起。慧通顿时悟到,此乃佛缘,于是顺从佛意,在此山南麓盖起棚舍,住了下来,每天念诵经文。不久,朝拜者络绎不绝。至后晋天福元年(936),住持僧人致远见香火旺盛,便邀请当地二十九村协商筹建地藏王大殿,并正式命名此山为莲华山,建寺庙曰"万寿寺"。

地藏王大殿建成后,八方四众弟子及善男信女纷至沓来,他们三步一拜地进寺祈福求寿。上饶、九江、抚州等地的虔诚信徒更是远道而来,向神灵祈求风调雨顺、国泰民安。据史料记载,清顺治年间,朝廷敕令万寿寺重修,再塑金身。乾隆年间,刑部郎中、鄱阳名士胡克家入寺题书"莲花香界"匾额。同治年间,万寿寺又扩建宇殿廊屋。万寿寺屡遭毁坏,但香火不断。

莲湖最有名的当然是瓦屑坝——明初南方影响最大的移民点。

元末明初,江淮地区发生了大规模的红巾军起义,造成这一地区赤地千里。其时,江西袁州(宜春)、饶州(鄱阳)、江州(九江),淮西的安庆,湖广的蕲州,这一大片地区都是彭莹玉、邹普胜、徐寿辉活动的地区,而苏南则是张士诚的根据地。朱元璋建立明朝后,顾虑到大族相聚为逆,为巩固政权,朝廷在政治上采取了一项重要措施:从洪武三年(1370)起,以垦荒为由,下令没收这些地区内原来支持和拥戴过张士诚、彭莹玉的士绅商贾的家产,责令全家迁徙到外地垦荒屯田,将饶州、江州大户赶往江北,使各道武员率游骑击散,进行强制性的大规模移民,谓之"洪武赶散"。他们当时迁出时,都集中在瓦屑坝登记造册,其中大部分就近落户在安庆一带,还有一部分流向麻城。为了禁止这些人返回原籍,朝廷还责令移民只能说自己是瓦屑坝的。朝廷只对瓦屑坝的移民发放救济物资,减免赋税,而对逆向移民却给予严惩。

鄱阳名曰瓦屑坝的地点有多个,古县渡有,饶埠也有,还有不少家谱中也有此名者,为什么单以莲湖的为正?这里主要是因为清乾隆年间鄱阳有位乡邦考证家史珥,写了篇《续瓦屑坝考》。正是这篇考证文章,使曾有争议的这个移民点,得到古今有识之士的认可。虽然这个地区的文人,一度嫌"屑"字太土,而将其改为"燮",但毕竟无法改变历史的真实,因为只有这片漂在鄱阳湖上永不枯沉的莲荷,因地理位置特殊,才能担当起历史上这一重大的使命。

柘港，何止唐渡有文章

就比较而言，柘港不老。明朝中期，有张姓徽州人行至此，见此处山清水秀，宜于居住，便驻足不前，留下建村。因附近岗上有一棵柘树，且又临水，于是取名"柘港"。与周边比较，柘港并不算大，是一条景湖公路使它有了今天的地位。

依据目前掌握的资料，柘港 150 多个自然村，历史都不是十分悠久。唯有一处叫鲁山岗（埂）的地方，据说隋朝时便有人在此居住。其余的地方均在唐末才有人烟，而且多半分布在潼津河北岸的平原地带。

其实，鄱阳每个乡镇，自古以来都没有出现过荒无人烟的现象。只是因为历史由少数人书写，他们并未将这些所谓的"琐碎"事记录存档，留给后人稽查。当然，家谱是这种缺憾的补充，但家谱一是受滥修失实的影响，不少真实的历史遭到篡改，再是受"文革"的冲击，不少家谱惨遭灭顶之灾。若是无法从历史事件和逸事中来窥探历史的真实，那么我们只能依靠口头传承来揣测一二。比方说潼津渡，据说唐末有位王姓孩童，因为贫穷无依，独自在这个津口，以摆渡为生，于是人们便把这处渡口称为"童子渡"，尔后才改作"潼津渡"。

说到童子渡，稍微熟知鄱阳人文历史的，都会想到有一首叫《望大孤山》的古诗，而且有人把这首诗的作者归为北宋大诗人苏轼。其实这首诗的真正作者是王十朋，诗不仅收录于他的《梅溪集》，《四库全书·江西通志·艺文》中也有收录。《梅溪集》中，王十朋在诗前有小序曰："湖口罗家渡中流见大孤山，世俗以孤为姑，以澎浪为彭郎，遂有小姑嫁彭郎之语，东坡戏见于诗。番阳有童子渡，渡头有小山如冢，世传为九女冢，见于图经。其事甚怪，盖亦世俗流传之讹，遂以二渡所见，戏成一诗。"其诗云：番阳古渡留遗冢，湖口烟鬟露淡妆。九女何由从童子，两姑那肯嫁彭郎？

可见历史上有不少公案，是以讹传讹造成的。

图经是以图为主或图文并重的方式记述地方情况的专门著作，是方志发展过程中出现的一种编纂形式。王十朋是鄱阳州守，《望大孤山》是他看过本地的

图经后有感而作。因为苏东坡曾有过咏小孤山的诗《李思训画长江绝岛图》："山苍苍,水茫茫,大孤小孤江中央。崖崩路绝猿鸟去,惟有乔木挽天长。客舟何处来?棹歌中流声抑扬。沙平风软望不到,孤山久与船低昂。峨峨两烟鬟,晓镜开新妆。舟中贾客莫漫狂,小姑前年嫁彭郎。"正是后面两句"舟中贾客莫漫狂,小姑前年嫁彭郎"的戏谑,让王十朋对童子渡与九女冢有了感慨,于是写下了这首诗。但是童子不在,九女冢无存,他对传闻因此感到无奈。

"九女冢"这个称呼散见于全国许多地区,有关九女冢的来历也各有不同,有故事传说,有神话传说,每一个九女冢都有它的传说来源。

相传,有九个妇女早晨在石潭边洗衣。突然,坐落在潼津渡东南的佛莲山之顶从天而降,把这九个洗衣女压在山下。从此,每至阴雨连绵或晨昏时,便有洗衣搓板之声响起,而佛莲山再也没有了尖尖的山顶,这是潼津九女冢的传说。

比较普遍的是神话传说:玉皇大帝的九个女儿云游天下,当走到鄱阳童子渡时,感觉累了,于是坐下就地休息。童子渡临鄱阳湖,水草茂盛,河洲上是上游冲下来的河沙,白白细细的沙粒,干爽清洁,让九个仙女驻足嬉戏,流连忘返。玩着玩着,白沙没足,灌满绣鞋。于是她们坐下休息,脱下鞋子,将灌进鞋内的沙粒就地倒出,于是就形成了九个高大的沙冢,于是人们就称它们为九女冢。传说当地人谁家办红白喜事,只要在九女冢前焚上香烛,默默祷告,说明需要多少桌椅板凳,需要多少锅笼瓷器,第二天在九女冢旁就会有需要的东西,不多不少,正是祷告者要的数。但是,无论谁使用后,都必须如数归还。有一次,有户人家办完事后,没有如数归还,从此其他人再去祷告借用桌椅锅笼什么的,就不灵验了。

童子渡的九女冢后来没有了记载,或许是战争与洪水共同的作用。人们不断地迁徙,加上形迹无踪,便使传说退出了民间。

将《望大孤山》一诗的作者张冠李戴,恐怕与当地的主姓——苏姓分不开。在潼津渡的鲇鱼洲、上畈的苏姓,是唐末从当地柳家畈迁入的。柳家畈无存,苏姓仍存。

苏姓得姓始祖昆吾,名樊,字衍,己姓,颛顼之裔陆终的长子。《古今图书集成》云:"苏,颛顼、祝融之后,陆终生昆吾,封苏,邺西苏城是也。"《元和姓纂》:"苏,颛顼、祝融之后,陆终生昆吾,邺西苏城是也。"《新唐书·宰相世系表》:

"苏氏出自己姓。颛顼裔孙吴回为重黎,生陆终。生樊,封于昆吾。昆吾之子封于苏,其地邺西苏城是也。"昆吾初封于昆吾(故城在今河南省许昌市,后迁至今河南省濮阳市),后又封于苏(一说其子封于苏),夏桀时为商汤所灭。周初,其裔忿生因功被封于苏国,后忿生迁都于温(今河南省温县西南)。春秋初,苏国为狄所灭,子孙遂以国名为氏,称为苏姓,并尊昆吾为始祖。汉末群雄割据,有苏姓一支由河内迁至四川眉山,在此后的很长一段时间里,北方连年战乱,烽火连天,苏姓也随中原士族大举南迁至江南各地。魏晋南北朝时,北方战乱频繁,中原苏姓大举南迁。"眉山三杰,沧浪一亭",这是苏姓宗祠有名的用联。上联指北宋文学家、眉山的"三苏"父子(苏洵、苏轼、苏辙)。下联指北宋诗人苏舜钦,庆历年间由范仲淹推荐为集贤殿校理、监进奏院。当时,他岳父杜衍为宰相,对政事有所整饬,反对派便通过诬陷苏舜钦来打击杜衍。于是,苏舜钦因小事被除名,退居苏州沧浪亭。好事者将王十朋的诗归为童子渡的苏姓所作,也是顺理成章的事,于是就有了后来的错误。

说到童子渡,不得不说说这里的另一大姓——倪氏。老屋下、凤凰嘴、前屋都姓倪。其先祖由安徽祁门渚口迁入。

倪氏是一个多民族、多源流的姓氏群体。"郳""倪"为同源字,一为城邑,一为姓氏,"郳"去"阝"为姓氏"倪"。倪氏出自曹姓、邾国、郳国,为帝颛顼之后裔。倪、郳,初名作兒,均读为泥。东汉许慎《说文解字》云:"兒,孺子也,从儿,象小儿头囟未合。"李孝定《甲骨文字集释》:"契、金文兒字,皆象总角之形。"以上几种说法,皆从幼儿角度做考释,似非"兒"字的原始含义。"兒"字最早是作为方国名或地名出现的,因而此字最初的含义似与儿童无关,可能表示某一特定地域的原始习俗或崇拜观念。观其字形结构,下部为人,上部为臼。人头部顶臼,显然与崇拜某种事象有关,而这种事象又与加工某种谷物有密切的关系。《说文·臼部》解释:"古者掘地为臼,其后穿木石。"此字应为舂米之臼的断面,表示窝里存有加工的谷物。"兒"即"郳",郳为后出字,加"阝"部偏旁,表示国名、城名。凡本字右旁加"阝"部者,大都与古国有关,此为东周时期的惯常用法。"郳"与"倪"又相通,此字战国后成为姓氏常用字。山东省滕州和山亭两地,均有叫作倪楼的地方,是春秋时郳国的所在地。郳国被楚灭国后,逐渐北移。汉魏之际,已有倪姓播迁至江南。唐末,始有倪姓大批迁往江南,并分布于

今江苏、安徽、江西、福建等地。

童子渡给柘港带来的是传奇,而童子渡稍北的横溪,给柘港带来的则是美誉。当年鄱阳的溪豆曾经享誉上海及外埠,成为名特优产品。横溪的皮豆、四十里街的"街豆",与鄱阳的银鱼、烟叶、大米一道,为鄱阳的繁荣立过汗马功劳。

横溪在柘港的南面偏西,由石门楼、中腰、大房、四三嘴、三房几个自然村组成。据有关资料记载,唐朝时,有叶姓从衡州(今湖南衡阳)迁来。叶姓在古代是稀姓,受姓始祖为叶公沈诸梁,历战国、秦朝,西汉时期形成的叶姓宗族(叶公后裔),逐渐向四方迁徙。后历经三国、晋末"永嘉之乱""五胡乱华"等动荡,叶姓与其他姓的汉人一样,大量流徙于江南。横溪这一支,应是从北方迁徙到衡州后再迁至鄱阳的。

来到鄱阳的叶氏,选择这处沙土质丘陵地带落户生根,并以农耕为业。通过长期的实践琢磨,住在横溪一带的先民们,选择了大豆这种旱地作物作为主产。根据有关专家研究,大豆是在宋代时推广传播到江南的。它起源于中国,至今已有 5000 年的种植史,全中国普遍种植。秦代以前,大豆被称作"菽",秦汉以后才逐渐称为"豆"。"菽""豆"本为一物,所以三国时代的曹植在其《七步诗》中这样写道:"煮豆持作羹,漉菽以为汁。萁在釜下燃,豆在釜中泣。本是同根生,相煎何太急?"《史记·五帝本纪》中写道:"炎帝欲侵陵诸侯,诸侯咸归轩辕。轩辕乃修德振兵,治五气,艺五种,抚万民,度四方。"对此,郑玄曰:"五种,黍稷菽麦稻也。"《文章辨体汇选》中写道:"晡至下晡,为菽。"由此可见,轩辕黄帝时已种菽,在东北、华北、陕、川及长江下游地区均有出产,以长江流域及西南栽培较多。根据种皮颜色和粒形,大豆可分为五类:黄大豆、青大豆、黑大豆、其他大豆、饲料豆。其他大豆是种皮为褐色、棕色、赤色等单一颜色的大豆。

《管子·地员》说:"凡草土之道,各有穀造,或高或下,各有草土。"现代植物生态学认为,土壤的结构、肥沃程度是植物选择生长地的主要因素之一。大豆虽然对土壤的适应能力强,只要有土壤就能生长,但土壤的碱度、排水性、土层厚度、有机质含量、保水性等条件,对大豆的生长同样有影响。带碱性的黏性土壤,最适宜大豆生长。或许是土地与环境的影响,横溪这片丘陵地带最适宜种植大豆。北宋《本草衍义》载:"生大豆有绿、褐、黑三种,亦有大小两等,其大者出江浙、湖南北,黑小者生他处。"大豆品种的增加,与古人造种方法、经验和品种引进分不开。横溪大豆的优质,当然也离不开这些要素。横溪大豆受到外埠客商的青睐,主要是由于粒大,肉实,出浆率高,富含不饱和脂肪酸、大豆磷脂、皂角苷、蛋白酶抑制剂、异黄酮、钼、硒等抗癌成分,富含蛋白质和纤维。可惜的是后来的"以粮为纲""旱地改田"的政策,使得这种优良的大豆退出了历史舞台。尽管如此,横溪大豆在鄱阳种植业的历史上,还是值得探讨研究的。

横溪大豆以颗粒大、色泽好、出浆多、味道鲜美而闻名,以黄豆为主,黑豆产量较少。明朝万历年间,横溪大豆被列为贡品,为御膳房专供。明清时期,横溪大豆主要产于横溪三房村,尤以产于三房村筑坝港、樟树下一带的大豆品种为最好。

田畈街，一坞两山一古渡

　　田畈街所在地原叫杨家畈。明朝中叶，随着资本主义开始萌芽和徽商的崛起，人们的商品意识不断得到强化，往来于农村僻壤的"生意人"逐渐增多。为了在信息和时间上获得更大的商业利益，仅靠船舶运输已经大不如人意。尤其随着景德镇瓷器走向辉煌，懂得经商之道的人们便从无路处走出了较近易行的旱路。而杨家畈是鄱阳、九江、湖口、彭泽、浮梁等地民众"上镇（景德镇）下府（饶州府）"的必经之途，商贾络绎，行人不绝，因此村头路旁便有人借此捕捉商机，开设起方便行人食宿的"客栈"小店。于是来往行人有了中途歇息的地方，渐渐地推动了这个小村"商业化"的进程。至清道光十年（1830）前后，一条约百米的小街形成，从此有了今天的大名。

　　田畈街的迅速发展虽然在清末，但此前这一带由于地势低洼、丘陵交织，长期以来并未受到人们的重视，外迁人口不多，村落兴起较晚，绝大多数为元明之际的迁入户。唯有镇所在地，现芝田公路以南，临近游城、金盘岭的北端，有个叫九湾的地方，包括杨九湾、泥湾、程家、杨元坞四个村，有1000多年的居住史。这几个村，大约在唐末开始建村。照说，在这条山坳上，九湾这几个村，已经算是田畈街镇的"老资格"了。谁知与九湾相隔不远，一条小溪下游对岸，有一个叫陈家坞的小村，比这几个村子"资格"更老。陈家坞建村时间至少比九湾这边的四个村子早500多年，大约在南北朝即距今1500多年建村。更让人惊讶的是，这个由婺源迁此落户的普通家族，自第一代至今，已历经50多代。虽然随后的朝代也有后裔迁出，如碧山潼津河西岸的陈家，原为陈家坞的分支，但在1000多年漫长的时间里，至今仍有族人坚守在那里，繁衍生息，延绵不断，这应该是个奇迹。根据历史记载，西晋末年，中原局势动荡，居民纷纷南迁，安徽、江苏、浙江、江西已经是陈姓主要的迁移地区。其时，颍川人陈寔的后嗣季方这一支脉的裔孙陈世达，在晋朝为官。晋元帝建武元年（317），陈世达随元帝司马睿南下，自江北颍川许昌迁家于吴兴郡长城县（即今浙江省长兴县）下若里。陈世达历官丞相掾、太子洗马，南来后任江州刺史，出为长城令。他迁家于太湖边下若里时曾说："此地山川秀丽,子孙必钟其灵。"经过 240 年的繁衍生息,陈家出了个陈霸先(503—559),陈霸先在梁敬帝太平二年(557)受梁禅位,建立陈朝,史称陈武帝。陈武帝封了许多陈姓王,子孙遍布长江与珠江之间,为陈姓在东南地区的发展起了极其重要的作用。陈家坞陈氏是否为这一支的后裔,不得而知。

前碧山黄姓,唐初便迁于此居住。黄氏为田畈街碧山一带的大姓,但迁徙地各异,多以金盘岭、枧田街为原住地,现分布在碧山、老北山、上北山、下北山、马头、樟树下、墩上、火厂、塘下等村。

从某种意义上说,文化应该是历史的积淀,但历史并不等同于文化。田畈街地处湖滨与山地的中间地带,与鄱阳不少乡镇有着相似的地貌特征,又由于接近黄山山脉的主体,因此又具备自己的地理特色。在为数不多的山峦中,有两座让人倾慕的山体。蒔山,一座并不巍峨的山峦,顶端有庙,庙旁有田,因"蒔,种也(《古今通韵》)"的得名而引人注目,它还有着人无我有的特性,让人记忆深刻。

刘禹锡说,山不在高,有仙则名;水不在深,有龙则灵。蒔山既无仙又无龙,看似一座普通的山,并无奇峰险貌,却赢得了清代本县一名文士的青睐,他挥毫泼墨,奋笔疾书,为我们的古邦填补了一项空白,创下了鄱阳的历史之最——唯一的摩崖石刻。"小嵩山"三个大字镌刻其上,成为一处罕见的古迹。每个字宽1.2 米左右。这三个字的留存,让我们对这个地方有了另一种认识。嵩山是中华文明的重要发源地,也是中国风景名胜区,为五岳中的中岳。而将蒔山喻为"小嵩山",可见它在题字者心中的分量。这位题字者,就是清朝本县一位颇有个性的文人——刘春晖。

刘春晖,号惕庵,嘉庆至咸丰初期的侯岗茶塘人。刘春晖在鄱阳称不上佼佼者,但在当时也并非寂寂无闻。这位以明经身份就职县训导的茶塘人,虽然出身农村,但从小立志以圣贤为榜样。他喜欢周敦颐、朱熹等理学先生,钻研体悟他们的著作,每有感悟,便随手摘录,日积月累,竟摘录了十多册。通过对比琢磨以及对理学的认知和理解,刘春晖认为,人的行为正确与否,是由自己对事物认识的程度所决定的。他觉得,从本质上看,程颐、程颢与朱熹、陆九渊、王阳明等人的理学,在观点与理念上,并没有多大的区别。所有的分歧无非在认识

的程度和研究方法上。而所谓的争论不休,是后学者的牵强附会,从而使得大师们的学术观点变得水火不容。他在对理学大师的研究中,尤其佩服王阳明的良知之说。刘春晖独抒己见,写出了《苍格物真诠》四卷。杭州人、布衣徐夔看过刘春晖的著述后,写诗称赞说:"惕庵起西江,浩气弥六合。仰希洙泗流,渊源接正脉。"徐夔充分肯定了他的研究方向与结论。正因为他这种独具一格的认知,使得不少学者文士来到他家与他交往,向他求教。这个时候,刘春晖总是给来者以谆谆教诲,用实际行动给予来者勉励。他还邀请县内城乡一些仕途不畅、自负盛名的名士程钰、胡渐逵、胡文瀚、周家钧、王康绩、李国昀、刘叙奕、周运升、史可彰、史宏训、邱梅、程文濬、苏云徵、苏云辂、吴渤连,组成"沙龙",时常聚会。当时,太平天国运动风起云涌,县官沈衍庆担心这些文人会受拜上帝会的影响,便把刘春晖叫到县衙谈话。对此,刘春晖大度地表示:"希望借君的雅望,帮助我们纠正。"沈衍庆一边施以礼节,请这些文人到"芝阳吟馆诗课",一边令地方的绅士予以规劝。不久,鄱阳遭太平军侵扰,刘春晖的"沙龙"被迫解散,他本人郁郁而终。

刘春晖生性酷爱山水,遍访名山大川,如庐山、黄山及嵩岳、雁荡等地,并在游历后赋诗以明志。他到访莳山之后,见山势颇似嵩岳,便于山上书写"小嵩山"三个大字,于是留下了这处古迹。

莳山原归船湾,与茶塘同属怀仁乡。刘春晖虽然不是田畈街人,却在无意中为田畈街留了一笔宝贵的文化遗产。

除了莳山,田畈街还有一处胜山——虎峰山。虎峰山离田畈镇中心约15公里,属黄山支脉,北与莲花山、侯家岗山脉相接,东临枧田街山脉,因山形似虎而得名。在虎峰山西侧,一条溪流从半山腰飞流直下,形成了淙淙飞溅的瀑布,十分壮观。瀑布下有一口取名青龙的深潭。潭水四季清澈,长流不断。山正中有一座虎峰寺,始建于宋朝,光绪二十六年(1900)重修,寺庙配有前、后大殿,殿内金碧辉煌(现仍保留原始的观音立像)。庙周围现存有金刚树、桂花树、银杏树等古树,树龄都在数百年以上。山谷中溪水潺潺,永不枯竭。瀑布上有一条路,又称清云百步梯。虎峰山以北有座狮子山,它与虎峰山仿佛是一对兄弟,两山相靠,以至有"虎啸松风起,狮吼山谷摇"之说。这些自然景观非常奇特,是值得开发的旅游资源,有待人们挖掘。

其实,田畈街与别的乡镇的不同之处,是具有近代农村商业经济文化特色。田畈街的由来即可证实这一点。那处曾让人流连忘返的桃溪渡,也值得人们追忆缅怀。

桃溪渡原叫陶家渡,在田畈街西北、潼津河中游,距镇中心约6公里。据说,明嘉靖年间,有一陶姓人氏来此建村,村口临河,靠渡船来往,故名"陶家渡"。后有文人觉得此地风景优美,两岸桃柳成行,便将本为潼津河的此段,称为桃溪,诗曰:"阳春三月绿参差,凫鹭频频击水时。两岸桃花相倒映,半溪烂漫半溪诗。"所以,桃溪渡之名始得。

桃溪渡地处徽饶古道,旧志说:"路自出北门九十里之童子渡汛,分路东行五里至马尾港,又十里至陶家渡,又二十里至梅源桥,又十五里至黄泥坝,一名横涌坝,又十五里至垱里王家,又十里至胭脂城,又十里至斜溪。自县治至此,共计一百七十五里,与浮梁县北乡及安徽建德县(今建德市)互界。"陶溪渡是安徽省入江西境内的要隘。咸丰年间,太平军由石门街入侵,扎营于卧虎山,清朝官兵便驻守在得胜山等处,扼此渡以相持,以防止太平军深入。

桃溪渡地理位置险要,一度为水旱两路"码头"。徽商西行,一般是从祁门经昌江入赣,到景德镇,然后到饶州(鄱阳)。而更多的徽州人则经浮梁、黄埔坝、陶溪渡到鄱阳。桃溪渡是通往景德镇、鄱阳、谢家滩、石门街、南昌,直至南京、上海、东至、安庆的交通要道,水路上接茶塘、船湾、狮子门、侯岗、横涌、清溪等地,下通珠湖、鄱阳湖、鄱阳、都昌、湖口、九江等埠。清道光年间,有陶氏先人名本贤的,捐资在渡口建造了一座380米长(三座桥梁并列)、1.3米宽、约5米高的大理石桥。桥的建成,使桃溪渡的商业更繁荣,50多家商店分立街道两侧,各种百货充斥店铺橱柜,来往行人驻足翘首,流连忘返。薪炭竹木、农副产品,或中转或交易,使其成为乡村中的闹市。

桃溪渡南偏东不远处,有个叫臧湾的小村,明朝时迁自浮梁臧湾。臧氏是一个典型的汉族姓氏,远祖起源于春秋时期。鲁孝公姬称将自己的儿子姬彄,赐封到臧邑(今山东郯城归昌乡一带)为子爵,也叫子臧。后来姬彄的后代就用他的封邑名"臧"作为自己的姓氏,称臧孙氏,人们称为臧彄,在《史记》中称为"臧僖伯"。臧僖伯彄生哀伯臧孙达,臧孙达生臧孙瓶,臧孙瓶生文仲臧孙辰,臧孙辰生宣叔臧孙许,臧孙许生武仲臧孙纥及定伯臧为,都在鲁国为官。浮梁臧

湾,因臧姓于北宋建隆二年(961)为官,迁居于一个特大的"乙"字形河湾上,于是以姓氏和地形合称。臧姓迁入鄱阳后,为让后代记住自己的来龙去脉,便保留沿用祖居地的村名,也称作臧湾。明朝末年,桃溪臧氏迁入莲湖,是为莲湖臧家。此外,谢家滩镇玉芦山东南处的垄畈上有个臧家畈村,这个村的臧氏是明朝中期从安徽祁门迁入的。

或许田畈街自古以来便与"商"结缘,马尾港、永滩、小港滩也一度是重要的农产品集散地。

宋末迁入田畈街牌楼、山下、前屋的周姓,来自婺源。至明初时,有周彦敬以人才举荐,官至当涂知县。婺源周氏迁于唐末,周姓村庄有周家、周坑、周家山、周溪等,多读书经商。

徐塘徐家迁自凰岗的,无愧为耕读之家。明初,徐希曾以贤良举官行人。明朝时设行人司,行人司置"司正"及左右"司副",下有"行人"若干,以进士充任,掌管捧节奉使之事,凡颁诏、册封、抚谕、征聘诸事皆归其掌管。行人在京官中地位虽低,声望却甚高,升转极快,初中的进士以任此职为荣。

团林，藏龙卧虎出人才

如果仔细翻阅鄱阳的历史，会发现一个有趣的现象：丘陵山区较湖滨丘陵地区发展得要早，人口迁入大都在唐以前；而湖滨丘陵地带，特别是鄱阳湖沿岸，多是元、明、清时迁入的，唐、宋时的较少。团林也不例外，几乎都是明、清迁入的，元至明初迁入的较少。当然，上面说的只是一般情况，个别地区迁入历史较早，比如祝庄、康家岭和薛家畈三角区中间，有一个叫畈背刘家的小村，村子不大，人口不多，确是团林迄今为止历史悠久的村落。约在唐武则天末期，刘氏便从西南边陲的矩州（今贵州贵阳地区），历经千山万水，来到此地落户。贵州刘姓，尊刘累为得姓始祖。刘姓历史悠久，源地在今河北省唐县。据史书记载，刘氏最早发于陕西、甘肃，公元前300年才向河南、江苏移动。后来刘氏建立西汉、东汉，统治天下，于是其子孙分布于天水、中山、南阳、彭城、东平等十四个地区。汉末三国之际，中原的刘氏不断向四方迁徙，主要是向东南投奔孙吴和向西南进入四川投奔蜀汉。两晋南北朝时期，刘氏大举南迁，在江南影响很大。唐代和宋代，刘姓已遍布大江南北，盛于全中国，直至今日。或许是畈背刘家并没有出什么名人，且人口不甚发达的缘故，这个村一直默默无闻，很少有人知道它的沧桑。

照说，团林临近县城，人们都应优先选择它，但在自然经济时代，生产力水平低下，这里易旱少水，不利于农业生产，所以才有这种景况。然而，在鄱阳这个古邦，团林所处的地理环境虽然不尽人意，但宋元以后，这一带却是藏龙卧虎、人才辈出的地方：江家山、门楼章、团林张、汪洋庙、道家山、青水……陆陆续续地出了让人刮目相看的人物。其中最突出的，当然要数江家山。

说到江家山，人们自然会想到江万里。严格地说，江万里只是半个鄱阳人。其五世祖落籍鄱阳，但后来去了都昌，按照三代为籍的古例，他祖籍鄱阳。与他同宗的江家山人江迪，早他12年（宋宁宗嘉定七年，即1214年）进士及第。这年与江迪同榜的有袁甫（状元），及同乡彭大雅、黎泰等（资料来源于历代《鄱阳县志》）。只是不知什么原因，不见江迪在仕途上留痕。据说，他儿子江雄杰任

过密县(古县名,今新密市,位于河南中部的嵩山东麓)知县。

江和,字不流,万历二十八年(1600)乡试第一名,万历三十五年(1607)进士,初任刑部属官,历滇南学政,转东粤粮储。熹宗初,晋福建按察使,得赐封三世,遂致仕归乡,年六十。江和回到家乡后钻研理学(即程朱理学),与许大忠、闵翼明等鄱阳耆儒,创立"景仁会",孜孜不倦地诱进后学。淮王朱涵玉建"菁莪书院"后,他被延请以传授宗学。著有《澹宁语》《白记录》《四书讲章》《易经讲章》等,可惜仅存《恤刑录》《燕梦堂集》。

江南锦,字列明,据旧县志载,他"生有凤悟,九岁能属文,十岁解吟集而已。锦博极诸子,为文皆另辟阡陌,不蹈恒径,卓然自成一家云"。江南锦为明熹宗朱由校天启七年(1627)举人。当时的主考官是浙江上虞(今绍兴市上虞区)人倪元璐〔1593—1644,字汝玉,一作玉汝,号鸿宝,明末官员、书法家,明天启二年(1622)进士,历官至户、礼两部尚书,书、画俱工,出典江西乡试〕非常欣赏江南锦的才华,明朝天启七年(1627)领乡荐。倪元璐将江南锦比作"桓谭"。桓谭,字君山,是东汉的哲学家、经学家。桓谭爱好音律,善鼓琴,博学多才,遍习五经。他把烛干比作人的形体,提出"以烛火喻形神"的有名论点,断言精神不能离开人的形体而独立存在,正如烛光不能脱离烛体存在一样。王充称道他的著作"论世间事,辩照然否,虚妄之言,伪饰之辞,莫不证定",对后来无神论思想的发展有所影响。由此可见,江南锦在文士中的地位之高。如果他的脚没有毛病,他恐怕能做出一番事业。可惜江南锦患有足疾,绝意进取,只致力于古文辞,于是这位显赫一时的人物,未能发出更大的光和热。在旧《鄱阳县志》中,我们还能看到江南锦的不少大作,如《鄱阳县学重建尊经阁记》《重修风雨山佛殿疏》。后来,江南锦自编了一本《猊峤书屋文集》。

我们常说,不以成败论英雄,这句话实际上是失败者的自我安慰。在官场文化最发达的中华土地上,历史主要是围绕帝王将相展开的。因此不少重大的事件都无法查。平心而论,江家山对鄱阳最大的贡献,除了那些官场留名的人,就是这个村的几位戏曲爱好者,他们对赣剧饶河调的发展,做出了历史性的贡献。饶河调以鄱阳为中心,流行于饶州辖区内的万年、余干、德兴、浮梁、余江等县,以及九江府的都昌、彭泽,远至安徽的祁门、至德等地。其腔调古朴、粗犷,是城乡人民群众喜闻乐见的艺术形式。到新中国成立时,饶河调仍停留在草台班的进程中。据《鄱阳县戏曲志》记载,鄱阳县赣剧团的主体是江家山的"江兴舞台"。这个民间自办的"江兴舞台",起班于1944年。鄱阳解放后,政府在百废待兴时对饶河调情有独钟。1951年底,八区区委书记张洪福,委员余卓才、李炳炎等,将"江兴舞台"艺人和珠湖雨田"李新舞台"艺人重新组织起来,借江家山村成立了业余宣传队,以艺术形式召集群众、发动群众。1953年3月,八区业余宣传队以"鄱阳群艺赣剧团"的名称,借用老福建会馆,驻城对外售票演出。1955年8月,报经上饶专员公署文化行政部门批准,群艺赣剧团正式登记为县级民间职业剧团。1956年1月,群艺赣剧团纳入地方国营,更名为鄱阳县赣剧团。正因为有了这个赣剧团,才有了瑞华唱腔和饶河调的整体发展。

门楼里在团林是一个不大不小的村子,以章姓为主,此章姓来自福建。据章姓研究者说:"天下无二章,祖根在浦城。"门楼章家是不是来自福建浦城不得而知,但福建章氏却是名门望族。浦城章氏在北宋时达到了最辉煌的时期:诞生了福建籍第一位名相章得象,浦城第一个状元章衡,特别是北宋中期的名相章惇。章惇是王安石变法的坚定支持者和执行者,几起几落,无怨无悔。他的书法作品《会稽帖》流传后世,收录于《三希堂法帖》。他的真知灼见差点儿改变了中国历史,他极力反对宋徽宗当北宋皇帝,因此被宋家王朝迫害,并被正史列为佞臣。不过章氏的迁徙过程很有趣。秦汉之际,章姓已北入蒙古,西入陕西,南及苏、赣。魏晋南北朝时期,章氏在豫章繁衍成为大族,由此形成了章姓豫章郡望,南北朝时期享誉青史的吴兴章姓即由此分衍而出。此外有资料表明,河间(今属河北省)的章姓亦发展迅速,后逐渐昌盛并形成了章姓河间郡望。隋唐之际,已有章姓人落籍梓州(今四川三台),而且今江苏、浙江、江西、安徽等地均有了章姓人家。五代十国时,有章姓人落籍福建,如章仔钧,其先祖由福建泉州徙居浦城。两宋时,见诸史册之章姓更多,可谓名人辈出。由于北方动荡,此时章姓迁徙以南方为主,如章俞由福建浦城徙至江苏苏州,章岷由浦城徙居江苏镇江,章甫(鄱阳籍诗人)由鄱阳(今江西鄱阳)徙居真州(今江苏仪征),章琰由宁国太平徙润州(今江苏镇江),章宪由浦城迁至苏州。明清之际,章姓分布更广,并有沿海的章姓迁居台湾、东南亚和欧美等地。1949年,蒋介石败走台湾,时江西、浙江、福建等地的章姓从者甚众。

明初,鄱阳有一位地方官章复,字彦复,是洪武初不可多得的地方官之一。

他清正廉明,在广西桂林一带很出名,时至今日仍受当地民众爱戴,被称作"父母官"。这位墙里开花墙外香的人物,如今在桂林地区仍有他的塑像。据门楼《章氏家谱》记载,章复为该姓先祖。

到了近现代,团林出的人才更是了不得。青水人石屏,中国工程院院士、航空专家、中国 K-8 型教练机总设计师;团林张的张德生一家,从张德生到孙辈,被誉为景德镇陶瓷世家。他的儿子松涛、松茂,尤其是张松茂,在景德镇陶瓷艺术界是个响当当的人物。

团林张在胡家桥北偏西约 1.5 公里,东与藕塘姜家为邻,西南是团林程家,这里是张德生的祖籍地。据说正是因为程、徐、彭、张等姓先人陆续迁至林木茂密的小团山边,团林才有了今名。

团林夏家,是单姓大村。夏氏是一个多民族、多源流的姓氏,出于夏朝后裔,是姒姓主要分支之一。禹治理了水患,指导百姓兴修沟渠,发展农业,为了表彰他的功绩,舜封他于夏(今河南登封市东),后人为夏氏。夏氏发源于今河南、安徽省境内,早期繁衍于中原一带,并向西、向北扩展。秦汉时期,江西、江苏、浙江等南方地区有夏氏族人迁入。如西汉夏侯婴为江苏人,夏黄公为浙江人;东汉夏方为江西人。夏氏族人大举南迁,始于魏晋南北朝之际,浙江夏氏族人此时最为昌盛,故有夏氏会稽郡望之说。团林夏家是明朝中叶由德兴夏明通迁来青山湖畔的。德兴夏家是唐末夏膺的后裔,夏膺为江西的迁入始祖。在饶河调的传承和发展史上,夏家村的戏曲爱好者,曾经做出了不可磨灭的贡献。咸丰六年(1856),夏家村创办的"目莲班"诞生,其后又分别于同治八年(1869)、光绪九年(1883)、宣统三年(1911)共办 4 次。这个目莲班为饶河调的创新发展立下了汗马功劳并影响到鄱阳的周边地区。

祝家,也是单姓大村。北宋景祐年间,有祝氏从万年石镇街迁入。祝氏是一个多民族、多源流的姓氏群体,发源于今山东长清,西周、东周两代,祝姓除繁衍于其发源地外,因仕宦等原因,逐渐进入今陕西、河南等省。西汉时,有祝姓人徙居江南。魏晋南北朝时,大量祝姓迁徙至今安徽、江苏、浙江、江西等地。两宋时期,祝姓在北方趋于沉寂,而南方的祝姓却日益昌盛起来。

昌洲，水环圩绕越千年

　　鄱阳有两个以洲为名的乡镇，一为白沙洲，一为昌洲。白沙洲在鄱阳湖边，昌洲则被饶河的北支——昌江包围。

　　昌洲原称中洲。洲者，水中的陆地。让人奇怪的是，此处并非昌江最下游，为什么昌江在这里形成了如此大的沙洲。原来，这一带河道宽广，在洲的上游河床中间，坚硬的岩石形成了天然鱼嘴，水在这里被分流，且昌江泥沙含量大，洲嘴以下地势低平，加上地转偏向力的影响，河岸有一面受到的冲蚀很严重，泥沙被河水带到水流较缓处沉积下来，久而久之，便形成了这片冲积洲。因为洲在河的中央，所以称之为中洲。至于洲形成于何时，因无记载，所以说不清楚。但有一点，在这片冲击洲上，早在一千多年前就有人居住。

　　昌洲目前有据可查的入居最早的，是南岸的董家坪董氏。这说明南岸形成较早，入居的村落比北岸早三四百年。北宋初（约970），德兴海口的董氏来此建村落户，从此这里被称作董家坪。

　　海口董姓，是一个古老的姓。董姓的由来，有两种说法：其中一支起源很早，相传黄帝的己姓子孙中，有个叫叔安的，被封于飂（音 liù，又作蓼，在今河南唐河县），因此被称为飂叔安。传说，飂叔安的儿子名董父，为帝舜驯养龙，被舜赐姓为董，任为豢龙氏，封之于鬷（音 zōng）川（在今山西省闻喜县东镇境内），他的后代便以董为姓。董氏徙赣始自东汉末，历代各朝都有迁入迁出的。德兴海口董姓是婺源的望族，唐朝进士、吏部侍郎董申（约797—869，江西第一个进士），率家迁居海口，是为始祖。董申，字维坤，唐文宗大和元年（827）进士，唐武宗会昌三年（843）任吏部侍郎。据《董氏家谱》记载，春秋时期的董狐（又称史狐，孔子称其为"良史"）、西汉儒学大师董仲舒为海口董氏祖先。海口地处三清山、婺源和德兴三地交界处，因安徽乐安之水、江西李宅之水和浙江体泉之水在当地汇合，号称"三江归一口"，所以称为"海口"。海口水陆交通良好，在历史上也是交通枢纽。自唐中叶建村以来，海口有着上千年的历史。海口董氏祖先为唐朝高官，迁至德兴海口后，参照北斗七星星象，仿唐朝都城长安的格局建筑

海口村,阡陌通达,围以城墙,外挖沟渠护城,史称海口市。这里四面环山,周边环水,洲地宽阔平坦,古树成荫,加上董氏尊儒崇学之风盛行,一度科第勃兴、人文鼎盛。

永林曹家,又叫打船曹家,来自都昌,与董坪董氏到昌洲落户的时间相隔不久。宋初,中洲昌江南支两岸繁荣,水流畅通,宜于造船,于是曹氏来鄱阳发展。

曹姓诞生于山东,长期在山东居住繁衍,后迁至山西、陕西、河北等地。早在汉唐时期,曹姓已先后由山东迁居安徽亳州、江南、贵池、宣州、南陵等地,后又迁至江西彭泽、都昌。唐宋时期,为我国古代造船史上的第二个高峰时期。我国古代造船业的发展,自此进入成熟时期。秦汉时期出现的造船技术,如船尾舵、高效率推进工具橹以及风帆的有效利用,在这个时期得到了充分发展和进一步完善。曹氏是以造船的身份而不是以务农的身份落籍鄱阳的,可见当时我们这个古邦的造船事业,不仅具有一定的实力,还具备一定的规模。鄱阳是当时江南道的造船基地之一,正因为如此,后来刘凤嘴等处才以家族为主从事造船业。

北丰张家也是昌洲的老住户之一。张氏于宋时从婺源甲路迁来,甲路今为婺源甲路乡政府驻地,地处距县城紫阳镇西北54公里处的六山南麓。古时,由徽州经婺源西北至鄱阳、浮梁、景德镇有一条古道。其中,船槽岭至梅岭一段路况较好,被称为甲级道路。据《星源甲道张氏宗谱》记载,婺源县甲道张氏,是唐僖宗广明元年(880)歙县黄(篁)墩的张彻后裔。张彻,字君胜,又字克明,号大三。由于甲路村处在"徽饶通道"上,因此村中古街道旧时兼作徽、饶两州的过境大路。南宋时,它已形成"上下街连五里遥"的景象。街两旁店铺林立,商旅辐辏。虽经数百载沧桑,如今古街仍保存着长1000多米的青石板铺筑的路面。在下街的街面上,有一口井,井栏圈由铁铸成,乡民称它为"义井"。

张姓人的始祖为张挥。张挥,号天禄,少昊之子,是古代重要武器弓矢的发明者。因弓箭的诞生对社会的影响大,所以黄帝封挥为弓正,职掌弓矢制造。后又取弓长之意,赐姓张于濮阳,封地清河,张挥死后葬于帝丘(今河南省濮阳县)。张姓氏族最早活动于"尹城青阳",古地在今河南濮阳和河北清河一带。直至西周宣王时期,陕西地区出现了张姓的踪迹,西周青铜器皿上铭有张伯、张仲,他们是西周的贵族。张仲辅佐周宣王,使西周得以中兴。春秋时,晋国是张姓发展历史上最重要的地区。"河东解邑有张城",张城是张姓重要的聚集地和发祥地(古张城在今山西临猗西的黄河东岸)。张氏世代事晋,晋灭后事韩。张老、张侯(即解张)均是晋国的大夫,张老的后代、韩国贵族张良是汉朝开国第一功臣,解张被一部分张姓后裔奉为先祖。秦、汉是张姓向四周发展和繁衍的重要时期。张姓在秦初进入四川,多为三晋贵族的后裔,在反秦战争和随后的楚汉之争中,政治倾向明显,战争中建功立业,得以封侯赐爵;再西进甘肃、宁夏等地,迅速发展到整个北方、西北和四川地区,成为当时北方地区的第一大姓。同时,西汉留侯张良的后裔,从陕西出发,经河北入江苏,渡过长江,进入江南地区。西汉末,张姓已经到达浙江、江西和福建。甲道张氏,自唐末徙居以来,支派众多,星罗棋布,人才济济。始祖张彻有三子十孙二十二玄孙,有五世孙七十六人。五世孙为"延"字辈。其中,延弼、延兴、延富、延干分别有后裔迁至鄱阳。

洪家滩洪姓,是南宋中期由杭州迁入的。其实,杭州洪氏家族即钱塘洪氏,就是鄱阳人洪皓之后。这个家族,自南宋洪皓由江西鄱阳迁居杭州开始,一直繁衍至今。

据专家研究,洪氏出自姜姓。上古时,炎帝神农氏的十五世垂时,为共工臣,因命垂时列于诸侯,而封国于共,故以国为氏,即共氏。到了西汉,有功臣字正茂,生共普,任长乐宫史官。汉灵帝年幼即位,宦官曹节专横暴政,杀害忠良。共普因受牵连而弃官,于汉灵帝建宁三年(170),迁汉中益川(今陕西洋县)。为感念先祖恩德,加水于共,易姓为洪。共普即洪氏始祖。汉中富庶,东汉末年为曹操与刘备争守的重地,以致战争连年。共普三世洪宗详,于汉献帝建安二十五年(220),举家西迁至甘肃敦煌,择地绿洲,安居务农,繁衍生息,成为河西的一大望族。传至二十五世洪晋、洪昱时,因吐蕃入侵河西,加上安史之乱,敦煌岌岌可危,洪晋于唐肃宗至德二年(757),率族南迁至安徽歙县,洪晋即为安徽洪氏姓祖。洪昱则迁至河南光州固始。洪晋之后四世古雅,因避黄巢之乱,于唐僖宗乾符五年(878),自歙县迁居饶州乐平,是为入赣洪氏始祖;至八世,有洪士良自乐平迁至鄱阳,然后有了洪皓及其后裔。钱塘洪氏,自那时起便成了杭州的望族。洪家滩洪氏入居昌洲,无非是叶落归根罢了。

昌洲地理环境独特,其发展历程分为两个阶段。南岸早,村落在宋时开始出现;北岸晚于南岸,最早始于元末明初。马湖徐家是元末由乐平石砚街(后称上、下葵田)迁入的。葵田或石砚的得名,源于村前有一块田形似葵花,后来在

南宋理宗淳祐年间,有人迁到村子上方居住,从此分为上葵田、下葵田。到清代,村子改名为下徐、上徐。据说,这支徐氏为东汉著名隐士徐稚之后。徐稚(97—168),字孺子,其第十四代孙徐进,于宋初(960年左右)离开南昌,迁至葵田定居。

明初,婺源沱川余姓,迁至小渡落户。余氏是在北宋末年迁入婺源的。沱川余氏为"新安十五姓"之一。

余氏源于姒姓,出自夏禹第三子罕。罕被封为余度王,其后代相传为余氏。《沱川余氏宗谱》载:"罕生于涂山,居泗水下邳,以涂有'余'字,遂以为姓,是为余姓之始。"余姓"望出下邳",说明余姓最早繁衍于今江苏睢宁西北一带。东汉初平元年(190),有名为余仁赡者,因避乱渡江迁居润州丹阳。西晋永嘉元年(307),又有名叫余蝉(明嘉靖《新安名族志》作"余祥")者,再为避石勒乱,从丹阳迁居遂安(原系歙县南乡地,晋为新安郡新定县)。从此,余姓在古徽大地开始繁衍起来。余姓迁入婺源,是在北宋末年。据《沱川余氏宗谱·永乐甲辰序》记载:"吾家先宗,世居新安。至元复公(余初阳),广明庚子(880)间自歙(州)迁东阳。越四传,宏达公(余智)为桐城宰,晚年又自东阳迁居桐城。再传至宋迪功郎希隐公(余道潜)仕桐庐。知方腊乱,微服还新安,隐居星源(婺源代称)之北沱川,是为始迁之祖也。"余道潜,字希隐,宋雍熙进士余智之孙、舒城县令余永锡之子。其人"博览群书,精于天文、地理之术。为政精密严恕,与民兴利除弊,民甚德之"。

南湖垰七甲陈,明朝时由安徽祁门迁入。祁门陈姓有:休宁藤溪(陈村)、祁门竹源(坑口,旧名竹溪)陈。其中,休宁藤溪派颍川陈氏始祖、陈禧公三世孙迁江西鄱阳,生二子:巧、慧。慧生三五公,三五公于北宋初,自鄱阳迁回休宁县城南街文昌坊。

南林刘凤嘴是大村,据地名志载,刘姓明朝时迁自本地南陈,而南陈刘姓有两个村,分别是坤刘、坑刘。前者明初迁自凰岗瓦西坝,后者元中期迁自同一地点。凰岗刘姓据1949年版《鄱阳县志稿》载,分别来自两个不同的迁徙地,清塘刘迁自弋阳,太阳埠刘于两晋后期迁自安徽桃溪。可是,地名志说:"唐末,刘姓(清塘刘)从当地瓦西坝迁此,村内有小街,村北有一清水塘,故名。"然而"瓦西坝"地名无存。由此看来,昌洲刘姓应该与凰岗清塘刘姓同宗。

珠湖，名人后裔多聚居

据历代县志记载，珠湖的得名，源于唐朝时在鄱阳湖的内湖中，发现了明月珠。明月珠又叫夜明珠，因珠光晶莹似月光，故名。在古代，明月珠是一种稀有的宝物，又称"随珠""悬珠""垂棘""月明珠"等，与和氏璧同被视作稀世之宝。

珠湖，原只限于这个有着六万多亩水面的内湖，20世纪40年代末，成为乡级行政区域名称。或许是因为这里有月明珠的魅力，从资料中发现，聚居在这个地方的多半姓氏，居然为皇族或名人后裔。

虽说珠湖得名于大唐时期，但落户有据可稽的却在宋朝。宋初，有郑姓人士，居住在雪湖之滨，以捕鱼为业，于是在珠湖的版图上有了郑家这个地名。鄱阳郑姓，以古南为多，来自徽州地区，先后由祁门迁出。郑氏乃华夏名门望族，其中一脉辗转迁居祁门。唐永泰元年（765），十五岁的郑选从歙县迁祁门二十都（今闪里）营前。唐乾符四年（877），郑选的长子延辛迁居祁南沥水（今大北河）右岸地理位置险要的奇峰山脚下（今河东），名为奇岭（今属溶口乡）。后来郑氏分迁至奇岭里门、中门、外门与周村、河西、张村，统称"奇峰郑氏七门"。珠湖郑家后来迁入了刘、李两姓，但地名依旧。

宋朝中期，有沈姓在郑家北面不远处建村。这一带背山面水，适宜生存，或水中求财，或拓荒耕种，于是又多了一个叫沈家埠的村庄。沈姓最早起源于今河南、安徽两省之间。春秋战国时期，逃至楚国的沈姓族人，仕楚为左司马，并世袭此官，长期居于叶县（今河南省叶县）。到秦汉时期，沈姓仍有多人为官，且地位均十分显赫，但也有数人辞官隐居，迁于九江寿春（今安徽省寿县）、会稽乌程吴兴（今浙江省吴兴县）等地，从而开始了沈姓的南迁之旅，家族势力日渐扩大，不断兴旺。三国两晋南北朝时期，北方连年战乱，各种割据势力互相攻伐，加上"永嘉之乱"，使得中原士族大举南迁，沈姓族人也先后进入南方几大省份，并在当地不断生息繁衍，形成了"吴兴"郡望。此后，沈姓以"吴兴"郡望为繁衍中心，不断向四周扩展，在唐代以前，已散居于今江苏、浙江、江西、湖北、湖南、四川等地，家族日渐繁盛。鄱阳沈姓主要分布在芦田、双港、油墩街和鄱阳镇。

芦田河源沈姓于北宋宣和六年（1124），迁自都昌；双港沈姓于明朝正德元年（1506）迁自都昌；油墩街沈姓，明后期从湖口迁入。虽然郑家和沈家埠后来都名存实亡，原居民早已迁出，但毕竟留下了历史的印记。

继郑、沈二氏之后，珠湖人口发展，入居族裔多是望族或名人后代。按氏族人口排列，李姓为珠湖的最大姓，也是"历史悠久"的住户。李氏落籍珠湖，颇费周折。在铺田北稍偏西 2.5 公里处，有个临雪湖的村落叫尧汊，这是珠湖李氏在鄱阳的发祥地。南宋理宗嘉熙元年（1237），婺源严田李浩先是在珠湖一个叫界潭的地方安家，后因逃避水灾，才在这个叫尧汊的高处建村繁衍生息。

婺源严田位于婺源县城西北，这里是李姓最早由外迁入婺源的祖居地。严田李姓的始迁者为李德鸾。光绪《婺源县志·寓贤》中"李德鸾"条记载："李德鸾，字匡禄，才气过人。其先世京，本大唐裔，因黄巢乱避地歙之篁墩，由篁墩迁于浮梁之界田，至德鸾始寓婺源严田。当时婺源隶属南唐，升元二年（938），诏举卓异，有司以鸾应制，历扬中外，所至有声。累官为散骑常侍，赠金紫光禄大夫。厥后子孙蕃（繁）衍，英贤辈出。"看来，这支李姓来头不小，居然是大唐王族的后裔。关于严田村名的由来，《婺源县地名志》说，因李氏"占得从田之签"，且"以严治家"，故名"严田"。严田距县城紫阳镇 38 公里，是景德镇到清华的必经之路，旧时又兼徽、饶两州府的过境大路。延至宋真宗时，有名李鹏举者，迁至原住地小溪下游建居，从此形成上、下严田。据《婺源县志·科第》记载：在严田，李姓兴盛是在宋朝一代，村民登进士第者有 24 人。登进士第者虽多，但因为始迁祖"立志从田"，为官者却不多。

李氏迁居尧汊后，又陆续向荣七、路口、三门及雨田等地发展。在后来的李氏家族中，在清朝多有文章经世之人。如李正瑜，字润玉，号实斋，十六岁时便跟随鄱阳学者史大壮外游，受史大壮影响很深。史大壮（1665—1731），字止公，号铁车，是当时著名隐士史白的儿子。明朝灭亡后，史白坚决不为官，隐居在青山湖，从此绝迹街市。史大壮十岁时被乱兵掳去，二十岁才回到鄱阳。流离中，他仍不废学业，博涉今古，典章名物，无所不通。虽然家中贫困，但他处之泰然。他的祖父史乘古、儿子史斑都有文名。史大壮著有《周礼疑误辨》一卷、《大礼图说》四卷、《铁翁诗稿》六卷、《嫌剑吟诗集》二卷、《小潜诗余》二卷、《弧矢算法》一卷。有如此学者为师，李正瑜不但博学多识，而且具有一副菩萨心肠。饥馑灾年,他向乡里穷人施粥,救活不少挣扎在死亡线上的民众。李正瑜善诗能文,尤精书法,著有《实斋集》。他的《鄱阳山辨》,至今仍是为长山岛正名的有力考证。又如乾隆四十九年(1784)进士李肖筠,授虞部主事,典试楚北,建树良多,京察一等;清光绪元年(1875)举人李鼎元,身为教谕,大办庠学,为丰城培养了一批人才。如此种种,足见李氏家族在书香传家中培育出的品格。

板桥刘家,是这个乡的另一大姓——刘氏的主要聚居地。关于刘姓的迁入,有两种说法:一为南宋末的恭帝德祐元年(1275),刘氏由弋阳迁入,因村南有一座板桥,故名"板桥刘家";另一说为明孝宗弘治十三年(1500)有县城刘家巷人路过此地,见此处气势恢宏,内涵灵秀,北有烟波浩渺的鄱阳湖,南有波光粼粼的珠湖,遂花巨资购下此处宝地,从此落户生根。不过,从两种说法的来源看,这支刘姓与来自弋阳的凰岗清塘刘姓同宗。

铺田东北有个化(华)龙桥村,这里居住的何姓,本是会稽云门何氏的后代。会稽云门即今绍兴市平水镇云门山。有人说,何氏是韩氏的一脉。关于韩氏改为何氏的问题,新老族谱说法不一致。据《大埔何氏源流》载:"始皇于公元前218年巡狩时过博浪沙,韩旧臣张良为报灭韩国之仇,令力士击始皇而误中副车败事,始皇以为是六国的遗族所为,遂密令搜捕六国遗族欲行杀绝。韩王安之孙、非之子允携眷避匿于庐江郡的东乡要津(渡口),造舟以渡行人。后有秦吏过东乡津,诘问允的姓氏,允急中生智,指着冰冷的河水答:姓此。他的本意是以河水寒冷的'寒'代'韩',而秦吏竟以为姓河,遂登记为河氏。后有秦吏的同行者将此事告知允公,允公乃大惊叹道:吾家免于刀锯乃'河'字之力也,然姓氏当以人附丁口,岂可似水泛滥而无所归?"允公遂依音改为何氏,何氏就是在这动乱的年代诞生的。

周家位于珠湖北岸,全称为汝南凤凰周家村。周家入居珠湖的原因,颇具传奇色彩。明英宗正统六年(1441),柘港天明桥的周元清因自幼好猎,误伤人命而被迫南逃。其时,一只凤鸟将其引至曹家。奔波之间,突然不见凤鸟,眼前却有一位哑女名碧玉者。奇怪的是见到周元清,哑女居然开口说话。哑女之父曹士昂当即决定,将女儿嫁给周元清,并割赐地界让他创业安家,从此有了这个村落。早年周家村里曾立有一座周处庙,此庙为村民缅怀先祖周处除三害事迹的去所。周处是三国东吴鄱阳太守周鲂的儿子。无疑,这支周氏是周鲂的

后裔。

牌楼下、老屋、新屋、江家边等村的毕氏,据家谱记载,为毕士安的后裔。毕士安(938—1005),本名士元,字仁叟,小字舜举,代州云中(今山西大同)人,宋太祖乾德四年(966)进士。宋太宗太平兴国中,为监察御史,出知乾州;淳化二年(991),召入翰林为学士;宋真宗即位(998)后,拜工部侍郎、枢密直学士;景德元年(1004),进吏部侍郎、同平章事。澶渊之战时,毕士安支持寇准,力主真宗亲征。毕士安曾于太平兴国四年(979)任饶州知州。

在珠湖,还有一个罕见的姓氏——糜姓。糜姓起源于夏代,是以职业和所从事的对象为姓的姓氏。夏代有同姓诸侯,专门种植豆黍之类的农作物,其中,"糜子"为主要作物。种植这种作物,在当时是很先进的生产活动,因为每年有可靠的收成。因此种糜的族人富裕而昌盛,后人则以职业为姓,世代姓糜。《百家姓考略》称:"糜,宫音,汝南郡,夏同姓诸侯有糜氏之后。"商周之际有靡(糜)国,国人以糜为姓,见《周书》。另有一说来源于封邑名,楚国有大夫封于南郡糜亭,他的后世子孙以糜为姓。此外,楚国工尹糜之后也称糜氏。三国时,刘备手下有糜竺、糜芳二兄弟,曾为刘备所重用。在古代,糜姓的望族大多出自东海(汉置东海郡,辖境相当于今山东原兖州府东南,至今江苏邳州市以东至海,及山东滋阳以东至海一带)。

曹氏也是珠湖的大姓之一。珠湖北岸的曹家村是元泰定二年(1325)从都昌迁入的。曹氏自周朝封国为姓,至今已有三千多年。分支早在汉、唐时期已先后由山东迁居安徽亳州、贵池、宣州、南陵等地,后又迁至江西彭泽、都昌。都昌曹氏皆为曹荐之后,尊其为一世祖。曹荐(833—849),字进之,恩贡生,杭州学校教授,弘钟次子,为曹氏五十一世,世居宣州南陵鹿岭园。唐代末年,为躲避黄巢起义,曹荐举家南迁至江州彭泽悬鱼洞。曹荐之子曹贺,字余庆,由悬鱼洞迁都昌清化乡龟山。至宋之际,龟山曹氏声誉日隆,曹彬为枢密使、鲁国公,曹简、曹敬分别为兵部、礼部尚书。

卢医塘的张姓,来自德兴,德兴张氏源自婺源甲道张氏七十六延的分派之一。五世祖延辅公,从婺源甲路迁至德兴新营,生三子十孙,繁衍成了两宋望族,世称"十院张氏"。十院张氏,又以用宣公为始祖的一院最为显赫,子孙登科出仕犹如鱼贯,文采、政绩斐然。德兴张氏自北宋起,子子孙孙代代有仕臣,出了不少有名望的人物。比较著名的有:张潜,官通直郎;张根,进士出身,加龙图阁直学士,以朝散大夫终于家;张朴,同进士出身,累迁光禄大夫、太常少卿,擢侍御史。在历史上影响最大的是张潜的曾孙张焘。张焘,字子公,政和八年(1118)榜探花,历秘书省正字、湖州通判、兵部侍郎、吏部尚书等职。孝宗时期,张焘除同知枢密院,擢资政殿大学士、提举万寿观兼侍读,卒谥"忠定"。德兴张氏家族,是历经数百年而不衰的名门望族,家族至此发展至鼎盛。

历史的意义在于比照。每个姓氏的发展过程都是起伏不定的。富不过三代,虽然不是规律,但宦海浮沉,常常无法任人左右。富贵贫穷如日起日落,所以穷乡僻壤之地,既有凡夫俗子,也有名人之后。

谢家滩，水陆畅通兴商贾

发源于安徽东至的西河，流经石门街后，进入了谢家滩镇。谢家滩——一个近代以来因发展快速而名声在外的一个鄱阳湖乡镇，总让人觉得里面隐藏着许多未知。当然，集镇是透明的。北宋年间，安徽祁门一位谢姓人氏，别具慧眼地选择了这块西河南岸的河滩，或许是出于徽州人的敏锐，以及对这个地方的钟情。他恐怕不只是为了活命，而是看到了后来的前途。从此这块以他姓氏为地名的古村，便在西河南岸扎根开花，以至有了今天的繁荣。谢氏选择了谢家滩，但我们并不了解它的过去、今天和明天。即使人们试图从以往存留在地面的各种遗痕中寻找，也无法还原它的本来面目。

虽说谢家滩所处的地理位置并不十分优越，但商业一度发达。据史料记载，这个从北宋走来的小村，日积月累，到民国初，已有商店 80 多家。它曾在一个特殊的历史阶段，一下子具备了农村乡镇的规模。抗日战争时期，谢家滩一度成为鄱阳对内对外商贸的重要集散地。所有被日寇占领的地区的棉花、布匹、食盐、五金、中西药材都从这里输入。内地的纸张、苎麻、烟叶、杂粮等也由这里输出。这里一时间变成了赣东北的门户，临时商店增加了百余个，街市蜿蜒，长一里许。抗战胜利后，它复归昔日的面貌。回过头看，这里曾经的繁华，既有偶然因素，也有必然因素。

笔者接触了鄱阳迁徙史之后，发现其中有两个规律：一是鄱阳在两宋之前的原住民不见记载；二是唐末宋初、元末明初、明末清初这三个阶段迁徙来的人口较多。从历史来看，唐中期以后，北方战乱不断，大量人口迁徙到相对安定的南方，加速了南方经济的发展步伐。到了宋代，南方经济已经相当繁荣。在农业方面，耕田垦辟范围扩大，出现了圩田和其他水利设施。水稻成为南方最重要的粮食作物，并引入了占城稻（占城稻又叫"早占""早米""早占城"，宋代水稻良种。宋真宗大中祥符年间从福建推广至江淮、两浙等路）。相传占城稻因来自占城国（今属越南）而得名，性早熟、耐旱、粒细，宜种植于高仰之田，对防止东南各地的旱灾有一定的效果。南宋时，占城稻种植范围进一步扩大，江南东、西路和两浙路尤为盛行;棉花的种植已扩展到长江以南广大地区;茶叶已成为重要的经济作物。上面这些,至今在谢家滩还能找到印证。

袁家堰,在谢家滩乃至鄱阳人看来,一直是一个听惯和熟悉了的地名。可是,在我们这个古邦,又有几个以堰冠名的村落?堰,是指修筑在内河上,既能蓄水又能排水的小型水利工程。袁家堰,坐落于谢家滩西北约 8 公里处的西河支流小溪上。石砌的滚水坝,在东、西两条溪流汇合处的水底,阅览着人间沧桑。这条宽五十来米的水流,原本恣意纵情,被截阻、制伏、利用以后,不仅使当地人们旱涝保收,还哺育了代代先民。坝往上不远处的东、西两岸挖有渠道,将水分流,灌溉着周边的田地。袁家堰在一千多年里,为这片土地的繁荣和人口繁衍,默默地做着无法估量的贡献。当然,这种既能提高水位又能截住水流的工程,在现代人眼中微不足道,但有谁能说清当时基建时的艰辛和始建的过程呢?"宋末,邑内侯家岗茅屋岭袁姓迁此建村,因处水堰边,故名。"目前,我们所能得到的信息,是地名志中寥寥数语有关袁家堰的介绍。这种朦胧模糊的注释,不但无法消除疑问,反而增加不少困惑。是先有堰还是先有袁氏?如果先有袁姓,那就不是"袁姓迁此建村,因处水堰边,故名",而是"袁姓迁此建堰,故名"。不过,依地名志所言,这袁家堰恐怕更有年头。

在我们这个古邦,水害是一个长期存在的问题。化水害为水利的工程,县志记载的多是圩堤。滨湖地区,为防洪水,多建圩堤。在隋代,便有巩堤的记载。灌溉方面只有塘陂,而少有堰坝。事实上,鄱阳丘陵山地的开发,并不晚于别的地方。我们的先人早已掌握了对水的利用。古邦的人口总数,居于江南两道前列。袁家堰的建成,绝非鄱阳人在农耕文化中的一个点缀。遗憾的是,它当时是举一姓之力,还是举众姓之力建成的,历史没有留下只言片语。但从地名志的记载看,它至少是袁氏搬来之前就有的。

在袁家堰下游,大田土库里、祠堂、港西、东良田等村,北宋时便有人居住。可见,袁家堰的建成,至少在北宋末,它不只留存了一处水利工程,而且记载了我们这块土地,早在 1000 年前便积累了丘陵地区利用水资源的经验。

可以肯定地说,北宋是鄱阳发展得极好的一个时期。在手工业方面,制瓷业的发达,使景德镇成为南方的瓷业中心,这对鄱阳绝对是个好的发展机遇。此外,就全国而言,北宋时交子(纸币)的发行,推动了商贸的发展。早市、夜市昼

夜相连,在城郊和乡村,"草市"更加普遍;在农村,小贩、货郎走街串巷,活跃了农村市场,丰富了农民的生活,这在鄱北尤其是谢家滩一带得到了一定的体现。

泥湾,本名倪湾,明中叶有湖北黄梅倪姓迁来建村。后来,倪姓式微,有武汉雷姓迁入。因地势低洼、雨后泥泞,且"倪""泥"谐音,后者又易写易认,故称之为泥湾。泥湾虽然是西河河洲的滩涂之地,但是有油榨坊十多家。

我国榨取植物油的历史悠久。植物油开始时大概多用于点灯照明,或作为战争中的燃烧物使用。三国时期,人们已大量使用芝麻油。植物油的食用在魏晋南北朝时期,可能就比较普遍了。据北魏贾思勰《齐民要术》记载,当时已把芝麻油、荏(紫苏)子油和麻子油用于饮食烹调。书中叙述的烹调方法、菜谱及用料中,有不少运用了麻油、荏油以及猪、羊、牛等动物油。这些动、植物油除了烹调食物,还用于造烛和制作油布、发膏、面脂等。当时食用的植物油中,以芝麻油为最好。而距今1300年前的唐代,已有木榨油作为朝廷贡品的史料记载。据专家推测,北宋时期,植物油的食用更加普遍,种类也有所增加。沈括在《梦溪笔谈》中云:"如今之北方人,喜用麻油煎物,不问何物,皆用油煎。"庄季裕《鸡肋编》一文中所列举的植物油有十一种,用于饮食者也有五六种。据史书记载,宋代的油产量相当可观,既可以充岁赋之物,又需上税。这种情况的出现,与已出现大型的楔式木榨不无关系。楔式木榨,在当时是十分先进的工艺。正是植物油的使用和楔式木榨的出现,使得具有一定规模的专业榨油作坊逐渐形成。经过宋、元、明、清近千年的发展,榨油作坊在泥湾这个自然村,形成了一种特色。这种现象在全县也不多见。

潼家滩,是地处谢家滩西南端西河西岸的一个自然村。明朝之前,潼家滩是童姓人家的祖居地,后童姓家族式微,万姓人家从珠湖迁入,于是加水为潼,童家滩变成了潼家滩。或许是临水的缘故,这里旧时也有十多家商店,成为周边农副产品的集散地,承担着农村初级市场的功能。

其实,农村市场的发展,主要依靠交通的发达。除上述水路集市外,地处北路至安徽池州府建德县(今建德市)驿铺道上的浒田桥、车陂岭、洋塘街、檀溪渡等地方,因官车、商贾、贩夫、走卒日夜不绝,也变得热闹和繁忙起来。于是由路而渡,由渡而桥,一路畅通,买卖声不断。

浒田桥已经不复存在,它只是个历史遗存。1958年,因兴建水库,它已从行

政地名中被删除。不过从这个"浒"字可以了解到，它至少是一处有水流的地方。浒，从水，许声。本义：水边，指离水稍远的岸上平地。《诗经·王风·葛藟》："绵绵葛藟，在河之浒。"浒田无疑是离水稍远的田，又因为早就建有通达的桥，这里不但成了人们聚居的地方，而且有了驿铺，因此人们就叫它"浒田桥"。

车陂岭，这个地方今已不见，谢家滩镇如今只有东陂庙的村子。陂（bēi），形声，从阜，从皮。"阜"指土堆、小丘；"皮"本指"动物皮张"，转义为"弹性起伏"。"阜"与"皮"联合起来，表示"土丘像动物皮张那样有弹性地隆起"，本义为土地隆起处。以"车陂"作为村名有两种说法：一种说法是车陂水，灌溉农田，"车"作动词，取其意称作车陂；另一种说法是，古道通往京城，官路上每天车水马龙，交通发达，给村民很大的方便。车陂庙村的得名是后者，但车陂岭与车陂庙村是不是在一个地方不得而知。旧县志说："又十里至浒田桥，又十里至车陂岭，又十五里至洋塘街，过檀溪渡十五里至石门街。"从地图上看，车陂庙至杨（旧志作洋，下同）塘街不只 7.5 公里。

杨塘街，这是鄱北较有名的村落。它有名并非完全因它处在驿路上，而是因为这里的"房屋排列似街"，所以得此雅称。其实，从历史年代看，它是明朝中期由潘姓人氏迁入建成的。作为已经具有商业意识的潘氏，在古道通衢这样安排村子的布局，难道不正体现了一个"商"字吗？

最后是檀溪渡了。檀溪属西河上游。建桥之前，早在北宋中期，这里便是重要的古道，并设有官渡。檀溪渡被设为官渡，是因这里地势特殊，南高北低，水流湍急，从石门向西南而流的西河，在此处突然向西北拐了个弯。不知从哪个朝代开始，这里建了一座石桥，无奈所处位置险要，桥屡建屡坏，尤其是咸丰年间的太平天国运动，使得桥更无法使用。后有徐园仁者，提议重修，却未成功。清同治二年（1863），有潘世泽者，因省试降低名额而回归故里，于是牵头同辈，议定动工建桥。经过 15 年的不懈努力，檀溪桥终于在光绪四年（1878）告竣。新建成的檀溪桥桥长近 40 米，巨石码砌，每块青石（花岗岩）长 3 米，宽 1 米，厚 0.3 米，重 2 吨，很是壮观。主建工匠江信有、吴培正在建桥伊始前往庐山定石，民众踊跃捐资，并建凉亭便于往来者歇息。由于桥基牢固，桥身坚实，檀溪桥历数百年仍岿然屹立。

银宝湖，地沃土肥蕴繁盛

银宝湖乡在西河下游西岸，西与都昌接壤，辖区呈长条形。它的得名，源自一个湖。这个湖在辖区北端紧靠西河的地方，面积只有150平方米，因为盛产鱼虾和水草，人们誉它为"天赐"的聚宝盆，故而谓之"银宝湖"。

在银宝湖西北，有个叫林里江家的小村，其先人早在南宋初便从婺源迁此落户，建成了这片土地的初始村落。

婺源的江氏，分为济阳江、萧江两大派系。济阳江氏出自嬴姓，为颛顼玄孙伯益之后。按《通志·氏族略》《元和姓纂》以及民国时期的《济阳江氏统谱》等记载：伯益佐舜有功，舜封他为虞（掌水泽出产之官），赐姓"嬴"。其季子元仲袭父爵位，授封于江（今河南正阳县西南一带），后人遂以国为姓，改嬴为"江"。到了汉朝，有曰江革（肇姓第七十一世，东汉永平初拜谏议大夫）者，以"至孝纯笃"闻天下，且"子孙弥盛"，所以其后代都尊他为济阳江氏一世祖。江革下传十世为江统，晋惠帝元康年间官太子洗马；后从晋元帝渡江，先居于南京乌衣巷，后迁至山阴（今浙江绍兴）。十六世江淹，为南朝梁金紫光禄大夫，迁居南阳诸葛里。至二十八世江尚质，仕唐为镇南将军，因避黄巢兵乱，光启丁未年（887）由河南江家宅迁隐歙县之篁墩。随后，江尚质的长子江洪（官谏议大夫）与弟江球、江巩，于唐昭宗天复三年（903）复迁至婺源北部的谢坑江村（今段莘乡江村），成为济阳江氏迁婺源的始祖。根据《济阳江氏统谱·各派分迁》的记载，其后裔转徙至江西德兴、乐平、浮梁、景德镇、鄱阳、上饶、玉山、贵溪、彭泽、金溪，浙江杭州、嘉兴、开化、常山、建德、江山，安徽休宁、歙县、祁门、黟县、泾县、安庆、贵池、和州、芜湖、六安、亳州，江苏南京、扬州、盐城、泰兴、如皋、镇江、句容、常州、无锡、苏州、泰州、江阴，河南固始，福建浦城和北京、天津卫、重庆等地。

萧江氏源于萧氏，出自子姓，是周朝宋国始祖微子启的后裔。公元前597年，萧国为楚国所灭，后代子孙遂以国为姓，成为"萧"氏。西汉初，萧氏族中出有相国萧何。萧何之孙萧彪（官侍中），始迁居东海兰陵，故其后世奉兰陵为郡

望,以"兰陵世家"作为宗族的标识。婺源收藏的《萧江族谱》记载:据《梁书》修谱,"梁武帝萧衍长子萧统封为昭明太子。萧统第十代孙萧祯,仕李唐僖宗,广明庚子年(880),在歙州(属浙江西道观察使)平黄巢别部,破贼有功封江南节度使,赐第新安篁墩(即安徽歙县篁墩)。后朱全忠谋篡,萧祯会同李唐宗室起兵讨伐护驾,未至京都,知朱全忠已弑帝篡位称梁太祖。他自思兵力不足,返回过长江时指江为姓,至驻地篁墩即隐姓埋名,隐居山中,成为江姓始祖"。而《萧江族谱》都写成萧江多少世祖,如萧祯本人在宗谱上写成"萧江一世祖"。其宗祠的匾名则为"萧江宗祠"。可见,宋时迁鄱阳的江姓,多为前者而非萧江。

如果从人口居住的历史看,银宝湖乡也是鄱阳比较年轻的乡镇。除林里江家外,绝大多数为明、清时期的迁入户。元朝及明初迁入的寥寥无几。

紧靠林里江家的汪家,元初来自浮梁,浮梁汪氏则来自徽州。其先祖汪爽居绩溪登源间川,历四世,裔孙凤思迁至歙县,景瑞迁至黟县。凤思后裔分迁至浮梁、鄱阳、婺源、开化。而徽州汪氏的始祖则是汪华。汪华(586—649),字国辅,又字英发,绩溪县汪村人(隋唐时属歙县)。隋末唐初为地方自治首领,后为唐代大臣。隋末天下大乱,群雄并起,汪华审时度势,策划了一场兵变,推翻了歙州旧政官员,占领了全州。初战胜利后,汪华高举义旗,连克宣、杭、睦、婺、饶数州,所向披靡,深得民心。最终,他拥六州之地,自称吴王,颁布了一系列使民休养生息的政策,使皖、浙、赣三省交界的六州百姓,得以在乱世安居乐业。唐武德四年(621),汪华有感于唐朝的强盛和德政,上表请求归附,被任命为歙州刺史,总管六州诸军事,并封为上柱国、越国公。汪华在天下大乱时,保全了数州百姓的生命,因而在新安一带活动较为长久,并被人称为"汪王"而立庙祀奉。

胡首里的胡家和陶家,在元朝中期,分别从湖口尖山和彭泽定山迁入。元末,有迎官头盛氏从乐平古田迁入。

盛姓是一个传统的汉族姓氏,最早起源于西周时期,属于以邑为氏。盛姓源出有三:出自姬姓,出自以祖名为氏,出自少数民族改姓。古田盛氏祖先盛明威,为周朝盛国的后裔,其后本盛枝蕃,源深流远,宦游天下,散处河东。据《盛氏族谱》记载,唐朝兵变时,盛氏先祖避居歙州篁墩,宋真宗年间由歙州篁墩迁至江西浮梁天宝,其分支后迁至乐平临港和古田(古田是其中的一支)。

明洪武四年(1371),有金姓从柘港潼津渡金家迁入,而潼津金氏来自浮梁,浮梁金姓来自徽州。金姓姓源较多,最早的一支源于上古时的少昊。炎帝神农氏时,少昊氏居九黎百族之长。少昊族传太昊伏羲太阳历法,历代为司天文星象世家。少昊自穷桑(今山东曲阜市北)登帝,后徙曲阜。其次是新罗(朝鲜古国名,与高丽、百济并立),其国王姓金。再是金日(mì)磾(dī),金日磾(前134—前86),字翁叔,是驻牧武威的匈奴休屠王太子,后兵败被霍去病俘获。汉武帝因获休屠王祭天金人,故赐其姓为金,他是中国历史上一位有远见卓识的匈奴族政治家。后元二年(前87),汉武帝病重,托霍光与金日磾辅佐太子刘弗陵,并遗诏封金日磾为秺(dù)县侯。金日磾在维护国家统一和社会安定方面,建立了不朽的功绩。他的子孙后代因忠孝显名。徽州金姓源于上古时的少昊,这支金姓历经迁徙、繁衍,逐渐形成丹阳望族、徽州休宁望族、益州蜀都望族、湖南邵阳义门望族、江西浮梁望族、鄱阳鸣山金氏望族、苏州常州望族。在古徽州一府六县,金姓也均有不同程度的分布,其中分布最广的要数休宁。此外,祁门县歙县、黟县等地,休宁金姓人丁几乎占了古徽州金姓人口的大半。另据芦田金源《金氏家谱》记载,金日磾为其先祖,而芦田金氏迁自凰岗珊田。鄱阳镇即原磨刀石金家也来自潼津,其先祖金良佑,于明初洪武年间迁于此。

银宝湖的"大"姓恐怕是于氏,明初从都昌迁入。据《于氏家谱》记载,其先祖于鑑玉于明永乐年间,由祖居旧地都昌黄荆林,迁居鄱阳新十三都鸣山之阴,毕力开发,繁衍生息,子孙不断。

关于都昌黄荆林于氏,其家谱记载大体是:北宋时期,于元素任江西吉州通判,后定居南昌府丰城县(今丰城市)。于元素曾孙于彦化,自丰城迁居都昌长宁乡段泰。南宋时,于良佐迁居黄荆林。黄荆林于氏自南宋以来,繁衍生息近千年。目前,留在都昌的主要是于汝和的后裔,而于良佐的后裔少量在都昌,大部分外迁他县。其中,南宋时,于稷迁往星子县(今庐山市)乔浦;元末,于荣迁往鄱阳县凰岗;明初,于鑑玉迁往鄱阳县鸣山,即鄱阳银宝湖乡鉴玉村。

鉴玉村有个颇具规模的祠堂,祠堂内供奉着一尊身材魁梧的塑像,每逢节日或初一、十五,都有人前来祭奠,这人就是明朝的饶州名将于光。据《于氏宗谱》记载,于光曾在鄱阳镇守饶州,且其后裔全部迁居鄱阳银宝湖鉴玉村,故鄱

阳鉴玉村建有于氏祠堂。

鄱阳人说起于光,都称其为俊杰。于光生于元泰定元年(1324),他少怀大志,在父亲的影响下,勤习武,略通孙子兵法。元末,各地农民起义风起云涌,饶州浮梁农民拥戴都昌人于光举旗反元,很快占据了浮梁县城。徐寿辉在湖北起义后,占领了武昌、九江等长江中游地区。于光接受徐寿辉的节制,被徐寿辉任命为江东宣尉,镇守浮梁。后于光占据了整个饶州,并奉命镇守饶州。不久徐寿辉被部将陈友谅杀害,陈友谅夺取了这支农民起义军的领导权。陈友谅杀害徐寿辉,引起徐寿辉旧部的不满。此时朱元璋势力正向江西扩张,朱元璋派邓愈攻打临安时,邓愈遣使者劝降了饶州守将于光。于光及吴宏倒戈献城,归附朱元璋,使朱元璋兵不血刃,从而避免了饶州战事。于光归顺朱元璋后,随朱元璋征九江,战鄱湖,降武昌,屡屡建功,累官鹰扬卫指挥使。后于光随徐达擒张士诚,下山东,取汴梁,克陕洛,移守巩州。洪武二年(1369),元兵残部王保保袭兰州,于光率兵增援,遇敌时战败被俘,被元军劈额断手,惨遭杀害。明太祖朱元璋闻悉后亲自追悼,并配享入功臣庙,追封于光为怀远大将军,赐金头银手凑成全躯,樟葬故土。

于光及其后裔与鄱阳有深厚的感情,他的兄弟及后裔均从都昌黄荆林迁居鄱阳。于氏的迁徙,在鉴玉村《于氏宗谱·八都黄荆林于氏宗谱源流序》和《明故岁进士鉴玉公夫妇墓志铭》中有详细记载。于光"兄弟因宦游遂居饶州鄱阳鸣山、黄(凰字之误,下同)岗丽阳镇"。于辉(于光弟)"以兄命奉母遂家鄱阳之鸣山"。"于辉开省饶州宦游鄱阳新十三都,见鸣山肥美立居,以作中舍,捷使往来故土。后孙玉鉴见鸣山清奇恢扩,邱园而居。""于荣(于光兄)宦游鄱邑黄岗而立籍。""光子瓒宦寓鄱阳丽阳镇,任转都司,镇守交趾。"

鸣山于氏,无愧于先祖的选择。这里风景优美独特,有明朝朱、陈大战鄱阳湖时留下的诸多遗迹,如下陈塘、象山、卒山、马山,还有巨龟山、碧螺思春的螺蛳山、静卧待发的蛇山。清乾隆三十一年(1766),于氏家族所建的规模恢宏的"于氏宗祠",坐北朝南,青墙黑瓦,飞檐飘逸,木刻石雕繁复精美,布局严谨。万年台、游楼、画廊、天井、正堂大厅,一应俱全。祠堂正门,两只石狮骈立;万年台坐南朝北,平面呈方形,内顶为八角重拱复斗式。外顶高耸精美,雕镂镌刻技术

精湛,檐牙高啄,鸟革翚飞,描金点漆,光彩耀目。青瓦之上,缀布各种彩色瓷塑,禽飞兽走,凤舞龙蟠。万年台前,中为地平如砥、天幕垂青的天井。天井两旁则为画廊、游楼。由天井踏上几级台阶,便进入正堂大厅。厅前立有石砌朱红油漆四方楹柱,柱上金书以"鑑玉"二字为联首之楹联。上联为"鑑古观今虽世事沧桑终归正道",下联为"玉肌冰骨任人情冷暖无改天良"。这座古祠,在四棵古樟的伴随下,度过了近三百个春秋。

占地面积约 1000 平方米的于氏宗祠,不仅证实了于氏迁来鄱阳后的繁盛,也证实了银宝湖这块土地的富庶。一方水土养一方人,古人的富饶之州的美言,在鄱阳每个角落都得到了体现。

鸦鹊湖，湖为村名此最多

展开鸦鹊湖的地图可以发现，它是鄱阳以湖作为村名最多的乡。50 多个自然村中，居然有 13 个是以湖作为村名的：鸦鹊湖、万家湖、私方湖、龙塘湖、牛角湖、姣家湖、白头湖、荷塘湖、大牛湖、卫士湖、外北湖、大船湖外加北湖埂。湖被作为村名，不仅表示着现在的状态，还体现了过去人们对它原来的地貌状态的记忆：曾经的湖，经过人们的开垦，变成了鄱阳的粮仓；而当年的湖，也留下了自己的故事。

鸦鹊湖之得名，源于这片夏湖秋洲的洼地，形似乌鸦与喜鹊，而且这里鸦鹊成群，飞鸟翔集，于是人们便这样称之；龙塘湖、牛角湖、姣家湖、白头湖、荷塘湖、大牛湖、卫士湖、外北湖、大船湖，虽然曾经都是私家湖，但新中国建立后，都为集体所有。到 20 世纪 60 年代初，这里接纳了来自安徽北部、江苏北部的大量移民，于是才有了后来的村落。像这样的村落，鸦鹊湖一共有 48 个，占总数的 73.2%。

从历史沿革看，鸦鹊湖成为基层行政单位，完全是新中国成立后的产物。但是，这片土地的人居史可以追溯到北宋年间，西河东岸的这片湖滨，早在北宋年间就有人在此建村居住。乐平涌山戴姓人家，为祈求兴旺，来到大船湖北安家落户。从此，戴氏渐兴，成为这个地方的第一代先民。

涌山戴氏始祖为戴安（901—949），讳鸣，字叔宁，一字适之，又一字行之，唐朝兵马使戴护之孙，武翼郎中书戴寿的次子。戴安为人庄重，以忠贞自持，不立异同，素得人心。戴安早从父归顺南唐，南唐嘉表其功，特授右军衙前总管，充饶州左豹捷指挥第一都虞候。因为屡有积劳，迁银青光禄大夫，检校国子祭酒，兼监察御史、上柱国，赐第饶州乐平。戴安生有四个儿子：戴靖、戴颜、戴端、戴瑀。戴安葬于乐平涌山，他的大儿子戴靖，袭父勋为中书舍人，居祖墓前即乐平涌山枫林村。涌山历史悠久，有旧石器文化遗址仙岩洞，这是江西仅有的三处旧石器时代洞穴遗址之一。自古以来，涌山便是乐平的北大门。戴氏在此繁衍生息，一千多年以来，其后裔人丁兴旺，人才辈出，后裔遍及大江南北，包括江西、安徽、广东、广西、湖南、湖北、福建、江苏、浙江、四川、贵州、云南等省、自治

区,香港、澳门特别行政区和台湾地区。

戴姓得姓始祖为戴撝。西周初年,周公旦在平定武庚之乱后,封商朝末代君王帝辛(纣)之庶兄微子启于商的旧都建立宋国,定都商丘。宋国第十一位君主(前799—前766)死后谥号曰戴公,其庶子撝以王父谥号为氏,称戴撝。后世亦沿用戴姓,并尊戴撝为戴姓得姓始祖。先秦时期,戴姓主要在其发祥地豫东一带繁衍发展,戴撝后裔戴云升由宋迁居谯郡亳州(今安徽亳州市),之后世代留于此,并形成戴姓历史上的第一个郡望——谯郡。西汉时,戴姓又从豫东迁至豫南。为避战乱,世居谯郡的戴姓,由亳南迁至广陵(今江苏扬州),并形成广陵郡望。另有一支由豫东迁至山东半岛,因这里原是齐国故地,有济水和黄河交汇,这支戴姓便以济会为郡望。三国至南北朝时期,广陵戴姓戴烈因担任三国时吴的左将军而徙江南,其孙戴渊被司马睿引为心腹,而居建康(今江苏南京)。随着八王之乱和五胡乱华,中原烽火连天,中原戴姓大举南迁。三国至南北朝时期,戴姓不仅在江浙一带分布更为广泛,而且有徙居今安徽、湖北的。盛唐之际,社会稳定,政治清明,戴姓在陕西、山西、湖南、江西等地均得以发展繁衍。可见,鸦鹊湖戴氏也是一个很有来头的家族。

随着戴姓的入居,在这个湖泊星罗、草洲交织的滨湖地区,四面八方的人陆续来此安家:元末明初有徐家,明末清初有高家圩、黄家圩、万家湖、大湾、园家岭,清中期及以后有马鞍山、余家垄、五山嘴、板埠。这些新村落的人氏,多为本县移民。徐家徐姓来自中洲,黄家圩、大湾的黄姓来自油墩街,园家岭的袁氏来自谢家滩,万家湖万氏来自谢家滩。

万姓源出有五,姬姓占二。据《通志·氏族略》载,周朝有大夫受封于芮国(在今陕西省大荔县朝邑城南,姬姓诸侯国,公元前640年为秦所灭),史称芮伯。春秋时,传至芮伯万。芮伯万一度官至周王朝司徒,但芮伯万因宠姬太多,而被母亲芮姜赶出国,住在魏城(今山西省芮城),其子孙以祖父的字"万"为氏;亦出自姬姓,以祖父的字"万"为氏。春秋时晋国有大夫毕万,乃毕公高之后,因辅佐晋献公有功,受封于魏(今山西省芮城北),又称魏万,其子孙以祖父的字"万"为氏,称万氏。也有的出自他族改姓。其他源流,如周武王因"以万人而服天下",其后就有人以"万"为姓氏;古代有弈叶的人,曾居住在阴山北面的万纽于山,他的后代以居住地为氏,取山名的第一个字"万"作为姓氏。早期万姓当发源于山西、陕西省境内,此为后世万姓支系的主要源头。魏晋南北朝时,北方战火四起,有万姓避居南方。唐时,浙江、江苏、安徽万姓较盛,时有江苏昆山令万齐融、安徽人万敬儒,三世同居,族人所居之所称"成孝乡广孝聚"。据1949年版《鄱阳县志稿》载,鄱阳万氏迁自都昌。受姓祖为春秋时期的毕万公,江西始祖为晋万定夫。两大派祖(五十九世):万皓,字月华,号汉璧;万皎,字星綱,号云峰,皆为理性公之子,因官迁南昌。万皎之后万迪训(六十九世)于宋时避乱迁至都昌吕公岭,同时有万皓公之后万正,迁至鄱阳凤凰山。而谢家滩的方氏乃万皎公之后万正二(七十七世),字正道,讳雷,居"鄱之澜泥"(古县渡镇有烂泥滩,明朝有邹姓居此)。清朝时,有万贵昂迁至鸦鹊湖万家圩。

高家圩的高姓,则来自项州高家。项州即项城,为河南周口市下辖县级市。汉朝置项县,唐时称项城县。李自成建国号大顺,改项城为州。项州高氏,与袁世凯家族、张伯驹家族,合称"项城三大家族"。项城高氏据传为北宋开国元勋、渤海郡王高怀德的后裔。

高怀德(926—982),字藏用,常山真定(今河北正定)人,后唐中军都指挥使高思继之孙,后周天平节度使、齐王高行周之子,宋太祖赵匡胤的妹夫,北宋开国功臣。高怀德为人忠厚,风流倜傥,因勇武出名。高怀德的父亲高行周曾留守洛阳,高怀德在其麾下效力。后晋天福九年(944)契丹国入侵边境时,18岁的高怀德,随着军队出征。在遭受敌方包围,救援部队没到,情况非常危急之时,一人纵马狂奔,左冲右突,带着父亲突围。北宋建隆元年(960),赵匡胤发动陈桥兵变,让高怀德当上了殿前副都点检。后来,高怀德娶了赵匡胤的妹妹为妻。当时李筠叛变,宋太祖亲自上战场,让高怀德当先锋。平叛后,高怀德再次升官,并随赵匡胤一道平定扬州。杯酒释兵权时,他把兵权交了。太平兴国四年(979),高怀德跟随宋太宗消灭北汉,移镇曹州,受封为冀国公。高怀德去世后,朝廷追赠他为中书令,封渤海郡王,谥号"武穆"。传统戏剧《斩黄袍》《高怀德别女》《三打陶三春》中,都有高怀德的形象。高怀德后裔于北宋灭亡后,逐步南迁,在河南淮阳、项城,江苏淮阴、扬州、丹徒、宜兴,浙江长兴,江西德兴,安徽黄山(古徽州)、贵池,广东澄海等地均有散布。

高家圩高氏明末时迁入鸦鹊湖,那时项城被李闯王的军队改为项州。而项城的高氏始祖高升,为明朝名士,侠义豪放,爱骑驴远游交友。清华大学李学勤教授在其主编的中国史学重点项目《中华姓氏谱》中,称河南项城高升家族为全国高姓五大望族之一。曾国藩、左宗棠、李鸿章与项城高氏家族皆有来往。

鸦鹊湖在鄱阳虽然是"年轻"的乡镇,但有一个以稀罕姓氏为地名的湖——姣(佼)家湖。据有关资料记载,南昌也有佼姓。据《中文大字典》引《字汇》所载,其注说:"姣,姓也。"《姓氏考略》则云:"(姣)即佼姓。"

鸦鹊湖板埠之名的由来很有意思。清朝中期,游城朗埠卢氏迁此建村,因当时村前有铺上木板的大路,故称"板埠",前为现实,后为祖根。板埠卢姓也是当地的大姓,他们的先祖来自徽州,先搬迁至游城再搬迁至此。卢姓是一个典型的多民族、多源流的姓氏,主要源自姜姓、姬姓以及少数民族改姓等。春秋时期的高傒为卢姓始祖。先秦时期,卢姓的活动地区主要在山东、湖北、河北。魏晋南北朝之际,卢姓开始大举南迁。宋朝时期,卢姓主要集中于山东、河南、浙江,其次分布于河北、福建、安徽、广西、江苏。徽州黟县有个著名的地方——卢村,又名"雄山村",是卢姓人聚居的古村,唐朝时就已建村,至今已有1000多年的历史,在徽州以能出木雕、石雕和砖雕的能工巧匠而闻名。卢村的始祖叫卢玄,南唐末年由葛村迁居而来。据说卢姓原本不姓卢,只因战乱时曾采芦为食,为让后人牢记生活的艰辛,方改为卢姓。卢姓先人多出高官名士,功勋赫赫,汉代时封地在河南,后人先后迁居到安徽宣城、太平县葛村(现在的黄山区郭村一带),朗埠卢氏不知道是不是这支。

鸦鹊湖最出名的是独山。《江西通志》载:"独角山在府城西北一百五十里。一名独山,高二十丈,峭石濒湖。唐王德琏记:'常有独角兽居此,故名。'"宋邑人彭汝砺有《同游独山》诗两首:"独山亭子山之心,万竹相围尽翠阴。古刹地幽红日永,悬崖人静碧云深。轻风细细无朝夕,劲节依依自古今。吏役几嗟诗笔废,兴来不惜为君吟。""城楼日日望霄垠,车马今来访旧闻。寒石万寻围翠竹,危峰一防缀青云。洒然自有林泉乐,去矣吾非鸟兽群。安得画工图绝致,尽收苍翠寄诸君。"这首诗把当年独山的盛貌描写得淋漓尽致,它比后人的传说——"朱元璋、陈友谅在鄱阳湖决战,独山是双方必争之地。所以,独山曾称之为炮山",恐怕更引人入胜。

乐丰，传说古镇宋朝来

据传，乐丰在北宋时便有一条街市和一些商铺，有了南来北往的商业交易，并形成了一定的繁华景象，人们甚至称它为"鱼龙镇"。而之所以有如此称谓，是因为今天乐丰的位置曾经有一座鱼龙山。这个山的山脚，有烧制"鱼龙匣钵"的陶窑。后来这里又兴起了一座学校。随着学校声名远播，这里便逐渐形成了集镇。对于这种传说，我们至今尚未找到任何历史记载，但关于学校即儒堂的事情，在旧县志中出现过，并且与一位北宋名人有关。

儒堂，就字面而言，儒指读书人，堂为高大的房子，连起来当是读书之处。关于儒堂的这段历史，清以前的《鄱阳县志》是这样记载的："儒堂山，在泗溪乡，去城四十里，丘陵起伏，风景绝佳。相传曾南丰（曾巩）读书于此，故又名曾子岭。南丰厌蛙声喧聒，禁之则不鸣。岭上竹叶有黑点，居人号为曾子竹。"就只有这几十个字，其他一概不知。或许正是这种语焉不详，引起了人们的遐思。因此，清初鄱阳知名学者、乡邦考证家史大壮，作诗感慨道："州里儒堂曾子岭，南丰讲业在当时。喧庭鼓吹祛蛙部，映水琅玕染里枝。地以名贤常见重，世何浪说不能诗。流风竟息麻成陇，一为斯文咏黍离。"史大壮或许是对当时人们关于儒堂山的各种传闻有点儿想法，才写诗感怀。不过史大壮的诗中，有一个新的歧义，即儒堂所在是曾巩读书处，还是授业处？然而，这个不解之处并不能否认"儒堂"两字的得名缘由与唐宋八大家之一的曾巩有着密切关系这一事实。

曾巩（1019—1083），字子固，世称"南丰先生"，建昌南丰（今抚州南丰）人，后居临川（今江西抚州），嘉祐二年（1057）进士，北宋政治家、散文家，为"南丰七曾"（曾巩、曾肇、曾布、曾纡、曾纮、曾协、曾敦）之一。曾巩在学术思想和文学事业上贡献卓著，乐丰曾经有这么个顶级人物驻足，当然值得做些文章。倘若历史真如传说所言，那么鄱阳在古代的文化与文明，又有了一个新的佐证。好在不管"鱼龙镇"存在与否，乐丰镇有据可稽的人居历史最早都可追溯到北宋。从建村历史看，北宋时就有人在这片土地上建起了村落。

　　乐丰镇是由原乐丰良种场和桐山公社合并而成的,建制为镇基层行政单位。原桐山公社所在地叫送仪村。这个送仪村的得名,颇具幽默色彩。明朝时,有姚姓人由当地的姚万春村迁此建村,因为放牛时必须经过一处小山顶,所以人们称它送牛顶。到了清朝,有倪姓人迁入建村,送牛顶便改作送倪顶。后来,人们觉得此名略俗,于是改作送仪。送仪在乐丰的居住历史上存在时间不长,但姚万春村建村却很早。

　　宋朝时,有姚姓万春人从万年城厢姚源村迁入,其后裔为怀念祖根,取名为姚万春村。姚姓与姬姓、嬴姓等二十个古姓,起源于公元前两千多年前的母系氏族社会,至今4000多年,是中国历史最久的四大姓之一。姚姓出自五帝之一的虞舜,舜(有虞氏,名重华)生于姚墟,他的后裔子孙便以地为氏,称为姚氏。姚氏是个多民族、多源流的姓氏群体。先秦时期,姚姓主要的活动地区在河南、山东。秦汉至两晋时,姚姓正支迁至吴兴郡,其余迁到北方各地和东南各省。西北羌族姚姓的兴起和进入中原,大大增加了姚姓人群的数量。同时,甘肃洮水地区的姚姓南下四川和西南地区。宋朝时期,江西成为姚姓人氏较为集中的地区。万年姚源不仅是姚姓的聚居地,也是万年建县的发祥地。明正德七年(1512),明朝尚书陈金领兵剿灭了姚源王家坞(今青云镇姚源村)农民王浩八领导的农民起义。在总结这次农民起义教训时,陈金认为:"姚源贼巢,虽属余干一县所管,实处余干、鄱阳、乐平、贵溪四县之中。官府平日不到,法度有所不加。"故陈金上书朝廷:"察起盗之由,悯生民之患,为久安之计,建善后之图。"于是割鄱阳等四县之地建县,为祈大明王朝江山万年永固,取名万年县。

　　方宋现叫宋家,据1985年版《波阳县地名志》载:"宋中期,宋氏由南昌罗舍渡迁此建村,原称新岭宋家,后简称宋家。"宋氏是古老的姓氏,源远流长,周初成王封微子启公于宋,以公为爵,建立宋国,都城商丘,后裔以国为姓,此为宋姓之始,流传至今已有三千多年。宋氏出自子姓,和殷商王朝一脉相承,微子是商帝乙的长子,帝辛(纣王)之同母庶兄。宋郑樵《通志·世族略》云:"宋氏,子姓商之裔也。"自公元前1039年至春秋战国时期,宋氏一直活跃在以商丘为中心的河南东部、安徽北部、山东南部、江苏北部等原宋国区域。至南北朝时,宋姓已经散播至山西、陕西、甘肃、湖北、安徽、江西、浙江等地。追根溯源,宋氏在汉代便在豫章繁衍生息。东汉时有宋度者,为宋氏家族名人。宋度,字叔平,东汉章帝时南昌人,官为定陵(河北舞阳)县令,不尚奢华。后"迁长沙太守,人多以乏衣食,产乳不举。度切让三老,禁民杀子,比年之间,养子者三千余人,男女皆以'宋'为名也"。这是史籍中有关南昌宋氏的记载。

在与宋家相隔不远处偏东的乐安河南岸是钱家,元朝中期有钱、吴二姓从乐平罗汉墩迁入建村。

钱姓,吴越国姓,是一个源流较少但分布广泛的姓氏,据史书记载,最早可追溯到3000多年前的周文王时期,泉府上士钱孚(大彭国始祖篯铿的裔孙)为得姓始祖。钱姓在宋版《百家姓》中排名第二。在中国历史上,临安人钱镠曾建立五代时期的吴越国,时人称钱氏为"东南众望、吴越福星"。钱氏早期除部分分布于今山东等省外,主要在江苏彭城和浙江吴兴繁衍发展。五代时期,钱氏发展遍布吴越全境即浙江、上海、苏南等地区。宋元时期,钱氏发展到今河南、广东、安徽、福建、湖南、湖北、江西等省。

尧家垄,原是尧姓田园,明朝时有罗、王、程三姓迁至其田垄边居住,所以称作尧家垄。这个地方记录了当时的历史。尧姓起源主要有:源于上古五帝之一唐尧,据《古今姓氏书辩证》载,尧为帝喾少子,姓伊耆,名放勋,号陶唐氏,谥号为尧,史称唐尧,其后世子孙即以祖上谥号为姓,称尧氏,原居于今河北唐县一带,后徙居太原,任部落联盟首领后再迁至山西临汾一带;源于少数民族,如藏族、维吾尔族、蒙古族都有尧姓。不知是否还有此姓者在鄱阳居住。

包家,原为乐丰良种场场部所在地。清朝末年,有包姓从万年梓埠渡迁入。包姓源于风姓,为三皇五帝之首伏羲的后裔,主体是申包胥之后。包姓历史上出现了几个兴盛时期。一是春秋前后时期:自夏、商、周以来,天下人没有不知道包姓及其先祖的。二是东汉时期:曲阿的包咸以硕儒显名,永平中升任大鸿胪,是汉明帝的老师。三是唐玄宗时期:包融,集贤直学士,与贺知章、张旭、张若虚齐名,号称"吴中四士"。其子包何、包佶皆以文学闻名,时称父子三人为"三包"。四是宋朝时期:包拯,枢密副使,一代忠臣,以廉洁清正著称于世,是官吏的典范;包恢,一代理学家。五是清朝中后期:包世臣,为清代书法家。除乐丰外,鄱阳镇、高家岭镇都有包姓人氏。

在乐丰，还有一个紧挨里湖水库西南的桐山廉家，元末从河南迁入。廉姓的来源至少可以追溯到4000年以前。根据《元和姓纂》一书考证，廉姓的姓源为"颛顼孙大廉之后，以王父字为氏，赵有廉颇"。这个古老的姓氏，是最正统的黄帝后裔。廉颇是"战国四大名将"之一，他的一生，多彩多姿。尤其是"负荆请罪"这一精彩表现，不但使他的大名永垂不朽，还使他所姓的"廉"氏，成为中国人熟悉的姓氏。这足以证明廉姓的古老。河南省的郑州市、卢氏县、沁阳市、商丘市睢阳区、新野县、洛宁县、鹤壁市，均有廉氏族人分布。鄱阳廉氏，虽然入籍时间不算太长，却在明代出了一位出类拔萃的人物——廉靖。

廉靖，字安卿，少从史惺堂，即明朝鄱阳大儒史桂芳受业，潜心研究理学。万历四年（1576），廉靖乡试春榜中举，授河南鲁山教谕，不久擢任肥乡县（今邯郸市肥乡区）知县。在任三载，老百姓对他很感谢。当时新任顶头上司李意，因为有自己的安排，无端责备他，他于是辞职。廉靖早年在鄱阳县时，有刘生遭诽谤，并被诬陷，身陷冤狱，廉靖察觉他的冤情，竭力为他辩白，使其获释。廉靖致仕后，有代巡西江的官员来到鄱阳，特地登门造访并奉三百金为养老费用，廉靖力辞。廉靖置义田，以供祭祀、帮助子弟读书、扶持贫困者。起初，他父亲以恩选擢州判，谁知，廉靖的父亲未到任便病逝了。廉靖于是亲自扶柩归乡，回到家里，因无钱安葬，便停柩于宅后的茅舍。当时正值大雪，廉靖心中感到不安，想将父亲的棺柩移到正屋，但兄弟认为这样不吉利，没有答应。廉靖便把自己卧室的墙拆掉，将父亲的棺柩移来。就在这时，茅舍坍塌。晚上，廉靖梦见有人对他说："明旦雪霁，出北门见双飞蝴蝶止处，即汝父葬所。"第二天一早，果如梦中人所言，离他家五里许，一山雪积，唯有丈余大的地方无雪，于是他将父亲安葬于此，人们说这是他的孝心感动了上苍。还有一事，有一天晚上，他任塾师时忽然见火光烛地，于是喊来房屋的主人。掘开地面，果然有金。主人提出与他平分，廉靖说："我是一介穷书生，不敢当，你把金子全部拿去，只要记得一共有多少就可以了。"就在这一年，廉靖中举，后任肥乡县令，致仕归乡时检点薪俸，刚好与那年发现的金数相符。廉靖回乡后，与祝世禄、史梓芳讲学不辍，刘应麒赠联云："卫公耄耋犹勤学，陶令归来不厌贫。"廉靖九十而卒，祀于乡，著有《厚本集》《清源集》等书。

廉炳,号曾泉,儒堂山人,由捐监布政司,历委署严州知州,即代理知州。严州在清朝叫严州府,治所在今浙江省建德市东北部的梅城镇,当时叫建德县,辖建德、分水、桐庐、淳安、遂安、寿昌六县,大致相当于现在的建德市和桐庐县。

乐丰旧为与余干相连的陆路通衢。历代县志曰:"东南路:出东门过河五里至阁山,一名角山,又十里至白溪,又五里至乐安,又二十五里过河至儒堂山,又十里至石潭,又十五里至郑源铺。自县治至此计共七十里,与万年、余干两县互界。北至万年县治五十里,南至余干县治四十里。"这里的方位虽然不够准确,但其所处位置却很重要。

饶丰，围堤造田始有镇

如果不是查阅地名志，我们很难相信饶丰的居住史可以追溯至宋代。据芦田大吉张的《张氏家谱》追忆，他们的先祖，是北宋时由饶丰所属的"贯居山"迁往大吉张的。虽说"贯居山"已经查无实据，但这条信息已经提供了一条线索，新中国成立后才有的"饶丰农场"，远在北宋便有人在此居住。

饶丰是新中国成立后，以治水为成效所产生的基层行政单位，它基本是围湖造田的产物。由于它的地形为东高西低的马鞍状，因此人口迁徙也是东部村落早于西部。饶丰现存的村落，最早的建立于明朝初期，大部分是清朝，更多的是围堤之后建立的。

明朝入迁饶丰所辖范围：明初有蔡家湾蔡姓、乔木湾吴姓、铁路前李姓、马家马姓四个村，明中期相继有许家许姓、童家童姓、高溪蔡家蔡姓、桐林郈姓先后建村。蔡家湾蔡姓、乔木湾吴姓来自乐平，铁路前李姓、马家马姓来自本县。明中期，许家许姓、高溪蔡家蔡姓、张家山张姓来自本县，童姓来自德兴。陈源村清初为曾姓居住，此前为陈姓村庄。此外，在饶丰除郈姓外，还有一个稀有姓氏——华姓。

来自乐平的蔡家湾蔡姓，为今乐平市鸬鹚乡墨潭村蔡姓。而这支蔡姓，实际上与饶埠凤源蔡家、古县渡镇古南蔡家，出自同一郡望——济阳蔡氏。济阳蔡氏始祖蔡仲，姬姓，名胡，又称蔡仲胡，周文王之孙，蔡叔度之子，西周时期诸侯国蔡国的第二任国君。周武王灭商后，将他弟弟叔度封于蔡，建立蔡国。成王继位后，蔡叔联合管叔等进行反叛，失败后遭放逐，不久死于迁所。蔡叔之子蔡胡，一改其父旧行，尊德向善。周公听说后，举荐他做鲁国的卿士，鲁国大治。周公向成王建议，把蔡胡封在蔡地，以奉蔡叔之祖，是为蔡仲，其子孙就以国为姓。春秋战国时期，蔡氏足迹已经遍布河南、河北、陕西、山西、湖北、安徽、山东、湖南、贵州地区。秦汉时期，蔡姓主要分布于中原地区，在豫东与鲁西一带，形成了济阳（今属山东济南）蔡姓，这是蔡姓历史上最为辉煌的时期，名人辈出，影响深远。西晋永嘉元年（307），曹魏时任尚书的蔡睦的曾孙蔡谟，自济阳考城举家南迁,成为蔡氏"渡江鼻祖"。蔡谟徙居江南,传至十四世时,其后裔迁往浙江诸暨。鄱阳饶埠凤源蔡家即来自浙江,古南蔡家迁自饶埠凤源蔡家。鄱阳蔡家湾、蔡家坞、付家嘴、响水滩、桂湖滩、龙尾、上田、下田、二甲、泗溪、五合、塘下、年湾、高源前后山、竹山、中巷、元子巷、一六甲、高坊茶园里等蔡姓,乐平双田蔡家、双溪蔡家、墨潭蔡家、尖山蔡家、长溪蔡家,万年西山蔡家、西麻岗凤岗蔡家、严溪蔡家、鹰潭古石、鱼塘蔡姓,横峰葛源蔡姓都同为此源流。颜真卿《蔡明远帖》的主人蔡明远,就是蔡谟之后。

乔木湾原为低洼的洲地,夏天洪水退后才能利用,因此多用于种荞麦,所以称之为乔麦湾。后来,谐音为现名。乔木湾吴姓来自乐平,其先祖与鄱阳吴姓同根,为吴芮伯父吴鸿之后。

明成化年间,德兴人童成立游历至鄱阳泗溪定居,于是有了泗溪童家,今称之为童家。童氏是一个多民族、多源流的姓氏群体。关于童氏的来源,见载于《元和姓纂》一书:"颛顼生老童,子孙以王父字为氏。"老童,在中国的姓氏源流上,也是一位极其重要的人物,帝喾时专司"光融天下"的前后两位祝融氏——重黎和吴回,都是老童的儿子。重黎的子孙,是后世的司马氏;吴回的子孙,繁衍更广,后世的岑、胡、彭、钱、曹、娄、苏、顾、温、董等姓,都是吴回的后代。因此,古人便把源自老童的这一家人形容为"同宗而不同姓的大家族"。童氏的先人,早期活跃在渤海地区,即今山东北部,然后逐渐向南播迁。魏晋南北朝时,今山东莒县人童太一,由于仕宦,落籍于今江苏省境,另有一支童姓辗转于江西南城一带。在隋唐时,建昌成为童姓郡望。到了宋元之际,童姓终于成为南方的一个著名姓氏,江西德兴、吉安、鹰潭、鄱阳、弋阳、玉山等地,均有童氏族人分布。明朝著名的鄱阳人童轩(1425—1498),便是此姓名人。童轩是三庙前人,明朝景泰三年(1452)进士,而童成立是明成化年间迁入的。现在三庙前地区查无童姓,可见此童与彼童没有家族关系。

铁路前应该是饶丰辖区较大的原始村落之一。关于它的得名,地名志是这样说的:"明初,邑内灯塔桥李春六迁此建村,以打铁为生,称铁炉前,后谐音为现名。"这个村基本是李姓,据县志(民国稿)全县民族表载:"铁炉前祖应源,自灯塔桥迁此。"然而,县内外查遍皆无灯塔桥名,但安徽合肥(旧为庐州)李氏宗谱却有记载:"十八世孟祥公裔孙万财公,自庐江葛家庙,迁江西鄱阳县牛首

岭。""牛首岭"在何处？无考。无独有偶，在铁路前东南约两站的地方，有一个小村落叫"牛屎岭"，1964年建林业队。联系到"瓦屑坽"与"瓦屑坝"，"上坊岭"与"上宦岭"进而"上官岭"，此"首"与"屎"或许又是口音所误。合肥庐州李氏又名关门李氏。这支李氏宗族，尊西汉李广为一世祖，为陇西成纪派。李白的族叔、二十六世祖李阳冰，唐开元中为缙云令复征宰当涂，举家迁居当涂，为姑孰青山派。三十八世祖李儒迁居繁昌，为繁昌东岛派。四十六世祖李隆三，于元代偕子李荣、李孝迁居庐江，为庐江肇基祖；十八世李孟祥裔孙李万财，自庐江葛家庙迁至江西鄱阳县牛首岭，后失去联系。"关门李氏"的得名源于"李隆三讳思忠字景厚者，为宋进士李继六世孙，其长孙李枝茂一生好学，手不释卷，惟杜门谢客，以穷二西，时人以关门李氏称焉"。灯塔桥与牛首岭并不谐音，但牛首岭与牛屎岭是否有关联，唯铁路前《李氏家谱》可以释疑。

饶丰东南的马家，建村较早。马姓在鄱阳也属于稀姓。然而，在鄱阳地名中，以马姓为名的山出现较早。马家山（即现在的马鞍山），就是南宋时洪适所说的盘洲所在。

马姓是一个典型的多民族、多源流的姓氏，主要源自嬴姓、子姓及少数民族改姓等。赵奢为得姓始祖，赵奢被封为"马服君"，其子孙后代便以"马服"为姓，后又改为单姓"马"。扶风郡为主要郡望，铜柱堂为主要堂号。马姓主要分布在宁夏大部、甘肃大部、青海东部、内蒙古西部、新疆乌鲁木齐地区。汉族马姓，最初发祥于春秋战国时代的河北省邯郸市一带。此后，马氏家族逐渐兴旺，扶风茂陵（今陕西省兴平市茂陵）最终成为马氏的发展繁衍中心。两汉至南北朝时期，马姓还分布于今河南、河北、山东、湖北、四川、甘肃、江苏、浙江等省的一些地方。许州鄢陵（今属河南省）人马殷，在唐末、五代十国时期被封为王，建立楚国，包括现湖南全省、广西大部及广东和贵州的部分地区，从而使马姓在广大的地区内得到巨大的发展，分布于各地。

马家村委会有一个名桐林的村。早在明朝中期，这里有一个罕见的姓氏——郇。郇姓名桐林的兄弟三人，在这个地方建村，从此村以人名，郇姓反而不为人关注。郇有两个意思：一是古地名，故址在今河北邯郸临漳县西，与河南安阳市北郊一带，即今河南省安阳市和河北省临漳县的简称，是一处重要的古都遗址；二是姓，据《姓氏考略》云：郇，古都邑名，战国时魏文侯建都于此。郇原为东汉末年冀州治所、河北平原的统治中心。韩馥、袁绍前后为州牧居地。建安九年（204），曹操攻破据有邺城的袁氏残余势力，领冀州牧，即以邺为根据地经营河北，继而为丞相，封魏公，晋爵魏王。此后，汉献帝名义上的都城在许（今河南许昌东），实际政治中心是魏都邺城。曹丕代汉建魏后迁都洛阳，邺长期作为北方的商业和军事大城，后赵、前燕、东魏、北齐都先后在此建都。邺有二城，北城由曹魏在旧城的基础上扩建，东西七里，南北五里，北临漳水，城西北隅自北向南有冰井、铜爵、金虎三台。近代，漳水南移，故址大都在漳水之北，即今河北临漳县西南的邺镇、三台村以东一带。南城兴建于东魏初年，在今漳水之南，东西六里，南北八里六十步，较北城大，在今河南安阳县境内。北周静帝大象二年（580）大丞相杨坚企图代周之际，相州总管尉迟迥从邺起兵，讨伐失败，杨坚焚毁邺城，千年名都化为废墟。邺姓分布于四川成都、浙江开化、江西鄱阳和吉水。

花园村委会的角华村，有华姓家族从乐安河西岸的华家村迁入。说起姓华的人，人们必然会想起三国时的神医华佗。华姓出自子姓，以邑为氏。据《通志·氏族略》所载，春秋时期，宋戴公之子考父食采于华邑（今陕西华阳县一带），其后有华氏。《名贤氏族言行类稿》载，宋戴公子考父食采于华，因氏焉。春秋时期宋国人华督、华元，东汉谯郡人、名医华佗，三国时期的魏国相国、高唐人华歆，明代朱元璋部将、凤阳定远人华云龙，都是华姓的代表人物。春秋时，华姓已播迁于楚（都今湖北江陵）、吴（都今江苏苏州）、卫（都今河南淇县）、齐（都今山东淄博）等国。两汉时，华姓遍布山东大地，并在山东平原一带形成望族，后在今山东、江苏、安徽间的沛国也形成了华姓大族。三国两晋时期，华姓发展达到高峰，其中以平原郡的华歆家族为杰出代表，人丁兴旺，世代名家辈出，可谓光照史册。永嘉之乱中，华姓为避乱南迁于今江苏、浙江、湖北、安徽等省。宋元时期，华姓遍布黄河、长江、珠江中下游地区。

高溪邵家，清初有邵梁山者从贵溪迁此建村。邵姓出自姬姓，为黄帝、炎帝之后，因食邑于召，即今陕西凤翔东南部的古召居地召陈，被称为召公或召伯。周武王灭商后，移封召国于河南济源西的召亭，与周公旦诸子凡、茅、蒋、邢、祭、胙、卫以及郑等国一起，环绕古商朝都城监管商朝遗民。后来召公奭的长子转封于北燕国，留在济源的次子仍称召公，三子南迁至伏牛山东端南麓的南召，以

别于济源的北召。春秋初,南召为楚所并,陕西的召为秦所吞。公元前 513 年,召简公盈因卷入周王室王位之争而被京城人所杀,召国亡,子孙四散,即以召为姓。其中有北上山西垣曲东的召原,再向东北行进,进入河北易县北的古涞水城,又东迁至山东惠民的邵城,这些均为召人迁徙中的轨迹。先秦时期,邵姓在河南、山东地区活动。到了汉代,邵姓已扩散到江苏、安徽。到两晋南北朝时,邵姓已越过长江,进入湖南、江西,北边到达河北。

古时邵、召通用,邵姓的正式使用历史才 2000 年,河南汝南、安阳召人最早改用邵。史书上,一般汉朝以前多用召,三国以后多用邵。根据习惯,当代人已分邵、召为两姓,汉族中以邵姓为多。由于这支为邵姓的主体,故而后世邵姓人尊奉召公为邵氏得姓始祖。

白沙洲，珠湖四岸是家园

白沙洲的得名，是因珠湖与鄱阳湖的汇合处有一块白色的沙洲。这种天然存在的地理现象，让20世纪70年代的人们，将白沙洲选作基层乡镇之名。当初，建立这个一级基层行政政权单位，是为了发挥地域优势，传承鱼米乡韵，依据珠湖这个盛产鱼虾的内湖，把双港、四十里街、高家岭三个镇，珠湖、团林两个乡，环珠湖的部分村落划出，组成"珠湖水产养殖场"。后来，随着基层行政政权的设置，乡级行政单位得以成立。

追溯白沙洲的历史，以内清占（实为詹）氏为早。南宋初，占氏由婺源迁入。詹姓源起久远又头绪繁杂，据《古今姓氏书辩证》记载："周有詹父，詹桓伯云出自周宣王支子。""晋有詹嘉，虢有詹父，郑有詹伯。"而晋、郑之詹又别于宣王之子，可见在春秋时期，詹姓已分布于晋（今山西省一带）、虢（今河南省郑州西北）、郑（今河南省新郑一带）等地。战国时，楚（今湖北省一带）有术士詹何；西汉有匈奴单于詹师庐；东汉有武陵（治今湖北省溆浦南）蛮詹山。可见在两汉及其以前，詹姓已有人落籍今湖北、湖南一带。史料表明，两汉时期的詹姓，大多繁衍于古渤海郡，即今河北省沧州市东部，天津市东南部，山东省德州市东北部乐陵、庆云一带，山东省滨州市北部，以及河间郡，即今河北雄县及大清河以南，南运河以西，高阳、肃宁以东，交河、阜城以北一带。隋大业二年（606），詹氏第四十七代后裔、陈朝东阳郡赞治大夫詹初（字元载，号黄隐）弃官归隐，从歙县篁墩迁居婺源县庐坑村（曾用名：郑家村、龙川、庐源、孝悌里、庐坑、驴坑），为庐源詹氏一世祖，是有史记载的定居婺源最早的姓氏之一。唐末五代时期，中原动荡，狼烟四起。当时北地民众为避兵火，扶老携幼，颠沛流离，辗转南下，寻求一方净土，詹姓子孙也随之南迁，这使得南方原本就多的詹姓家族更为庞大。南迁后在历史的发展进程中，婺源詹氏家族以庐坑村为中心，不断向外迁徙，使整个徽州地区形成了"三源（庐源、浙源、庆源）、一湖（秋湖）、八川（龙川、环川、鸿川、壶川、桃川、巨川、潋川、潜川）、七十二派"百余个自然村落的局面，成为新安望族。

内清詹氏的迁徙过程并非一朝一夕，其先人先据大宗，也叫竹溪大宗（由大

宗、新宗、花果山等七个自然村组成），慢慢发展到腰里、庙嘴，逐渐形成大宗、腰里、庙嘴三个小岛——"竹溪三岛"。现在，三岛的詹姓多写作"占"，这是不正确的。"詹"与"占"实属两个姓氏。占姓，在《百家姓》中没有列出，源自职业，出自古代占卜师，以职业为姓。近代因"詹"与"占"同音，一些人以为后者是前者的简化字，遂用占姓。

南宋初迁入白沙洲地区的还有车门汪家汪氏，曹家湾、塘里曹氏及胡家。汪氏来自山西，曹氏和胡氏均来自都昌。

鄱阳汪姓，多为徽州汪华之后。而车门汪家的汪姓来自山西，当属平阳汪氏。

汪氏最早源自商代汪芒氏，为汪芒氏之后。汪芒氏又称汪罔氏，由防风所改，防风是夏朝诸侯之一。夏朝国君禹召集群神到会稽山，防风氏因晚到，而被禹杀头。进入商朝后，防风氏的后代就改为单字汪氏。汪氏子孙即商代汪罔氏的后代，而其祖先是夏朝诸侯，所以汪氏的渊源可谓悠久，距今大约有四千年的历史。同时，汪氏也是贵胄之后。春秋时期，又有一支汪氏子孙出现。鲁国国君成公的支庶儿子被封约汪邑，其后世子孙就以邑为氏而姓汪。这一支汪氏，出自姬姓，是黄帝的直系子孙。汪芒氏的汪姓和今山西临汾县西南以邑为姓的汪姓，发展成了一大望族——平阳汪姓。平阳古为平阳郡，古帝尧的都城。《古今姓氏书辩证》记载："陈稷州别驾汪刚，陈亡，自歙州徙河间。"这说明隋初有一支汪姓迁至北方，或许这是平阳汪氏的由来。又有资料说，汪氏三世祖汪诵因功被封"命氏"，汪诵爷爷姬汪，为鲁成公的次子。根据"诸侯不得祖天子，百姓不得祖诸侯"的古礼，姬汪又叫公子汪，其子为公孙挺。按古代以祖字为氏，姬汪姓汪氏，汪诵的封地在平阳，所以称为平阳汪氏。汪姓在鄱阳出现过历史名人，元末明初散曲家汪元亨即是。

创业村委会徐家有两姓，一为段姓，一为徐姓，段姓和徐姓居此有六百多年。《波阳县地名志》载，创业徐姓也来自山西。徐氏后裔追忆说，始祖徐太伦，于明洪武二年（1369）迁来。根据专家研究，自明洪武元年（1368）起，山西便有大量的移民迁徙，著名的移民聚居地有洪洞大槐树和朔州马邑县烟墩村圪针沟。朔州马邑县烟墩村圪针沟曾是移民分遣处之一，赵姓、徐姓、郭姓、董姓、任姓、冯姓等都是从马邑迁出的。据山西五台县大建安徐氏移民后裔的《五台徐氏宗谱》记载:"始祖才甫,明洪武间由马邑迁五台之大建安村。才甫祖兄弟三人,曰意甫,曰通甫,长幼行次无考。通甫复迁河间,意甫迁河南,或曰仍回马邑。"朔州《马邑徐氏家谱》也记载了这一史实:"洪武初年,马邑县烟墩村圪针沟徐氏兄弟三人……连家眷迁于五台东堰村。"五台徐氏人文蔚然,徐向前元帅系第十九世。徐向前的母亲赵氏,也是从马邑迁来的移民后代。白沙洲徐家是否迁于此处,有待其家族溯源。但上述追踪线索,只呈现了山西徐氏明初的迁徙历史,仅此而已,其他有待探讨。

白沙洲所属的礼恭脑和熔金汊为周姓村庄,迁自珠湖,而珠湖周姓迁自柘港。柘港周姓有三支,最早迁入的是白马渡周姓,唐末迁自本县高家岭镇的打鼓岭。打鼓岭住户早已易人。清朝末年,古县渡程姓据此建村。但从源流看,鄱阳较有名气的周姓有:踏溪桥、板埠桥(今游城)周姓,宋初迁自九江;十八坊周姓,明正统由韶州迁入;桃溪渡周姓,南宋迁自南屏(位于安徽省黟县西南)。打鼓岭周姓是迄今为止有据可稽入居鄱阳较早的周姓。

周氏早期主要在河南发展繁衍。这一时期,周姓迁徙到今河南南部、江苏北部等地,并在当地形成望族。魏晋南北朝时期,战乱频繁,社会动荡,出现了第一次民族大迁徙,周姓族人也随中原的士族大举南迁:如三国时,周鲂任鄱阳郡太守;晋代,周访任江西浔阳刺史;南朝,周毅任江西临川郡太守。周鲂属宜兴周氏,又称义兴阳羡周氏,为西汉周勃之后,其子系晋朝大将周处。从珠湖周氏祀奉周处看,礼恭脑周姓当属宜兴周氏。

白沙洲乡各姓氏中,车门范家为大姓之一。此处在鄱阳湖滨,为进城下乡车道的必经之处,故称车门。据《范氏家谱》记载,范氏车门始祖范永诚,于洪武二年(1369)携子及一黄姓义子来此建村。据其家谱记载,北宋名臣,杰出的思想家、政治家、文学家范仲淹为其先祖。

关于范仲淹的家族,有关史料是这样记载的:"先祖范滂,字孟博,东汉时举孝廉,历任清诏使、光禄勋主事,江夏八俊之一。高祖范隋(苏州范氏始祖),唐懿宗时,历任幽州良乡主簿、处州丽水县丞,后举家迁至苏州。曾祖范梦龄,仕吴越,曾任推官,北宋年间追赠为太师,封徐国公。祖父范赞时,仕吴越,官至秘书监,北宋年间追赠为太师,封唐国公。父亲范墉,早年仕吴越,后随吴越王钱俶降宋,任武宁军节度掌书记,封太师、周国公。母亲谢氏在范墉去世后,改嫁

朱文翰,范仲淹为其第三子。继父朱文翰,长山(今山东省邹平县长山镇)人,曾任平江推官。范仲淹两岁时,其母改嫁于他。范仲淹共有兄弟五人,其他三位兄弟皆早卒,生平、姓名不详。范仲淹子辈:长子范纯祐,字天成,历任监主簿、司竹监;次子范纯仁,字尧夫,皇祐元年(1049)进士及第,官至宰相;三子范纯礼,字彝叟,历任三司盐铁判官、吏部郎中、礼部尚书、尚书右丞等职;四子范纯粹,字德孺,官至户部侍郎。孙辈:范正臣,范纯祐之子,守太常寺太祝;范正思,范纯仁之子,字子思(一说子默),至孝,居父丧感伤而疾,十年不愈;范正平,范纯仁之子,字子夷,历任开封尉、象州知州,著有《荀里退居编》。"

苏州范氏家族(涉及范仲淹家族)共有十六房,范仲淹高祖范隋,唐朝咸通年间为处州丽水(今浙江丽水)县丞,遇战乱无法回乡,因此定居于苏州,为苏州范氏始祖(范仲淹支)、范履冰之六世孙、范仲淹之高祖。范仲淹共有四个儿子,他们分别是长子范纯祐,领监簿房;次子范纯仁,领忠宣房;三子范纯礼,领右丞房;幼子范纯粹,领侍郎房。范仲淹的后代仅占十六房中的四分之一。范仲淹的大儿子范纯祐,随他在边关打仗,从马上摔下来受伤后,送襄邑县(今河南睢县)之官舍养伤。范纯祐无谥号,娶李氏(无封号),生一子,名正臣;正臣无子,正臣的儿子直隐为过继子(秘丞房始祖范世京第三子耕过继后更名直隐)。范纯祐其他兄弟均在朝廷任职,官居各处。范仲淹次子范纯仁,官至宰相,枝繁叶茂,迁居各地。其实范仲淹一生在苏州的时间也不到三年,第一次是父亲范墉病逝后,范仲淹随母亲和两个哥哥,将父亲和陈氏的灵柩运回苏州,在天平山咒钵庵小住了一段时间;范仲淹第二次到苏州是在40多年之后,即1034年的8月到1035年的3月,总共做了半年的苏州知州。因为按照宋朝的律令,范仲淹是不能回家乡做官的,应该回避。但这一年苏州的水灾很严重,而范仲淹治水有功,予以嘉奖。范仲淹治理好水灾后,又被匆匆调走。因此,范仲淹的后代,在苏州范氏十六房中为少数。范仲淹的高祖范隋迁来苏州安家落户前,这里已经居住着不少的范氏,这一部分范氏与范仲淹早已出了五服。当时苏州的范氏,当官的还是少数,在朝中当京官的就更少了,即使当了官,甚至当了京官,按照标准,也与苏州范氏十六房无缘。比如另外一支苏州范氏望族——范成大家族,两个世系是完全不同的,范成大不是范仲淹的后裔,范成大的先祖出自南阳顺阳,跟范蠡共祖,只是范蠡的后代改他姓了。

芝阳，县城旧貌忆难忘

　　有人说，城市是地域的标志，见证了一个地方历史演变的轨迹。鄱阳县城虽非现代都市，但在历史上却是江右重镇、赣东北重埠。在两千多年时间里，县城一直是江西府(郡、州)、县两级行政机构的驻地，是影响浮梁、德兴、余干、乐平、万年、余江乃至更大范围的政治、经济、文化中心，曾享誉古今，名重江南。因此对于鄱阳县城，我们似乎习惯了饶州这一更气派、更有气势的名称，甚至将鄱阳等同于饶州，饶州即鄱阳。其实，它早就有一个雅号——芝阳或芝城。这种称谓，对于一些人来说，仿佛不怎么过瘾，因此很少有人念叨。其中的原因，无疑是它们彰显不了县城曾经的历史地位。

　　县城名叫芝阳，顾名思义，城在芝山之南，诚如清代沿革地理学家顾祖禹在他的《读史方舆纪要》中所说："芝山，府城北一里，形若负扆，为近郭之胜。本名土素山，唐龙朔初年，山巅产芝，因名，郡别名芝城，以此。"这两个称谓似乎有一点儿书卷气，不仅文雅，"山出市舍畀，搴林五庭户。萧然亦何言，隔城共烟雨"，而且给人一种亲切感。

　　芝阳或芝城的准确范围，应囊括旧城区所在，即原鄱阳镇的激扬桥、新桥、巡官巷、五一路、德化桥、西门、鸣山庙、芝山等社区所辖。芝阳为县城的雅号有据可稽自明朝中叶起。尽管明初文人笔下已经出现了"芝城"这个词，但完整地以芝阳冠之，恐怕自明世宗起，明朝翰林、鄱阳镇东关人刘应麒，人称刘芝阳。文人们的如是说法，一直传至新中国成立。

　　鄱阳县城曾以鄱江作为行政标识，称之为鄱江镇，不过这段时间较短，影响也不大，不像芝阳，一叫几百年。

　　在现代人眼里，芝阳城的规模并不算大。实则不然，不说城池多次扩充，城内功能齐全，东有督军，西有蟾洲，内有士湖，就凭隋朝培填起来的东关，经过不断开发，已为芝城增添了不少水乡风韵。清代当过鄱阳县令的浙江山阴人陈圣修，字岸亭，从广西任上赴京时，特地重游了芝城，并写下"芝阳风景故依然，曾

记东湖载酒船。士有文风歌化日,民安耕凿乐尧天"的诗句,以志眷恋。而安徽桐城人江皋"分得芝城十日春,烟波晴雨占湖滨。疏狂不耐城中客,肝胆难道世上人。对酒偶沾还独醉,有山堪眺莫言贫。吾家正气留千古,止水池边极目频"的诗句,更让人对芝阳多了一分向往。

城市也和人一样,无时不在变化。倘若循着历史的足迹探寻,就会发现芝城不仅因朝代的更迭、行政机构的迁移而变化,有时还因自然灾害的侵袭而改变。从县城不同时期的布局看,芝城的巨变,大概经历了五个时期,一是汉末至南北朝,二是隋唐,三是两宋,四是元至明初,五是明中叶至近代。

秦末盗贼蜂起,吴芮筑城卫戍,无疑以山为势,从木家山往鸣山、紫金山方向辐射,东依督军湖,南倚鄱江。至三国吴时,鄱阳领郡,水战已成平常,周鲂扩城,重点是临水一带,所以花了十三年时间在沿河砌城。这次扩城,既为南朝梁鄱阳王萧恢落籍创造了条件,也为芝城的改造奠定了基础。梁王府建在今饶州大道的原公安局以东、永福寺塔以南(含永福寺塔及北约五十米范围)、土井巷以西。萧氏对县城进行了广泛的开发,并在城内士湖筑堤造桥,如大龙桥、小龙桥和胭脂桥都是那时所建,沿士湖扩至饶河北岸。

其时,城市概貌初成:北起朝天门,南至永平关,有街曰横街(今五一路);西起蟾洲门,东至上宦岭,西北起灵芝门,交叉于西门路,曰十字街;往南经罗家塘、十八坊,接西正街;往西直通木家山北门,依郡署东有街接朝天门,曰老街;十八坊往东正街,直接永平门即东门。

隋唐时期,士与民按坊建制,如同现代城市的居民小区,城内开始向东延伸:先是高门新街,接着是十八坊、西门、灵芝门居民区一带。随后,永平钱监的设立,加大了城东即永平门与朝天门的开发。内贸:横街商市初具雏形。外贸:重点是原萧王府后被改作大云寺西的茶场巷。城外也开始有了外扩的基础。虽然历代县志屡提"隋大业间,郡守梁文谦、巡官刘宗宏,乃将永平门外至姚公渡一带,培土为市,且构筑江岸,以利航民之停泊",但实际情况并非如此,梁、刘之功,在于将饶河涨水时连成一片,水退后则露出埂脊的东湖南岸分段疏浚填充,只留画桥、新桥及水巷三个出水口,余则培土,临近永平门之处开始兴建庙宇和百姓的住所,并陆续开始了街市东延北扩的培育。

进入两宋,城内的变化较大,朝宗桥(德化桥)的建成,一是连通了永平门至流水沟的街市。主体经营:桥东以铜镜为主,桥西是陶器,这在邓道炼对铜镜的考证和洪迈的《容斋随笔》中多有记载。二是为治安加强了对东湖西岸的布局,有了一至九条巷,并砌筑了朝天门至永平门间的砖城墙,形成四通八达的联防布局。三是永平关外吊桥以东的芦洲,即隋时的培土埂,得到了大规模开发,如德新桥继德化桥建成后,不仅墙角巷即瓷器巷、税务巷、巡官巷相继出现,而且郭西庙、景德寺周边的居民点逐渐变得稠密。

元朝以前,府治在木家山即现鄱阳中学。元末吴宏据府衙为行辕,将府治北移至桃源山。淮靖王朱瞻墺迁至鄱阳后,府署便移至原萧恢王府的旧址,即饶州大道东侧的原公安局及以东一带、永福塔以西及建设路与西门路之间。从这个时候起,芝城才有了府门口(今西门路的胭脂桥至小龙桥,即今饶州大道段)、府背街(建设路、五一路至新华书店段)以"府"为名的街道。

明淮藩府于桃源山落籍,使这一带成了鄱阳的"乌衣巷",周边地价顿时高涨,寻常百姓极少有人在此居住,直到清顺治年间,废淮藩府址,改建州学;雍正年间,王传据州学东(现五一小学南侧)建福字厅,这种情形才得以改变。东门口以下至流水沟的正街,一直是市井小民生存发展的空间。

街市逐渐完善,巷弄不仅通达,而且多有商铺。顺鄱江而下,姚公渡居民多以渔猎为生,但这里也有数家土产杂货店;黄龙庙为竹木业集结地;戴家河、王家河为寿坊业制作地;胡家埠、龙船巷、钟家巷(又称打油巷)均为油榨行业集中处;架木棚有竹木商行数家;高家巷、鲜鱼巷内有鱼行;谢家巷、张王庙巷(旧名大臣巷)内多小饭店及铁匠铺;筷子巷、仁义巷、夹积巷、左家巷、大巷、合子巷有盐店盐仓。茅园里、李家湖、秦家山(旧为处决犯人所在)为近郊。姚公渡有程家巷;直街两侧更多的巷弄,其余则为人行通道和货物装卸通道。从上至下依次为:土地弄、张家井、马家巷(略永宁巷)、袁家巷(旧名临清巷,一度设有戏园、书场)、景德寺巷(旧名风景巷、寺巷)、郭西庙、水巷口、花园里、萧家巷(又名萧家架)、徐家巷、石灰巷(旧名永安巷)、宋家巷、周家巷、闵家巷、陈家巷、彭家巷、江家巷、金家巷、柳树巷、施家巷,均在新桥以上。往北是东湖里、磨子桥、荐福寺、支家嘴、高家洼。新桥以西至永平门,有华光巷、李家巷、桑家巷、拱辰巷、中

和巷、巡官巷(旧名江山巷)、明辉巷、姚家巷、务巷、瓷器巷(旧名墙角巷)、画桥、柴家巷(旧名庆善巷,在瓷器巷对面)等。这些全都居正街以南,唯柴家巷除外,以上就是旧县志所称的东关或永平关。

进城也就是进东门口,为旧城所在。横街临东湖一侧的巷弄有:隔火弄、土地弄、吴家院、戴家院、一条巷(旧名崇儒巷)、二条巷(旧名望湖巷)、三条巷(旧名通德巷、会通巷)、四条巷(旧名近晖巷)、五条巷(旧名大通巷)、六条巷(旧名全节巷)、七条巷(旧名银台巷)、八条巷(旧名承流巷)、九条巷(旧名民止巷)。横街西的巷弄有:枫子巷、弥陀巷、鸡毛弄、牛耳巷、上宦岭、府背街、新运路、刘家巷(北)。正街以西街北的巷弄有:上棚巷、下棚巷、萧家巷、大龙桥、轿巷、小龙桥、云津巷、十八坊、仓门口、槐花巷(旧名古槐巷)。街南的巷弄有:晒谷巷、德化桥、便巷、南门洞、磨子桥、流水沟、高门新街、高门老街、七圣庙。上宦岭至蟾洲门的巷弄有:胭脂桥、土井巷(旧名宾贤巷)、考棚巷(因旧时学使按临,客商云集,又称考棚街)、茶条巷(旧名兴贤巷,亦称茶场巷)、王府山、十字街、灵芝门、西门街。府背街的巷弄有:刘家巷(南)、查家巷、郑公阁。城外东门口以西的巷弄有:排湾里(旧时柴牙商多集中于此)、快活岭、管驿前、桥子沟。

上河街起自张王庙,终于瓷器巷口的都昌会馆;中河街起自华光巷,终于务巷的正街与河街之间;下河街自东门口至南门止。出朝天门又有关楼门下、妙果寺、宝胜桥、黉门口、关帝庙、关口、油榨下、洪家巷等巷弄。

时间来到明朝,在景泰进士丘濬《大学衍义补》的影响下,重商已经成为人们改变生活的趋势,尤其是徽商的壮大发展,使他们由东进转为西下。芝城成了徽商的首选,新桥附近"徽"姓商铺日渐增多,不但在紧挨新桥的华光巷建有婺源会馆,而且在相隔不远的李家巷也建起了徽州会馆。而鄱阳人、豫章人、抚州人,已在徽商之前抢先占据河街巡官巷口、明辉巷口和税务巷口,分别建起了福建会馆、南昌会馆、抚州会馆。到了清初,德新桥的重建,为推动鄱阳的商业奠定了基础。湖南人在施家巷口建起了湖南会馆,岭南人则在左家巷口建起了广东会馆。接着,以船运为主业的鄂商落户芝城,萧家架、石灰巷沿河的船行在这一带出现。特别是张王庙地区的商市的开发,不仅繁荣了芝城商贸,同时也出现了让人惊讶的现象——神灵信仰的"飞跃"。不单是张王庙的香火旺了,财神菩萨更进一步受到青睐。除了旧有的北关关帝庙,茅园里又有了一座关帝财神庙,已经有七座城门的怪异芝城,居然形成一城多关帝的奇特景象。

20世纪30年代初,在鄱阳商会的主持下,正街上自筷子巷下至南门流水沟的街道一律放宽至一丈四尺。商人们赴星子县(今庐山市)采购大批麻石,将全市街道重新铺设。于是,芝城近两千家商店,往各自门脸方向缩至要求的距离,达到要求的宽度,使路面老街重换新颜,清一色呈马背形的麻石路面,薨檐齐平、错落有致的商铺,使芝阳显现了与以往不同的气派,市面变得更加整洁亮丽,更富商市风采,较以往任何时候都更具吸引力和影响力。即使不久之后抗日战争爆发,南来北往的船只也依然不减,走东串西的商旅照旧殷繁,"下饶州"成为外地、外省乃至周边人们的时尚。

往事探微

往事如烟忆城墙

历史遗痕,春秋易淹,早于鄱阳建县历史的记载——城墙,经过岁月的侵蚀,已经几无踪迹。过去的时光,原希望停留在某一个角落,然而剩下的只是先人们留下的模糊不堪的白纸黑字碎片。

据历代县志记载,秦初鄱阳就有城池,为吴芮首筑。那时,番是个没有地方官管理的地方,很多逃兵流落到番,杀人越货,使得民不聊生。为了保护地方平安,吴芮不但组建了一支一万多人的武装队伍,与流寇作战,而且开始筑城防御。其时,城郭周长仅七里。虽然当时城郭的走向没有详细记载,但县城位置从此确定。东吴孙权立郡,郡守周鲂,历时十三年,将城扩至九里十三步。南朝梁鲜于琮叛乱时,内使陆襄率兵民将城重新加以修缮。南宋绍兴年间发大水,南城被水冲坏,州守史定之又将其增至十二里。南宋咸淳八年(1272),州守孙炳文以一年时间,将坍圮的城墙修复。元至正二十四年(1364)又发大水,城墙再次倒塌,直到陶安任郡守时,与总制宋炳如举力修茸。进入清朝,官民又多次对城墙进行修筑。这些,无非都是按旧县志依葫芦画瓢的白纸黑字,而真实的鄱阳县城旧貌,我们仍难说出个子丑寅卯。

从芝城的实际地势看,旧城范围的西部与北部并未改变,变化大的只是沿饶河和东湖即南部与东部部分。原因很简单,城内士湖随着时间的流逝而萎缩。不说一千多年前,就是在清朝,士湖之水仍是满满盈盈的,这可以从清代文人的诗中得到证实:"积水通官市,澄波映女墙"(黄家遴《澹津湖》),"绿荷遮断绿杨津,雨过湖天绝点尘。只因团团无路人,不知中有采莲船"(周国瑛《澹津湖》)。由此可想见,一千多年前这块地方是什么样子。回想当年周鲂花十三年时间,才扩了不到两千米城郭,其艰辛程度也就可想而知了。

民国时期至20世纪50年代初,旧城虽已面目全非,但断断续续的轮廓大体还在,宛若入云之龙,时隐时现,身首不全。那时人们印象中的城墙是:东门口河边至高门循河一段说是齐肩高,实际上有的砖砌城墙高达两丈余;从东门口河边、原瓷器巷西,沿饶河经鄱江门即南门,越过一个半月形的高坡(因底下是南门洞),一路向西,到排湾里西边的流水沟。这一带因地势低洼,沿河的砖城墙,雄伟巍峨,比别的地方更高。可以说,排湾里、流水沟的城墙,是芝阳城墙中最有气魄、最能体现风度的一段,一律青砖壁峭到顶。城上虽不平坦,但全都"硬化"。到距高门新街口上百余米,城墙踪影全无。接着,自鄱阳中学东南角七圣庙前,城墙转为土筑。当城墙越过鄱阳中学,即木家山后,向西往北至蟆洲门即西门处,又有百余米的大缺口。缺口过去到现鄱阳二中处往西百来米折向东北,经原自来水厂宿舍、现建亨小区北端、原肉联厂宿舍、马鞍山等壕沟以南(今五湖连通的芝山公园前80余米地段,原华联超市),穿车站路也就是原灵芝门,过紫金山北端,直至现湖管局(原石油公司)旧朝天门处,城墙戛然而止。

在中国古代,城墙是权力的象征和维护权力的工具。它能挡敌锋镝,是防御系统的主体构建。一场战争下来,城墙定会遭到破坏。鄱城则不然,除元兵攻陷、太平天国运动与土地革命外,主要是洪水的侵犯,使城郭受到了较大损毁,尤其是临江的砖城。在两千多年里,鄱阳城郭的起止,也发生了很多变化。南宋时,鄱阳沿东湖西岸又码砌了城墙:南起永平门,北至湖管局门前,向朝天门,沿柴家巷沟西筑起了城垣。

鄱阳城墙东与南为砖石码砌。所谓的城隍,基本上是一个十度左右倾斜角的红土陡坡。这个陡坡从高门七圣庙起,向西北蜿蜒而行,与管驿前村呈三十五度角交会,将渔村与鄱阳中学隔断。坡即是城垣,城上是鄱阳中学,坡下是渔村。往西北则渐渐地离村前较远,直到朝天门都是如此,唯有管驿前段与众不同。鄱阳旧城墙的泥土部分,唯管驿前段与它较为密切。管驿前临水,地势低洼,唯倚城墙处地势较高,因此这城便成了渔村的"靠山"。人们不仅依城脚建屋造宅,甚至就近安葬亡人。于是这城墙就显得格外荒凉。在近代,人们在城墙上建起了学校,渔村的孩子便常常到城墙上的中学玩,有时在春夏之交的雷

雨过后,到中学围墙外的城墙上捡拾雷菇,也就是现在所说的地菇;秋天则在上面捉蟋蟀。然而,这里却有一道非常亮丽的风景:不少用功读书的学生,将城墙视为安静攻读的最佳场所,多在围墙外侧专心致志地读书,古城墙的功能早已丧失殆尽。

有城必有门,况且鄱阳又是郡县的附郭,商业一向发达,更应四通八达。让人称奇的是,鄱阳的城门不是古制的六道州郡,而是除东门(小东门)、南门、西门、北门(朝天门)外,还有东南门(永平门)、西南门(两座,一是高门,一是月波门)、西北门(灵芝门)共八门,有的门甚至无路可行。

鄱阳八门共存的局面,主要是受地理条件影响。从方位上看,正东和正北都没有门,故建小东门与西门对称。灵芝山与月波门勉强呼应,于是形成了八门的格局。细数旧时古城之门,详情如下:

永平门,近代起习惯称作东门口。门在城郭东南,因与东关相通,又在正街,故有此名。永平得名于唐元和年间所置的钱监,清初饶州守道龚崶,拟名为"永清",参政李根云题额曰"晓衢"。南宋王十朋守饶,见门曰"永平",特题《名郡之东门曰永平书一绝》诗:"鄱水新门号永平,永平何止一鄱城。愿言广此平天下,黎庶长无愁叹声。"

小东门,在原二条巷与三条巷之间面对浮舟寺处。从方位上说,它属芝阳城郭正东。按照常理,此门仅对浮舟孤寺,且往来行人不多,不知开此门为何意。因门洞狭窄,故以小东门冠之。元末,此门被守饶官员与高门同时封闭。1928年,本县人查乘风为筑浮舟寺堤,拆城砖石码砌成堤直达浮舟寺。

鄱江门也就是南门,清朝李根云题额曰"文明",以前鄱江楼就建在此城门上。朱元璋临幸鄱阳,在城楼接见鄱阳父老。明万历三十四年(1606),楼毁于大火。南宋名臣王十朋守饶时有《鄱江楼》诗:"郭外山横阁,江边水照楼。粗官无暇日,何以得消忧。"而元朝本县名宿黎廷瑞的《登鄱江楼》诗则不同:"江城一登眺,寒色有无间。帆拂沙头树,僧归云外山。楼高西照急,叶尽北风闲。世事何时足,悠悠飞鸟还。"这座城楼曾为鄱阳胜景,危楼临水,江湖一览,苍茫连天,空阔悠然,有诗叹之曰:"凭高何处白云前,回首乡关半转迷。满岸荻花银雁落,夕阳秋色大江西。"

高门,地处城郭西南,古在月波门之西,出门即管驿前即元朝时的驿站总铺。元末,天下混乱,门多则难以防守,于是与小东门一道被封死。

月波门,原与高门不同一门,上建月波楼,可观赏湖光山色,历为胜景。清初,月波门遭火焚毁,后虽屡建,但多次被洪水摧毁。旧时曾有乡人拟联曰:风雨山前风送雨,月波门外月泛波。天造地设,很绝。

蟠洲门又称西门,即现在的西门村街西,门临西门湖即蟠洲。关于蟠洲门曾有一则逸事:南宋饶州知州王十朋,迁知四川夔州,鄱阳百姓恳乞留任而不得,于是拆断蟠洲门外王离任必经的桥。王知州无奈只得从其他道路行走。王走后,民众筹资复建,并称此桥为王公桥。县人周国瑛有《蟠洲门春眺》诗云:"江城曲折接沙堤,画本天然雉堞西。夹岸牵连春水阔,入云帆逼暮天低。诗怀郁勃吟难就,野色参差望不迷。别有钓池行乐处,至今人拟浣花溪。"可见此门曾经别具一番风韵。

灵芝门,据说是通芝山的要道,因地处西北属戌乾卦象,因此有风水师说,门启则利于民而不利于官,并将此论载于乾隆八年县志,结果当官的提心吊胆,干脆将城门封了。乾隆二十四年(1759),杨君暹因士民之请,重启城门,以方便居民往来。关于此事,乾隆三十九年(1774)巡察鄱阳的巡道秦承恩还亲撰了《重启灵芝门记》:"饶郡城六门,五皆滨水,惟正北一门曰灵芝者,外接芝山,旁多腴壤,耕樵牧所聚也……门遂不启,土石渐积……国朝癸亥修郡志,有何人妄于本门下,阴增'门当戌乾,开则不利道府二署',又伪言'开则利士民,不利官长'……岁己卯,前守杨君暹因士民之请,毅然启之,民大称便,而利民不利官之说,卒亦无验。"(注:其时高门与月波门并为一门,临东湖的小东门不复存在,所以称为"六门")从这闭与启的行为中可以看出,一个为民的官与一个为官的官,在事实面前泾渭分明,行为截然不同。

朝天门习称北门,这是县城通往京师的官道之始。朝天者,朝天子之路也。城门外原是壕沟并设有吊桥。稍北,跨东湖水尾建石砌桥一座,以唐代名僧宝胜法号命之。元朝泰定年间,县人王西玉建阁于桥上。不久,饶州总管韩伯高将阁移至旧府治前,称之为承宣楼。后来,家住北关、祖籍徽州的胡侍郎捐资重建,称为廊桥。

至20世纪50年代,除了高门、西门、小东门,南门洞拆得最晚。灵芝门在20世纪四五十年代还有,没有南门洞雄伟,阴森森地让人害怕。北门虽然没有

城楼的轮廓,却有两堆土墩残存。唯永平门有过一段曲折:民国初,安徽人汪浩任鄱阳知事。他在任期间将永平门的城基拓宽,卖给商人盖造了六间铺面。对于汪的行径,本县有识之士深为不满,为保存古迹,于原址建造高二丈二尺、长十二丈、厚三尺的砖墙,灰白的青砖码砌,高出正街店铺的屋脊,上面不但镌刻了"永平旧址"四个字,而且还安置了一座标准时钟,可惜这个遗址于1942年遭日寇破坏。

旧城的消失非一日之功,除了洪水,人为的蚕食是主要的,盖房子拆城砖,扒城墙脚开菜园、竖屋。1958年改造沿河路时,残存的一段砖墙拆得只剩一个南门洞,到后来发展为做煤球的取土之处。城墙成了唐僧肉,日积月累,土城多处坍塌和消失。至20世纪后期旧城改造时,这座走过两千多年的古城垣荡然无存,了无踪迹。

如今,鄱阳镇旧城面貌早已面目全非,诚如元代词人许有壬在《贺新郎·次吕叔泰南城怀古》中所说:"故垒空如堵。杳无踪、朝台暮榭,燕歌赵舞。为问人间繁华梦,几度邯郸炊黍。只燕子、春来秋去。太液句陈何由辨,似咸阳、一炬成焦土。兴与废,竟谁主。满川芳草迷烟雨。怅平生、楚骚心事,更堪羁旅。野水芙蓉香寂寞,犹似当年怨女。长啸罢、中天凝伫。沧海桑田寻常事,附冥鸿、便欲飘飘举。回首后,又千古。"

鄱阳繁华贯古今

　　商业繁荣,是社会的必然趋势。从春秋走来的鄱阳,其商业不仅与人们的生活息息相关,而且与社会文化等各个方面紧密相连。一家家店铺,一条条街道,一个个行业,一处处网点,沟通了城乡,连接了古今。从汉时走来的盐铁、魏晋流传的杜康、隋代发展的舟楫、唐朝盛行的茶饮、两宋兴起的陶瓷、朱明引进的烟草、清季时兴的钱典,融洽了吴风楚俗,融合了南腔北调,形成了自身的特色,繁华了一座古城。至清朝同(治)光(绪)时期,市场已经分徽(州)、抚(州)、南(昌)、饶(州)四大商帮。

　　若真的考查鄱阳商业的发展,它还真的离不开盐。《鄱阳县志》(民国版)有这样一段记述:"本县商场如何组织,遍考旧志,无明确之记载,仅黄获村风考有云:'国家重熙累洽,休养生息,土秀民淳,渐复其旧,但地染湖山,襟连吴楚,百货归墟,帆樯安泊,明时醝行质库,皆土著者主之。'"这里所说的醝行就是指盐行,其主要经营者,在明朝时是本地人,年复一年,"本县盐业极盛,约有七十余家"。直至民国初期,盐业依旧是"本地较大行业"。从前,盐店几乎占了饶州小半个市面,从筷子巷口顺正街下行,每隔三四十米的距离,就有一家门楣间吊着大杆秤的盐店。白花花的大粒子盐小山般敞开着,装在硕大的苏缸里。柜台上常常放着各种大小不等的盐包,盐包一律用褐绿色的干荷叶包裹,最大的一百多斤,稍次的五六十斤,且都包得棱角分明,酷似一座座金字塔。这大大小小的"塔",给充满盐卤气息的店铺增添了不少生气,仿佛这单调又呆板的店堂,被荷叶和稻草绳的清香,拨弄得有滋有味、丰富生动起来。"方发记""乾友禄""万恒升"这样的盐店,使鄱、乐、余、万的"引盐商们,非鄱阳不能引盐"。至于大巷口与夹积巷相连的合子巷内规模巨大的盐仓,让我们可以看到当年官盐的囤积能力。

　　茶,这个看似与鄱阳商业市场风马牛不相及的话题,实则是使这座古城从幼稚走向成熟的媒介。《江西通志·物产》载:"饶州出茗,其利最伙,然味不及信州,唐李孝标送饶州张防使君诗有'日暖持筐依茗树'之句。"至于这里的饶州

茶是鄱阳的还是浮梁的就不得而知了。如果是指浮梁（唐时茶叶的重要集散中心），饶州城仍为其门户，何况在中唐以后，税茶推行，"后来，茶商经过的州县，官要抽重税"（范文澜《中国通史》）。这样看来，茶叶是当时流通领域的重要商品。

洪迈《容斋随笔·浮梁陶器》引乡人、北宋治平状元彭汝砺《送许屯田》云："浮梁巧烧瓷，颜色比琼玖。因官射利疾，众喜君独不。父老争叹息，此事古未有。"可见，景瓷在当时人们心目中的地位，于是饶州也开始得利了。"饶州市民张霖，居德化桥下，贩卖陶器（注：宋多称瓷为陶，如前面所引洪迈文中之陶，实指瓷器），积以为家。"互惠互利，这是商业的重要法则。明代以后，景瓷已是饶州商市中的主要经销商品。每到秋冬和初春的枯水季节，商客们便把注意力放在饶州市面。康熙三十八年（1699），法国传教士昂特雷科莱（汉名殷弘绪）来华，并住在饶州传教达十余年。在这段时间，他认真研究景瓷，写出的《中国陶瓷见闻》在法国刊出发行。鄱阳，从景德镇瓷器问世以来，就是它的"窗口"了。人生代代无穷已，江月年年只相似。自20世纪70年代起，瓷器流通路线改变了，不仅对鄱阳的运输业带来一定的影响，还对这个在两千多年里给予景瓷无私支撑的门户，造成了一定的冲击，其赣东北水上咽喉的地位逐渐弱化。

饶州的鱼市，推动了鄱阳商业的繁荣。加工、销售鲜活水产的纯商业性鱼行，多是夜半开市，通宵达旦地剖、洗、晒，常常忙得不亦乐乎。较大规模的鱼行有舒顺昌、姚康顺、陈万集、张万昌、周复昌、董永兴、董福兴、张发记等，在不同程度上囊括了乐平、万年、余干、都昌等沿湖一带渔者水产收购和加工业务。

不可否认，自唐朝后期起，鄱阳的商业开始兴盛。"骈樯十余里，开肆数百家"的繁华，使餐饮业有了飞速的发展。尤其是南宋偏安，明朝资本主义萌芽后，酒肆遍及大街小巷。到近代，上户酒楼（俗称正店）有新聚楼、聚贤楼、进化楼、聚众楼、嘉宾楼、一品香、太平春、迎宾楼、凤鸣楼、会仙楼、文明楼等；菜面馆有玉龙园、涌金泉、涌锦泉、露芽春、和春园、玉峰泉、赛兴馆、老长三园、新味园等；更有类似现代快餐馆的所谓饭店（便饭馆），规模稍大的有福和园、和兴馆，而只为大众饮的夫妻店、父子店、兄弟店之类的"脚店"，更是比比皆是。

鄱阳的茶馆，大多坐落在繁华热闹的街市地段，门楣上都悬挂着醒目的黑底（或几近黑色的紫黑底）金字招牌，招牌上的字遒劲流畅，多为名家手笔。茶馆里面,不乏三教九流,无处不显露出浓重的东方文化底蕴,或字或画或雕砌栏杆。举止习俗,仿佛透着唐的韵致、宋的格调、明清的情趣、近代的风情。尔后又有说书唱曲的穿插其间,使得人们只要身临其境,便能放松尽兴。

20世纪50年代以前,鄱阳制作糕点的有三十多家,旧称南货店,稍具规模的有二十多家,绝大多数是前店后坊,自己加工制作,自己销售,日做日销,很少积压。加上配料纯正,制作精良,味道好,色感强,油料纯正,做出的糕点格外新鲜,绝对没有油的变质味,有时糕点还有余热。糕点入眼,金黄亮泽,自然得体;入口,皮酥馅香,口味诱人。所有饼点,甜而不腻,香而不恼,余味绵长,在乐平、余干、万年、景德镇、都昌,都享有盛名。每到春节,那些稍稍富裕的人家必备橘红糕,喜悦的颜色、香糯的味道,让人品尝后回味无穷。橘红糕既是招待的点心,又是祝福:祝红。与克力架这类糕点相比,它多了一点儿文化味和乡土味。有名气的商号有源昌、志美、益丰,民生、协和昌及后来的可大,都有口皆碑,买卖兴隆。广桃酥、核桃酥、杏仁酥、酥糖、油果、白切片、芝麻糖、牛皮糖、冻米糖、花生糖、欢喜团、橘红糕、黄连糕、玉露糕、火炙糕、绿豆糕、椒盐酥、葱酥、秃酥、麻茶、介酥、糖饼子、包子糖、桂花糖……应有尽有,各具特色,不但品种繁多,而且季节分明,老少皆宜,独具特色。

唐宋以来,鄱阳名医辈出,郭常、杨贲亨、史可苏、刘礼、闵照、张嘉禾、章穆等,不仅精通医理,岐黄济世,继承和发展了我国的中医事业,而且推动了鄱阳中药业的发展。在县城以及农村较大的集镇,大小堂店成了独特的行业。尤其是县城的几家大药店,成了乐平、余干、万年、余江、都昌、浮梁等邻近县的批发点。名声响的首推太和春、张致和,太和春由徽州人集股兴办,张致和系樟树人合资开设。其余的分布在谢家滩、凰岗、古县渡、石门街、铺田街等地。由于地理环境优越,鄱阳中药业在赣东北一带都有影响力。鄱阳有297种野生药物,与全国各产药区建立了关系,使药品经营有了较大的起色和发展,龟板鳖甲、半夏、黄栀子都是本地的名药。药商把这些名药带至樟树、武汉、安庆及广东、四川等地进行交换,供当地医生使用,疗效显著,于是影响日益增大。加上加工炮制精细,膏、丹、丸、散齐全,到鄱阳就医就诊的人很多。自清光绪十年(1884)后,太和春、张致和每隔三五年,便在秋冬季节轮番宰杀活鹿,并大肆宣传。鄱阳中药业发展兴旺时,仅县城这个弹丸之地,就有中药店十一家,年销售本地药

材万斤以上,从业人员两百余人。

其实,最能体现鄱阳繁华的是近代商业。据不完全统计,从筷子巷到流水沟,从姚公渡到排湾里,从东门口到洪家巷,从十八坊到灵芝门,商铺最多时大大小小有近四千家,尤其是后来的布匹业,场面大,品种多,花色全,货真价实,对周边县的影响很大。名气较大的有高安人开的涂裕太,抚州人开的德丰祥,金溪人开的王盛太,本地人开的义太和、义太永、华盛,祁门人开的新康、汪大丰等,既具规模又有影响力。百货业则有朱太和、复泰仁。

在商业发展的同时,鄱阳手工业也越来越兴盛。曾经,水运中流传着这样一句谚语:"装不尽的吴城,卸不尽的汉口,买不起的饶州。"凭着优越的水运条件,三十六行七十二业,行行兴旺,业业发达。据1933年版《鄱阳县社会调查纲要》统计,当时鄱阳镇地区手工业"约有42种:银、铜、铁、锡、木、石、篾、漆(工)匠和刨烟,绣花、织布、裁缝、雕刻、铸铁、绱鞋、理发、印刷、糊裱、染色、熬糖、酿酒、造船、造车、制鞋、制皂、制碱、制笔、制梳、制面、制粉、制神香、制蜡烛、制篾器以及磨豆腐、编灯笼、合寿枋、做糕点、做海参饼、打线、打袜、打向篷、打白铁等"。倘若细分,远远不止四十多种,因为当时所有制作都是手工完成。这些行业,发展到后来,多设店经营,规模大的如河南岸的造船业,从杨家嘴到刘家湾都是造船厂,中间夹有沈家篾缆业。此外,如银匠店、磨坊店、裱画店、灯笼店、炉子店、草鞋店、棕绳店、漆匠店、刨烟店、照子店、剃头店、裁缝店、炒货店、伞店、烟火店、毛笔店、酱坊店、石匠店、篾匠店、桶匠店、丝缫店、纶巾店、农器家什店、车轱辘店、绣坊、纸扎坊、油作坊、油榨坊、欢粑坊、寿喜坊、香仪坊、礼遇坊、棉纺铺、锅铺、铁匠铺、秤铺、蜜饯坊、糕点坊、染坊、糖坊、束纶坊、鼓木坊及轿行、皮行、渔具业等,大的也具有一定的规模。与此同时,街市上还出现了很多走街串巷的、有一技之长但无本钱开店设铺的手艺人:磨剪子、戗菜刀的,补蓑衣、斗笠的,钉鞋的,油靴的,生铁补锅的,打锅楔的,铁砂补缸的,打碗楔的,磨铜镜的,包烟筒的,弹棉花的,挑担子剃头的,补渔网的,修圆木的,开磨子的,修篾器家伙的,补雨篷的,换炉子底的,修轿栏子的,蒙筛子的,修船的,做绒花的,卖鞋样子的,打锡暖壶的,修铜炉、铜面盆的,搭灶、检漏的,搭棚舍、扎彩楼的,打棉线的,织家机布的,上门做裁缝的,打小炉及髹漆的……

大岩山奇藏秘密

在鄱阳,每个乡镇都有自己的历史,藏匿着不为人知的秘密,正是这些秘密,让我们有了更为强烈的探求欲望。

谢家滩地处鄱阳西北,地势西北高、东南低,东南人口稠密,西北人烟较少。正是这种丛山起伏、地势险峻的地区,隐藏着不少陈年旧事,给人以无限遐思。

大岩山海拔 232 米,周边群山环抱,危岩兀立,山上古木参天,红岩水库建于其间。在水库尾端,山径幽远,峰回路转,溪水自峭崖飞冲而下,水落处有一深潭,深潭两侧,各一石洞。左侧洞内有石凳、石桌、石狮等物,天然摆置,不知始于何时。龙潭上方,是大岩山的顶峰。在这人迹罕至的地方,从什么时候起,开始有了这些"设置"? 这是人工构筑的还是天公造物? 尽管种种传说让它有了想象的空间,但留给后人的仍然是一个谜。

大岩山往东偏南,距袁家堰正北偏东不远,有一个地方叫"东堡",据说,因有"城堡形山嘴",故名。什么是"堡"?"堡"字的字面意思如下:"土筑的小城,也泛指军事上构筑的工事,多用于地名。"联想到鄱阳县城木家山似山乃城,壕山实城非山的地貌,不由得让人浮想联翩。在古代,城堡多依山临水。东堡西北即大岩山,四龙山、王芦山、七山排、虎形山环绕四周,村东溪流汩汩。这样一个地方,在古代是不是易守难攻的军事要塞? 倘若放大来看,这里沿水路与鄱阳保持互惠,与百越互通。《鄱阳县志》"古迹条"载:"英布城,在县西北一百五十里。布为吴芮婿,使将兵屯此。"谢家滩这片土地,难道不会让人想起至今下落不明的"英布城"。

英布(? —前 196),秦末汉初名将。六县(今安徽六安)人,因受秦律被黥,又称黥布。起初英布投奔项梁,后为项羽帐下将领之一,封九江王。不久,他叛楚归汉,与韩信、彭越并称汉初三大名将。汉朝建立后,刘邦封英布为淮南王,是异姓诸侯王之一。英布以六(今安徽六安)为都城,治下的地区包括九江、庐江、衡山、豫章(部分)等郡。汉高祖十一年(前 196),吕后诛杀了淮阴侯韩信,英布内心恐惧不已。这年夏天,刘邦又诛杀了梁王彭越,并把他剁成了肉酱,把

肉酱装好分别赐给诸侯。送到淮南时，英布正在打猎，看到肉酱，特别害怕，于是暗中派人部署军队，以防不测。英布没想到这一举动，给人以口实，有人告发他准备谋反。后来在刘邦相逼之下，英布果然杀了朝廷命官，准备造反。英布的妻子是吴芮的女儿。而吴芮的儿子吴臣为了撇清关系，派人诱骗英布到鄱阳兹乡即古鄡阳，谎称与英布一同逃往南越。英布相信他，来到了鄱阳，结果被吴臣派遣的鄱阳人杀死在兹乡百姓的民宅里。据传英布死后，分尸而葬：头葬六安祖茔，身葬湖北英山。这种说法不可信，即断头分尸而葬绝不会发生在交通不便的汉初，从沉没在鄱阳湖的鄡阳，将尸、首分别运到近千里之外的湖北英山和安徽六安掩埋，这纯粹是杜撰。正确的答案就是《鄱阳县志》所说："汉淮南王英布墓，在城北一百五十里。"而这一百五十里，会不会与英布城有关？

从历史的痕迹看，英布城应该是英布反秦之后，吴芮纳其为女婿时的屯兵之处，而非英布谋反时的所在，所以鄱阳存在英布城是可信的。只是迄今为止，我们并没有获得任何这座城的准确信息。然而有一点非常奇怪：鄱阳谢家滩为什么是英姓最多的地区？

英姓，《古今姓氏书辩证·十二庚》述其由来："出自偃姓，皋陶之后，封国于英。春秋时，楚灭英，子孙以国为氏。"《姓源》云："皋陶后仲甄，封六、英。后因氏。"因为皋陶是黄帝的后裔，所以英姓也是黄帝的后裔。有研究者考证，英氏在百家姓中不属旺姓，占全国人口的比例不大，其分布大体为：广东江门、阳江，海南，河北邢台、东光，江苏宿迁、南京，山东费县、临沂市兰山区、蒙阴，江西鄱阳。就人数看，鄱阳英姓不在少数。

从掌握的资料看，全县有多地散居着英氏后裔，最集中、人口最多的数谢家滩，共有 12 个自然村为英氏家族所据。这些英氏，并非汉代时的原住民，最早的数老屋下英家，据称是唐朝末年，由南京鸦鹊坝经婺源迁入的。但《鄱阳县志》（民国版）却断言"皆为英布之后"。因为在中国古代，自秦末起，便有"夷三族"的刑律，即父、子、孙为三族（有的说父母、兄弟、妻子是三族；还有的以父、母、妻为三族）。英布遭诛，他的子孙安存？娶吴芮女为妻，可有生养？为什么鄱阳一支英姓，自宋以来便在这片土地上繁衍，他们与英布有无关系？虽然这些与英布城无直接关系，但毕竟又牵丝挂缕。因为中国人讲究落叶归根，而根就是他们的祖先所居之地。既然英布曾经在鄱阳筑城屯兵，至少可以说这里是他的据点之一。身为番君的女婿,其妻所生养之后,眷恋的当然是父母曾经生活过的地方,而且英布早就料到刘邦对他的处置,很有可能在事发前安排儿孙们逃匿……所有的推测,都使人联想到英布的后裔,逃脱株连后幸存下来的去向。当然这是一种揣测,是一种遐想。联系到谢家滩大岩山的周边,推测其为英布城遗迹所在,并非没有可能。

在探索谢家滩的人居历史时,据《波阳县地名志》记载,广畈的烟冲里刘家,"东汉安帝时,弋阳刘汉祖二子迁此"。此记载同样引人深思。如果这是事实,谢家滩的人口迁入历史,并不晚于别的乡镇。只是从《鄱阳县志》(民国版)对鄱阳刘氏来源的介绍来看,"汉胜公于唐代自弋阳迁来芝城""汉胜公由弋阳迁清塘(凰岗)"等记载,或许是记忆之误。弋阳县境自西周至北宋历属鄱阳,东汉献帝建安十五年(210),孙权分豫章郡置鄱阳郡,析余汗县葛阳乡置葛阳县(弋阳县古名)之前,基本为番地。刘姓在江西不仅是人口数量多的大姓,而且很早以前就是望族。在宗族支派上,江西刘姓主要包括三大支派:一是土著的长沙刘氏南派;二是从北方南下的彭城刘氏;三是来自闽粤的中山系客家刘氏。

弋阳刘氏祖为刘汾(848—921)。刘汾,字伯临,淮北徐州人,汉高祖四十世孙,唐末名将刘巨容的长子,唐懿宗咸通十二年(871)进士,初授兵部员外郎。中和二年(882)八月,刘汾率部进驻饶、信等地,官至军押衙团练讨击使、银青光禄大夫、检校国子祭酒兼御史大夫、上柱国、尚书右仆射等职,蒙诏镇守饶、信二州。龙纪元年(889),刘汾家族突遭横祸,父刘巨容被杀。刘汾与弟——鄱阳县令刘迪经此变故,已厌恶官场的尔虞我诈,遂隐居信州弋阳县归仁乡新陂里(今江西省弋阳县曹溪镇)。刘汾是唐末名将,征战一生,功勋卓越,深受百姓爱戴,去世后,被皇帝追封为兵部尚书。刘汾生有十七子:汉兴、汉升、汉从、汉明、汉宗、汉瑞、汉广、汉腾、汉匡、汉胜、汉吞、汉英、汉宁、汉彬、汉平、汉坚、汉善。刘汾之后散居饶、信等地,十子汉胜与子孙迁居鄱阳。烟冲里刘家始迁祖也是汉字辈,曰刘汉祖。汉祖是否为汉胜之误不得而知。

东堡西南鸡峰山下,有个叫桥头的村子,这里绿树成荫,田畴起伏。就在这一片葱绿中,一座粉墙黛瓦,气势恢宏,颇具江南风格,且有着典型徽派特色的封闭式砖木结构建筑——吴氏宗祠坐落其间。祠堂始建于明代,清代时桥头村以吴品桂为首的族人重新扩建。吴品桂因配合左宗棠抗击太平军有功,被赐四

品顶戴,当时颇有号召力。扩建后的祠堂占地约 2.5 亩,坐南朝北,前后三进,内有大戏台和两个天井。祠堂正厅和戏台中央有旋涡状斗拱,造型古朴,结构独特,工艺精巧。厅上方挂有"吴氏宗祠""齐家治国""椿庭指使"匾额。墙面、廊柱和栋梁之上,砖雕、石雕、木雕遍布。所有雕刻,人物形象生动,眼目传神;花草景物,栩栩如生。大门上"松树园鸡峰""吴氏宗祠""礼门""义路"等石刻,字体雄浑厚实,字迹完整醒目。这座恢宏的建筑,历经两百多年的风雨,如今仍完好地屹立不倒,可见吴氏对祖庙呵护备至。

据《波阳县地名志》载,最早迁入谢家滩的,是潼滩老赤岭吴家,唐初由油墩街迁入。而追踪得出的结果是,谢家滩吴姓基本上来自油墩街的荻溪滩头,包括老下山、桥头、荞禾畈、东堡及这些村分支出去的吴氏。再往上溯,鄱阳吴氏多为吴鸿之后。春秋末年吴亡后,大批吴氏宗室被流放到偏远、荒凉的地区。夫差的儿子吴鸿,被流放到江西婺源,后裔尊诸樊为始祖。鄱阳、浮梁、乐平、余干、进贤诸吴氏都是吴鸿的后裔。夫差家属有一部分人逃到安徽歙县,也尊诸樊为始祖。吴氏后又分衍出南昌、德兴建节宗支。班固《汉书》记载,长沙王吴芮是吴鸿的后裔,自江西迁湖南。吴鸿的后裔眷恋鄱阳,在西汉时,不仅扎根番土,而且有先祖随汉武帝时番阳县令唐蒙出征西南。

不知为什么,谢家滩似乎与"武"字有缘。同治十二年(1873),谢家滩人吴凤池为武进士,被钦点为三甲卫守备。卫守备为漕运总督所辖各卫主官,武秩正五品,掌率屯丁、耕种、屯田及领运漕粮等事宜。光绪三年(1877),谢家滩人方协忠,同样为武进士,遗憾的是不见其授职记录。

古南古北本同源

古县渡镇处在鄱阳的中部偏南,地理位置特殊,留下几个"人无我有"的独特的历史痕迹:一是曾为鄱阳县治所在,因而有了"故县"之名;二是曾被立为武阳县;三是曾为古鄱阳四大姓之一的雷氏所据之地。

西晋以前的古代鄱阳,曾经有四大著名姓氏:吴、雷、彭、陶。吴,我们都知道指的是吴芮。陶姓无疑是陶侃及其后裔。彭,就是三国时屡屡与孙吴政权过不去的宗帅彭虎、彭绮、彭旦等彭姓山越人。实际上,雷姓在鄱阳的居住历史不但早于彭姓与陶姓,而且早于吴姓。

据雷氏研究者称,雷姓居于鄱阳始于西周。公元前 976 年前后,雷震从冯翊郡(今陕西省大荔县)长安县斗门镇南迁至豫章。后雷震卒于任上,享年四十二岁,葬于鄱阳新兴乡(今古县渡乡)蜈蚣山先锋凹。其子孙居于鄱阳大雷岗。雷震在西周时受封豫章侯,因鄱阳隶属豫章,故雷震死于属地之内,在鄱阳择地而葬。雷震娶吕后,生三子:声、渐、辑。长子声来鄱阳祭父时,"见二山高耸,箕下平原,乃陟居于是,遂名曰:大雷岗"。由此可知,雷氏在雷声时就开始在鄱阳居住,故鄱阳雷氏始于西周。《雷氏家谱》中,雷氏后裔雷炳文在乾隆四十八年(1783)撰写的《前山雷氏重修家谱序》中说:"以我雷氏自周秦以来世居鄱阳,与吴、陶、彭为四大古姓,既而发越丰城,蕃(繁)衍巴蜀,涉及寰区千支万派。"清宝文阁待制、朝议大夫章衡撰写的《雷氏族谱序》云:"雷姓出于雷公之后,子孙因以为氏。自三代以来,其为名族也久矣。秦汉之时,其间四布不可胜纪。传至唐太宗诏天下修葺谱系,合一百九十三姓,三千六百一家,而雷氏首称焉。自汉有义公,晋有焕公,五代有次宗,唐有万春。"雷氏南迁后,不断繁衍播迁。雷义、雷焕的后代在晋时成为鄱阳乃至江西境内的一大望族。后来,雷氏继续向南、北方扩散,遍布全国。其中,雷焕的后裔发展最快。雷焕的后裔中,有一支返迁至冯翊,发展成当地的一大名门望族。迄今仍居住在古县渡镇古南的前山雷,是从小雷岗迁来的雷焕廿七世宜公(即谱中所称的千七公)的后裔,小雷岗旧名叫石头村(旧县志称瀲港村)。

到目前为止,古县渡镇入居历史较早的数鸳鸯垱熊姓。唐朝初年,有南昌熊氏在昌江南岸两垱相交的地方建村。熊姓历史悠久,族大支繁,最早可以追溯至西周成王时期。秦灭楚后,熊姓走向了沉寂。秦汉以后,熊姓后人多聚居在传统的祖居之地。魏晋南北朝时,熊姓已迁入我国江南广大地区,经过长时间的繁衍和发展,逐渐在湖北之江陵、江西之南昌壮大起来,并陆续有人到朝中为官,故熊姓有以"南昌""江陵"为其郡望堂号的。

尽管有据可稽的入居古县渡最早的是鸳鸯垱熊姓,但名声显赫的还是居于昌江两岸"街上"的胡、周、汪三大姓。五代十国后唐明宗年间,胡韬、周太和、汪兼三户人家,从婺源清华街迁到这个渡口的南北两岸建村。那时,借助在这个渡口东来西往的船只,及冬枯夏满的河流,倚仗唐以后逐渐崛起的昌南镇(景德镇)瓷器,有着商业头脑的三家人,开始了商贸活动,并推动这一带的经济发展。

婺源清华胡氏,源于汉代安定郡。隋唐时期,这一支胡氏宗族,经历了从胡福到胡瞳五代。唐末为避黄巢之乱,至胡福之后第五代胡学,先徙安徽歙县篁墩,再迁祁门义成,最后才定居在婺源清华。胡学是胡瞳的小儿子,自幼聪明,唐懿宗咸通九年(868)登进士第,拜本路司户。乾符元年(874),胡学上书弹劾田令孜,被贬福州,后任舒城令。黄巢之乱后,长安陷落,僖宗逃至四川。胡学与李克用、王荣等协力作战,征讨黄巢,因功勋卓著被封为宣歙节度讨击使、银青光禄大夫、散骑常侍、新安郡开国男爵。在隐退之时,胡学特意找到了婺源清华作为自己颐养天年、繁衍子孙的地方,其后子孙分徙各地。

周姓是一个历史悠久、姓源复杂的姓氏,其历史可以上溯至远古黄帝时代。周姓源于姬姓,是黄帝的后裔。但是具体一点来说,周姓的主要起源是在春秋战国时期。周朝的王族并不姓周,而姓姬。西周建立之后,周文王的四子周公姬旦的后人世袭周公爵位。到春秋时,周公黑肩因谋反被杀,周公世系爵位被废,黑肩的后人以周为姓。秦始皇统一中国后,周朝王室后人以周为姓。所以,周姓可以以周文王或者周公为得姓始祖。周姓最早在陕西、河南一带繁衍。随着朝代的更迭,北方不断出现战乱,周姓家族不断南迁。在《百家姓》中,周姓排名第五。据说,这种排名是因为《百家姓》诞生于宋朝,宋朝的皇帝姓赵,所以将赵姓排在第一位。钱姓曾经是吴越地区的国王的姓氏,而《百家姓》的作者是吴越人氏,所以将钱姓列为第二。而后的周、吴、郑、王,据传是钱姓国王的四个嫔妃的姓氏。

迁自婺源的古县渡汪姓,曾是新安姓氏中庞大的一支。汪姓起姓于安徽的汪芒氏的汪姓,及山东以邑为姓的汪姓。其中,北方的山西省境内的汪姓发展成一大望族。汉献帝年间,汪姓第三十一世汪文和,在初平三年(192)因平乱黄巾军有功,晋升为龙骧将军。汪文和在汪姓的发展史上,是一个非常重要的人物。以前南方没有汪姓,他是开创南方汪姓的始祖。建安二年(197),中原大乱,汪文和认为北方不太平,便从河南禹州南迁到浙江会稽。孙策上奏汉献帝,封他为淮安侯,任会稽令。汪文和于是把家安在了会稽。建安十三年(208),孙权派人平定黟县、歙县,与始新、新定、黎阳、休阳一起,设立新都郡(徽州和严州的前身)。晋太康元年(280),新都郡更名为新安郡,治所在始新(后来的淳安)。汪文和见始新环境优美、宜居宜业,便把二儿子汪超留在会稽,带着夫人和大儿子汪轸迁到始新。当时的新安是一个较为偏僻、荒凉的地方,外界干扰少。汪文和的后裔便在这里安居乐业、繁衍生息,渐渐发展为新安郡的一大望族,有“十姓九家汪”的美誉。汪文和十四世后裔、唐初的汪华(586—649),原名汪世华,字国辅,一字英发,安徽歙县登源(今属绩溪县)人。隋末,汪华率众起义,占据歙州,相继攻下宣州、杭州、睦州、婺州和饶州,号称吴王。唐武德四年(621),汪华率众归唐,诏赐持节,总管六州军政,任歙州刺史,封上柱国、越国公。贞观二年(628),他奉诏进京,被授予左卫白渠府统军;贞观十七年(643),改任忠武将军、右卫积福府折冲都尉。其族繁衍昌盛,人丁兴旺,子孙分布于今安徽、浙江、江西的许多地方。在黟(今安徽黟县)、歙(今安徽歙县)、婺(今江西婺源)等地,人口最多。值得一提的是,汪华七儿子汪爽的后裔中,有个人叫汪伦。汪伦,字凤林,是唐代大诗人李白的好友。李白为其作诗《赠汪伦》,这首诗传诵至今。

南宋初,有钟姓人家从乐平迁至与中洲隔河相望的岸嘴落户。钟姓是一个多民族、多源流的姓氏群体,尊钟烈为得姓始祖。不论是复姓的“钟离”还是单姓的“钟”,都发源于今安徽省。钟姓源出有三:源于姬姓,属于以邑为氏;源于嬴姓,属于以国名为氏;出自少数民族汉化改姓。先秦时期,钟姓主要活动在楚国境内的今湖北、湖南以及山东一带。汉晋南北朝时,钟姓已经向东播迁到江、浙、皖、赣和中原地区。隋朝时,由于岭南俚人的钟姓,在广西和湖南交界地区

的势力较大,加上随后两广地区的钟姓发展迅速,当地的土著纷纷加入汉族。唐朝时,中原移民两次南下福建。宋、元、明六百余年间,钟姓的分布格局变化较大,其人口主要由北方向东南、南方迁移。中国重新形成了以江西为重心的南部和东南部钟姓人口聚集区。

在离古北街北偏东约五公里的地方,有个村叫宿家岭。这个小村原先为宿姓人家居住。北宋中期,有希姓人家从石门街迁入。虽然村子的主人易姓,但村名不改。令人感到奇怪的是,宿、希都是稀有姓氏。

宿(sù)姓源于风姓,出自上古伏羲氏的后代,属于以国名为氏。周朝封立风姓国于宿(今山东东平县)。其公族后代遂以国名为姓,称宿姓,为当今宿氏的正宗。此外,还有西周时官吏宿室,以官职称谓为氏;西周时官吏宿戒,也以官职称谓为氏。春秋时卫国的宿邑,以居邑名称为氏,这支宿氏的宿在民间读作xǔ,多见于山东东平、肥城。再就是源于少数民族的,如鲜卑族将宿六斤氏改为宿氏等。

希姓亦是罕见的姓氏,相传为古帝伏羲氏之后。古时"希""羲"通用。希姓名人,周朝时有希写、希卑。汉朝时有希海。宋朝有希绩,字纪常,神宗元丰年间为淮南发运副使;希习,南充人,进士;希昔,仪陇人,嘉定进士;希德,仪陇人,嘉定进士。希姓分布于安徽淮南,河南汤阴、淮阳(今周口市淮阳区)、温县,四川汉源,山东新泰,江西宁都、南昌,北京、吉林等地也有此姓。

古县渡历来为鄱阳水陆通衢,"水路:由鄱江门外饶河起程,东行五里至黄龙庙,稍迤北行共六十里至故县渡汛,又三十里至太阳埠汛,又二十五里至凰岗汛,又十五里至利阳镇,又十五里至鱼山汛,又二十里至利尧,又十里至景德镇。计共一百八十里与浮梁县交界"。陆路同样如此:"东北路:自出东门二十二里至磨刀石,分路北行十里至问龙湾,又五里至桂湖坽,又十里至猴箕山,又十里至故县渡汛,又五里至滥(烂)泥滩,又五里至鸳鸯坽,又十五里至太阳埠汛,又十五里至东木渡,又十里至凰岗汛,又十五里至利阳镇,过河十里至义城,又五里至鱼山汛,又十里至岗头,过河五里至古城坂,又十里至官庄。自县治至此共计一百六十二里,与浮梁、景德镇交界。过河五里至景德镇,又自镇至浮梁县治二十里。"可见,古县渡是景德镇水路和陆路的咽喉之道。尤其是水运,景德镇瓷器及原材料,大多通过这个重要中转站过驳或起运。

存疑待释磨刀石

　　磨刀石如今已划归鄱阳镇管辖,作为曾经的基层一级行政单位,它已经完成了应有的历史使命。但由于它的地理位置特殊——环鄱阳县城街市,因此有了不一般的内涵。从磨刀石的得名看,这片土地有着一定的历史。早在两晋十六国时期,有石敬纯者,为报父仇,追杀牛昌隐,见江边有红巨石,便磨拭手中刀刃,磨刀石因此得名。后来有了更为文雅的村名,说江边大红石,经长期水流生痕,故又称之为石痕村。就现代历史看,磨刀石也有着不一般的经历。1949年鄱阳解放前夕,鄱阳县人民政府一度在这里建立,而且妙果寺、岳庙、风雨寺等宗教禅林,一度归当时的磨刀石公社管辖,所以它见证的不只是一种信仰,同时也见证了鄱阳的人居历史变化:村落、姓氏、迁徙,和旧城区的关系。比方说建于一千四百多年前的仙坛观,据旧《鄱阳县志》记载,此观建于隋开皇二年(582),由道士曹志虚创建。这短短不到二十个字,透露了多条信息:一是建观年头久远;二是建观人姓曹;三是有观必有人活动。可是,地方历史往往因为没有重大事件而断层。仙坛观的创建者明明姓曹,道汊湖周边又有曹姓居住的村落:道汊曹家、对古曹家、对口曹家,却没有一个可以和曹道士对接,也就是说他们并不是曹道士的后裔。现存的曹姓,直到北宋末才落籍其间,而且来自都昌,这就难免让人感到匪夷所思。

　　磨刀石本村,有姜氏于南宋时从德兴经乐平,来到此地落户。其谱系与乐平姜氏、鄱阳团林姜氏、游城花桥姜氏同宗。因此这些居住地的姜姓,都视德兴箸坑的《姜氏宗谱》为正宗,尊姜夔为始祖,承认自己为白石后裔。可是,据现代姜夔研究权威夏承焘考证,姜夔为唐代姜公辅之后。姜公辅(730—805),字德文,又字拜廷,号继规,唐朝钦州遵化(今属灵山陆屋)人,一说爱州(今属越南)人,祖籍甘肃天水(今兰州一带),广德二年(764)进士。初授秘书省校书郎,旋召入翰林院为学士。唐德宗建中四年(783)十月,朱泚率叛军进攻奉天,姜公辅护驾献策有功,升为谏议大夫,同中书门下平章事。后因言忤德宗,被贬为太子左庶子、右庶子,再贬泉州别驾。姜公辅在泉州住了十四年,筑室于南安县九日

山麓长隐。德宗贞元二十一年(805),顺宗即位,姜公辅被起用为吉州刺史,是年未就官而卒。宪宗时,姜公辅被追赠礼部尚书。

夏承焘通过研究,确定姜夔家族的《九真姜氏世系》为:"姜公辅(德宗朝宰相,谥忠肃,爱州籍,家钦州)—忠—诚—援—照—静—泮(饶州教授,姜夔曾祖)、岵、称、颐—俊民(泮之子,姜夔祖)、元圀—噩(俊民之子,绍兴三十年,即1160年进士,知汉阳县,姜夔父)—夔—琼。"在这里,姜俊民(绍兴八年,即1138年进士)为姜夔祖父,姜噩(绍兴二十五年,即1155年卒)为姜夔父,姜琼为姜夔子。

《德兴箬坑姜氏世系》载:"中正—週、迢、遥—循成(週之子)—资(字天与)、宾—佐泽、佐时(天与次子,又名夔,字尧章)、佐霖,均为天与生—度、庆、噩(为佐泽生),廪、廓、廊、厢(为佐时生)。"这里,姜夔真名佐时,姜噩为姜夔之侄。由于这份家谱,清同治《饶州府志》将姜夔籍贯列为德兴,一些未详其谱者,人云亦云,以致出现姜夔籍贯的讹误。

另南昌城塘有姜公辅的后裔,其族谱是这样记载的:姜夔之先祖姜公辅六世孙姜遵,宋仁宗天圣元年(1023)为枢密副使,世居河东。高宗南渡时,姜遵之孙姜质夫,从浙江迁至信州玉山婺林乡万翠里古城东村,生子确,确生胜,胜生子集。子集后居城塘,为城塘姜氏始祖。城塘姜氏的堂号为敦本堂,同一个堂号的有婺源姜氏、安徽池州姜氏,另外乐颜堂也同属一脉。

同一姜氏,如此复杂,真叫人难辨真伪。但有一条,姜夔籍贯鄱阳,不管是自述,还是南宋以来研究姜词的学者,都确认无疑。

除磨刀石姜姓南宋迁来之外,问龙湾邓氏的资格更老。北宋时,问龙湾邓氏来此落户生根,繁衍生息。

邓姓发源于今河南省境,郡望南阳郡(今河南南阳市),大举南迁于东晋之时。汉代以前,邓姓后裔的活动范围大部分在河南及湖北北部一带。东汉时,豫章(今江西南昌)人邓通,历任越骑校尉、冯翊太守。江西邓姓,早在汉末就迁徙到了赣地,安徽《邓氏宗谱源流序》说:汉末,邓禹后裔因避乱逃至南昌城南三十五里的梅南涯,地名叫三里川,从此便长期在此定居下来。东晋十六国时,中原邓氏大举南迁,分布于江南许多省份,以江西、江苏居多。南朝宋,豫章人邓琬,历任州西曹主簿、给事黄门侍郎、晋安王镇军长史等职;唐代道士邓思瓘,为临川人,隐居麻姑山,后受玄宗征召入京,曾两次随玄宗出巡。至唐代,南阳邓氏分衍出的支派就更多了,洛阳邓姓(为东汉大将军邓骘之后)最为著名。后邓骘十九世孙邓超因仕宦而迁居江西宜春,成为江西邓姓之开基始祖。衡东《江边邓氏七修族谱》说,唐僖宗时,邓韫玉任江西袁州刺史,留居宜春北芒,传六世。宋时,邓姓在南方已播迁至江西、湖北、福建、广西等地。据《邓氏大宗世系》一谱记载:抚州邓氏第一世始祖邓清溪,河南南阳邓氏邓伯温之子,讳师安,行荣九,乃东汉禹公高密侯之裔,唐天祐二年(905)十六岁时荣登进士,同年,自河南南阳郡宦居江西饶州鄱阳,官至枢密副使。"五季之末,因时弗靖解绶,隐居由鄱阳湖田里,来游抚州金溪乐云林之秀,卜杨林庙右而筑室焉。"自清溪起,繁衍传嗣人口较多,分布于江西、福建、湖南、广东等地。在江西,邓氏主要集中于上饶、余干、鄱阳、贵溪、余江、金溪和临川等地。

问龙湾邓氏始祖及其迁徙过程,不知是否与此吻合。但有一条可以确定,"两弹元勋"邓稼先,其先祖为瓦屑坝移民,他们的族谱中确凿地写着"来自鄱阳"。问龙湾是本县邓氏最集中的村,不知家谱中能否找到蛛丝马迹。另安徽怀宁《邓氏宗谱源流序》说,其始祖邓君瑞,原籍江西鄱阳,于明初迁至安徽怀宁县白麟坂居住。

在距青山湖金家东南不远处的野猫山西麓,有一处叫塔前垄的所在。据考,北宋中期,有郑姓从浮梁迁入,因地处一古塔前的山垄内,故名塔前垄。浮梁与祁门郑姓是一支,郑姓始祖发源于河南荥阳。浮梁与祁门郑姓,大多源自唐末抗击黄巢地方武装领袖郑传。乾符四年(877),祁门人郑传集兵设鹿角栈道,御黄巢义军,后因功被封为宁国军节度副使,一直跟随吴王杨行密。杨行密立吴国后,郑传任吴国宰相。而郑传的先祖为郑庠。晋永嘉元年(307),南迁始祖郑庠,曾任吴国车骑长史、平南将军,后出任东安(今属湖南永州)太守,镇守丹阳(今南京市江宁区)。

郑氏在北宋中期便迁入此处,而且因塔得名,那么此塔建于何时? 为什么历代县志没有记载? 其实,我们的县志起步较晚,第一部出自南宋史定之之手。遗漏失察难免,且多散佚。可见我们这个古邦尚有不少有待发现的文化遗产和遗迹。

北宋末,近城郊的昌江北岸已成为移民们的首选之地。顺流而下,江家岭、

朱家桥及朱家桥所属的吴家、许家都陆续迁入。

许姓由乐平迁入。据《许氏家谱》记载，主要居住在南昌、抚州、万年、余干、安义、乐平、乐安、宜黄、景德镇、婺源、吉水、永丰等地的许姓，都为唐高宗龙朔二年（662）尚书右仆射许敬宗的后代。

朱姓来自余干。朱姓发源于今河南、安徽及江苏省境，朱姓第一大省是江西。唐僖宗年间，"爵位近于三台"的殿中丞朱师古，因避黄巢战乱，带领四个儿子由姑苏（今苏州），迁至徽州歙县篁墩（今属黄山市屯溪区）。长子朱玉来歙后，复返苏州；次子朱瑰，昭宗大顺二年（891）进士，天祐二年（905）受歙州刺史陶雅之命，领兵三千镇守婺源，官制置茶院，巡辖婺源、德兴、浮梁、祁门四县，为婺源朱氏之始祖，余干朱姓则迁自婺源。

江家岭江姓，南宋初由婺源迁于此。江家岭人王兰，字玉山，明朝时通过铨选，报捐知县，分发浙江，曾补授实缺知县。

桂湖黄姓，虽然迁自元末，但属徽州望族之后，道光十六年（1836），出了一名进士叫黄孟鸿，字达吉，历官河南郏县知县、刑部主政。

朱家桥原有矢姓，与鄱阳镇矢姓同宗，宋朝时由浙江迁来鄱阳。据说，这支矢姓本姓朱，乃五代梁的后裔，为避李唐之祸，改朱为矢。民国后，朱家桥矢姓复本姓，而鄱阳镇矢姓仍保持不变。

邱家墩地处原芝田公路旁，是陆路进出鄱阳的咽喉。邱姓在鄱阳镇也属人口众多的姓氏之一。明朝时，邱姓从安徽迁于此。邱姓，由丘姓而来，丘、邱同源。丘姓发源于山东，早期主要向西、向南播迁。秦汉时，丘姓南迁到江淮地区，魏晋南北朝至五代时期，丘氏除分布于上述地区外，还分布于今江苏、山西、四川等省的一些地方。宋代，丘氏称盛于福建，分布相当广泛，同时也有迁入今江西、安徽、湖南、广东、广西等省、自治区者。邱姓最迟出现于汉代。汉以后偶有丘姓，为避孔圣讳，改姓邱，但数量极少。历史上，邱姓名人寥寥无几。所以，丘姓传播迁徙的历史，也是邱姓传播迁徙的历史。

丽阳、鱼山属鄱阳

如果查阅 20 世纪 80 年代以前的历史资料,现属景德镇市昌江区的丽阳、鱼山,自古以来就归鄱阳县管辖。

丽阳旧称利阳镇,南与凰岗为邻,西与金盘岭相连,历史上一直归属鄱阳县,是古代鄱阳所属唯一的一个"镇",也是明、清两代军队的编制单位所在。丽阳镇历史悠久,据《鄱阳县志》记载,南北朝时一度设置"历陵县","历陵县"为宋时重要陶瓷产地,拥有十八座瓷窑,现尚存窑址多处,内藏大量瓷器实物。"先有丽阳镇,后有景德镇"这句话在景德镇妇孺皆知。相传,秦汉时期番君吴芮的女婿英布,在此建有土城,后毁于战火。宋元之际,丽阳逐渐形成繁华集镇,宋代设置"监镇"职守。元末,丽阳镇曾为陈友谅部据守,后朱元璋部将于光夺取丽阳镇,在此驻扎军队,并筑城"周五里许"。1983 年,丽阳镇划入景德镇,归景德镇管辖。在丽阳,至今仍保留着丽阳古窑址和蛇山古窑址(暂未挖掘)、古街、古城、古桥、古寺、书院等历史文化遗存。丽阳窑址位于丽阳村,由元代龙窑、明代葫芦窑组成。2005 年经故宫博物院、江西省文物考古研究所、景德镇市考古研究所等联合考古,出土了一批元代至明代青花瓷器、仿龙泉釉瓷器、仿哥窑瓷器和紫金釉瓷器,器型丰富。古城遗址:距窑址约一百米有一条长约三米的古城墙,顺着这段古城墙,在丽阳村四周找到了一条断断续续的、长五六千米的环城城墙,而且城墙在东、南、西、北四个不同方向开有城门。判官桥,位于丽阳老街下端,桥为石拱桥,宽约三米,长十余米,是连通凰岗、金盘岭的故道。仁佑庙,又名法云寺,南宋理宗淳祐中,大理寺少卿黎安朝始率乡人建。东山书院,始建于宋代,为丽阳进士彭汝执所建,南宋彭大雅曾为书院撰写《东山书院记》。除此之外,丽阳还有唐代彭氏先祖构云公创建的古牌楼、彭氏汉唐宋祖墓。

丽阳镇之所以与鄱阳有着割舍不断的羁绊,除去曾为鄱阳管辖之外,更主要的是这里有过历史名人,而且一度为历史名人的祖居地。

先说历史名人。黎安朝,南宋嘉定十三年(1220)进士,淳祐中为大理寺少

卿,淳祐九年(1249)守袁州(今宜春市),主持重刊并"修补"堪称中国古代目录学的鸿篇巨制《郡斋读书志》(晁公武撰)。在袁州任职时,黎安朝刊修《郡斋读书志》蜀中传本四卷,并嘱漕贡进士赵希弁代为校正。赵希弁系江西人,为宋太祖九世孙,曾祖赵子孟,字醇父,号清愿先生,官右从政郎。赵希弁博学好古,家中累三世藏书,典籍甚富,曾在秘书省校勘书籍。赵氏以所藏书勘对晁氏书目,将晁氏未载者或详略不同者分类著录,仿晁氏体例,续撰《读书附志》一卷。黎安朝将《读书附志》与《郡斋读书志》四卷一并刊刻,世称"袁本"。

黎廷瑞(1250—1308),字祥仲,南宋度宗咸淳七年(1271)二十二岁时,为张镇孙榜赐同进士出身,授官广东肇庆府司法参军,因为有资格的多,实际职务少,所以需要排序,用现在的话说,要排队候补,结果他没有赶上趟。南宋灭亡后,他在家幽居十年,种梅养兰,寓情山水,以吟诗唱和为娱。所交的朋友,都是当时的名士。从元世祖至元七年(1271)起,黎廷瑞当了五年本郡的学官,此后退休,更号俟庵,弹琴著书,不再出山。黎廷瑞所著有《芳洲集》三卷存世。清史简编著的《鄱阳五家集》,收录了他的《芳洲集》。

余祐(1465—1528),一作余佑,字子积,号认斋,十九岁师从明代著名思想家、教育家胡居仁,明弘治十二年(1499)伦文叙榜二甲第九十四名进士。余祐初为南京刑部员外郎,因得罪宦官刘瑾而落职。刘瑾被杀后,余祐被起用为福州知州。镇守福建的太监向老百姓索要财物不给钱,老百姓向余祐鸣冤,余祐含泪安慰告状的群众,一定向皇上反映。余祐为官清廉,忠于职守,迁山东副使,补徐州兵备副使,为中官王敬所诬下狱,后谪南宁府同知,迁韶州知府,嘉靖初,终官云南布政使。他一生深研理学,墨守师说。朱熹集宋朝理学大成,继承了北宋时期程颢、程颐的理学,完成了客观唯心主义的体系。朱熹的理学博大精深,被后代统治者尊为"大贤",被学者奉为"万世宗师",其学说对后世产生了巨大而深远的影响。正如朱熹是集理学之大成者一样,王阳明是集心学之大成者。作为朱熹的后世传人,余祐看过王阳明的朱子晚年定论以后表示怀疑。余祐令人信服地指出,朱熹论心学其实分为三个阶段,而王阳明所谓的朱熹晚年悔悟之语,恰是朱熹少时未定之见。在辩论中,余祐逻辑缜密,语言雄辩,竟然使所向无敌的阳明先生无法应对。这件事,被史官郑重地记录在《明史》中。余祐在狱中作《性书》三卷、《文公经世大训》《游艺至论》等,为其师胡居仁编有

《居业录》《敬斋集》等。《明史》有他的传,附于胡居仁之后,称"其(胡居仁)弟子余祐最著"。余祐的事迹后载入黄宗羲著《明儒学案》一书。

丽阳镇还是鄱阳彭、史两大望族迁鄱以后的第一个发祥地。

鄱阳北宋治平状元彭汝砺,其先祖于利阳世居数十代。彭氏为西汉大将彭越之后,于东汉时始迁鄱阳。一世祖彭欲,号文华,于东汉初自婺源御林桥迁至利阳镇,并世代相传。其第十三世彭思昇公、十五世祖彭德游始迁居鄱阳县城——芝城。彭德游的第三支(彭汝诗支)由利阳迁居磨刀石乡赤磡村(今鄱阳镇江家岭村)。彭氏的第四十世彭思永也迁至鄱阳芝城,其弟彭思泳则迁至鄱阳滨田曲岛山。彭思泳生有四子(有的谱载为思永公所生四子):汝发、汝霖、汝砺、汝芳。长兄汝发,宋进士,由滨田迁居鄱阳县城塔前,未传绪,由汝砺之长子佚过继为嗣;次兄汝霖,世居鄱阳滨田,传五代至第四十六世后未能续绪;四弟汝芳,生三子——戡(名忆)、戢(名悻)、戎(名怿),只有次子传绪。第四十二世戢公生子四:渊德(名迅)、渊泉(名遵)、渊宁(名逊)、渊浩(名达),长子渊德自鄱阳滨田迁至鄱阳利阳栀源,其余三子分迁至鄱阳县城旧塔前、高门、东门荐福寺,至今只有长子渊德传绪。第四十三世渊德,生子长年。第四十四世长年,生子兴典。第四十五世兴典,生子二:公晖、公曜,兴典自鄱阳利阳迁至鄱阳柳溪名大垱头村(即今鄱阳三庙前乡大垱头彭家村)。第四十一世彭汝砺生有四子,其中侗幼年早逝,未载于家谱,故记为三子。长子戒(讳佚)过继给伯父汝发为嗣。第四十二世戒生子二:渊性(讳槐)、渊源(讳楠)。第四十三世渊性生四子:松年(讳芝)、柏年(讳藻)、椿年(讳萍)、萱年(名猷),次子柏年自饶城(即鄱阳县城)老塔前迁至双港口(今鄱阳县双港镇)。如今,其后裔分居于彭家、双丰两个村委会及双港镇其他村落。今鄱阳县古县渡镇中心村直树王彭村、南桥村委会湾彭村、喜塘彭家桥,昌洲乡永林村、彭家村,磨刀石乡夏家滩,凰岗镇培里彭家村,田畈街卓家坞,谢家滩镇西山坂,及团林乡彭氏均为彭汝砺及其家族后裔。

丽阳镇古田源为明朝中叶鄱阳乡贤史桂芳的安寝处,从这个时候起,开始有了史姓村落。因地处较大的天然沟坑边,故又名古田坑,后简称古田。

史桂芳(1518—1598)两岁丧母,四岁失怙,五岁祖父病故,十一岁时两个叔叔又先后离世,是祖母杨氏含辛茹苦地将其抚养成人。因此他对祖母的故去特

别伤心,为祖母守墓庐三年。史桂芳早年在白鹿洞求学,是明晚期较有影响的学者、诗人、古文家。他为官清廉,颇有政声;为学严谨,颇有建树。尤其在教育子孙方面,家风卓著,代代相传,深得后人赞许。史桂芳记载胡闰遗事的《英风纪异》被收入《四库全书》,《惺堂文集》也在《四库全书》中存目。史桂芳的曾孙史简,字文令,编有《鄱阳五家集》。后裔史珥,为学者、乡邦考证家。

鲇鱼山习称鱼山,与丽阳一样,在 20 世纪 80 年代以前一直为鄱阳所属。宋末元初的徐瑞的先人,是在平定黄巢时落籍鄱阳的,之后成为鄱阳鹊湖(原属凰岗,后划归景德镇)的望族。

徐瑞(1255—1325),字山玉,号松巢,工诗,与吴存、黎廷瑞住处相隔不远,书信互致,唱和互酬。他们既是文友,又是志同道合者。元仁宗延祐四年(1317),他以经明行修被推为本县书院的山长,没多久便归隐回家,从此巢居松下,花晨月夕,吟诗作赋,逐年笔记,留下《松巢漫稿》,松巢的字号就是这样来的。他的作品也被收入《鄱阳五家集》。

鱼山义城刘氏,同样是元明之际的鄱阳名门望族。

明朝开国功臣刘炳(1331—1399),字彦昺,号懒云翁,出身于书香门第,从小接受良好的教育,很有志气和抱负。当时天下大乱,他投笔从戎,转战江浙一带,后听说家乡兵乱,便赶回故里与本家兄弟刘煜、刘爆等一道组织乡亲抗击乱兵,保卫家园,后投奔朱元璋任中书典签。元至正二十三年(1363),陈友谅攻打南昌,他为朱元璋出谋划策,为鄱阳湖水战立下汗马功劳,升任中书博士厅堂议典签,成为朱元璋身边的高级幕僚,历大都督府掌记,除东阿知县。阅两考,引疾归。刘彦昺工诗,名列《明史·文苑传》,是以刘崧为代表的明代江西诗派(又称江右诗派)的代表人物之一。所著诗文本名《春雨轩集》,也称《刘彦昺集》,后被编入《鄱阳五家集》,乃其门人刘子升所编,宋濂等为之作序,杨维桢为之点评。

义城刘氏,与凰岗清塘刘氏同宗同族,都是弋阳刘汾之后。清塘始祖刘太清与义城始祖刘太初,是同一个曾祖父之下的堂兄弟,都是刘氏迁居鄱阳的第三代。二人情深意笃,每次你来我家做客,我去你家探视,都必把对方一路送到家。后来为了不耽误业产,双方约定在路程中途建桥一座,命名为"执礼桥",一方造访,另一方必送到此桥头揖别,这种兄友弟恭的优良家风,成为两处刘氏家训中"敦孝悌"的典范。

鄱江滔滔话起始

《鄱阳县志》说:"鄱江在城南,一名长港。其源有二:一名洎山,合婺源,经德兴乐平而来,今名南河;一出祁门张公山,经浮梁景镇而来,会于城东,今名北河。是为鄱江环城而西,折北十余里至双港。"如果追溯历史,鄱江早于饶河上千年。饶河姓"饶"不到一千五百年光景。在此前更长的时间里,它应该姓"番"(pó,通鄱,下同),所以唐以前的人和唐代人,都习称它为鄱江或鄱水:"悠悠鄱水春"(〔唐〕刘长卿),"未厌门前鄱水清"(〔唐〕李嘉祐)。直到南宋,文人仍称其为鄱江:"鄱江善政九贤人"(〔南宋〕王十朋)。

据我国著名的历史学家何光岳先生考证,"番"字作为姓氏出现在商代。同时有学者辨析,番源于姬姓,起源于青海的西倾山(青藏高原东北部边缘,属巴颜喀拉山支脉,山峰主体位于今玛曲、碌曲两县之间),为古老的黄帝部落即黄帝后裔番族部落联盟的东支,属于以部落名为氏。其后有一支顺甘肃嶓冢(嶓冢山,亦称齐寿山,今天水市秦州区齐寿镇)、陕西磻溪(今秦岭西段北麓)、河南潘水迁至河北番吾(今河北平山)、潘县(古河阳,今河南孟州)一带。商王朝建立后,番族人因为商族人所迫,分别向东北、西、南三个方向迁移。其中有南支迁至山东蒲台(今并入博兴、广饶县)、薄姑(古城,今博兴县)、博山、蕃县(古县名,今滕州市西北)一带。另有一部分再南迁至藩篱(古地名,今无锡市梅里古镇)、番县(鄱阳)、番禺等地,分别融入勾吴、扬越、南越,成为百越族的一支。

本来这事至此可以得出结论,偏偏有好事者节外生枝,说"番"属于以封邑名称为氏:"春秋时吴王支庶吴芮封番君,食采于番邑(鄱阳),子孙因以为氏。"该支番氏的正确姓氏读作 pó。吴芮为春秋时期吴王夫差的后裔。其父吴申,曾任楚国大夫,后以谏触怒楚王,被贬谪,居番邑。秦始皇统一六国后,番邑首批置县,吴芮被任命为第一任县令。

以姓氏而言,二者均可成立,不过,作为地名,完全是谬误。《史记》卷四十《楚世家》:"十二年(楚昭王十二年,即公元前504年),吴复伐楚,取番。楚恐,去郢,北徙都鄀。"《史记正义》解释说:"番音婆,《括地志》云:饶州鄱阳县,春秋

时为楚东境,秦为番县,属九江郡,汉为鄱阳县也。"古籍《春秋元命苞》说:鄱阳"古为服(芜)荒地",野兽经常出没,以致沼泽之中常常留下野兽的足迹。说直白一点,"番"的本意是野兽留有足迹的地方。无独有偶,比方说郇阳,《昭明文选》说,"枭羊"为一种动物:"如人,面长唇黑,身有毛及踵,见人则笑。"赣也是这样,《山海经·海内经》中记载:"南方有赣巨人,人面长臂,黑身有毛,反踵。"可见番之成为域名早于吴芮。番的出现,应该是古代图腾崇拜的产物,因为河网交错、水草茂盛、飞禽走兽种类很多,先人们对这块土地产生了浓厚的兴趣,所以发生了这样一件有趣的事:在确定域名时,居然把它与动物紧密联系起来。东汉许慎在他的《说文解字》中说"番":"兽足谓之番,从采田,象其掌。"番既存在,水当同名,饶河本姓"番氏",可以说毫无争议。

关于吴芮后裔的问题,这里不妨借用一下吴氏研究者的研究成果。

吴姓,最早起源于炎帝姜姓,距今五千多年;吴姓的第二个起源为祝融氏吴回氏族,距今四千多年;吴姓的第三个起源是出自姚姓,距今三千五百多年;吴姓的第四个起源是出自黄帝姬姓,距今两千六百多年。吴王太伯被后世吴姓人称为开氏始祖,这也是吴芮家族的始祖,以国为姓。

古代的吴国,在今江苏省无锡市一带,这里是吴姓的发源地;周初,是泰伯的封地。至十九世孙寿梦时,开始称王,国势日益强大,国境一直延伸到今浙江省的嘉(兴)、湖(州)一带。越灭吴后,勾践将吴国王室成员大批发配到边远偏僻之地。罗泌《路史·后记》记载:越灭吴,勾践流放了夫差仅存的三个儿子(太子友、姑蔑、王子等三子,早被越人俘虏至越,传闻已被杀)。夫差的新太子叫吴鸿,被流放到江西婺源。吴鸿是夫差的儿子,夫差是诸樊的嫡长孙,可见鄱阳吴氏与季札后裔延陵吴氏同宗异支。秦汉以来的鄱阳吴氏,就是吴鸿的后裔。鄱阳吴氏传到北宋,出了个进士叫吴伸,官至提点刑狱。吴伸后裔传到吴得政时,又迁居凰岗执礼桥。元代有裔孙叫吴仲常,中进士。传到明清,人才辈出,明代见于史书记载的有进士吴镛、举人吴霖等二十四人,清代名见经传的有进士吴焯、举人吴邦宁等十四人。吴鸿在江西的后裔,还有鄱阳凰岗(郇阳)山下吴氏、浮梁吴氏、余干吴氏、乐平吴氏、安仁(今余江)吴氏、进贤吴氏等支,并繁衍发展成江西吴姓中最古老的一支。

夫差的家室又有一部分逃难至安徽歙县,其后裔发展成安徽吴姓中的重要一支——歙州吴氏,他们也以吴王诸樊为始祖。歙州吴氏后来又分衍出江西南昌吴氏、江西德兴建节(楼下)吴氏等分支。许多吴姓子孙为了逃难,被迫流亡到周围各国。咸丰十年(1860)雍睦堂《(长沙)吴氏支谱叙》中说:越王勾践灭吴后,吴姓子孙纷纷逃难,"散处吴楚、闽越间"。可惜典籍记载阙如,当时具体的流散情况,无法详知。

有关吴芮的家族情况是这样的:吴季札原居于始封地延陵。吴国灭亡之后,季札家族成员有的离开吴国,逃到异国他乡谋生,有的隐居山林,有的则坚守乡土故园。吴季札有五子,长子早逝。五子中,以次子吴征生一支最为发达。国破家亡后,吴征生孤身一人逃离家乡,避难于齐国,被齐平公接纳,并娶公主姜氏为妻,生一子,取名启蕃。吴启蕃投奔鲁国,任鲁相国,娶鲁国贵族叔孙氏女为妻,因而家室又迁到山东曲阜。启蕃的儿子叫吴诩。吴诩生二子:吴暨、吴售。吴售生三子:(王卢)、庸、裔。吴庸生两子:吴勾余和吴樟。吴勾余生子叫厥由,与先祖辈季札的五弟同名。吴厥由的一个儿子叫吴申。到吴申这一代,家族又南迁到楚国。吴申颇有出息,在楚国任大司马的高官。当时战国诸侯争霸已接近尾声,秦国一统天下之势已成定局。吴申见楚国必亡,于是急流勇退,自楚国南渡长江,隐居于番。吴申生两个儿子:长子吴芮,次子吴莛。吴芮不负祖先的名声,重振宗族,秦朝时当上了番阳(今江西鄱阳)县令,西汉时成为历史上赫赫有名的长沙王。

吴芮为政深得民心,被百姓尊为"番君"。秦末农民起义不断,吴芮纵观天下大势,知秦必亡,遂率领当地越人起兵响应,后转战西北,与项羽等入关破秦,立下汗马功劳,项羽封他做衡山王。汉朝一统天下后,分封功臣,吴芮被封为长沙王,建都临湘,食邑三千户。自此,吴姓宗族中吴芮一支又自江西迁到湖南。可惜吴芮命不长,做长沙王不到一年,就于当年六月去世,葬在临湘,谥号为"文王"。据《世说新语》《搜神记》《水经注》说,吴芮去世四百余年后,孙权大破长沙,有人挖毁吴芮的墓冢,取棺木用作孙坚庙的材料。打开棺木一看,衣服鲜艳如新,容貌依旧,掘墓者大感奇怪。后来掘墓人在寿春见到南蛮校卫吴纲,又大吃一惊:吴纲身材、容貌竟与棺中的吴芮酷似无异。一问才知道,吴纲竟是吴芮的第十六代孙。据顺治五年(1648)抄本《蓝湖吴氏家谱》记载,长沙王吴芮生六子女:嫡长子吴臣,次子吴郢,三子吴浅,四子吴阳,五子吴元,六子吴质。一

女,嫁黥布为妻。

长沙王吴芮家族,五人封王,九人封侯,在汉初荣极一时。家族虽尊荣显贵,子孙人丁却不太兴旺。在吴芮六子中,其他几支均传至三五代便告终结,独有第三子吴浅家族一支,绵绵不绝,但到第五代以后,也离开湖南,北迁中原。

从上面吴芮家族的演变看,番的得名不但与吴芮无关,就连"番"姓也与他毫无干系。

鄱江的秘密不仅在于它得名之来由,还在于它的"风水"。县志说:"螺蛳洲一名鲁洲,在城东南,据鄱江上游。其南岸夹汀水最清,名清湾。嘉靖间,建圆通巷于上。又有鲁兆亭。俗云:'洲若长,则郡士登科益盛。'"螺蛳洲三国东吴时称鳖洲,洲嘴称鳖头,言此嘴乃是本郡不祥之处。不知从哪年起,鲁洲经过治理,居然变成了风水宝地,并盛行起"洲若长,则郡士登科益盛"的说法。

隔坽相望不远处,有一块让人蒙受"耻辱"的去处。在殖民者进入中国之后,那里变成了半殖民地的一个标志——"洋油仓",是"美孚"煤油的鄱阳囤积处。煤油也称"火油",俗称"洋油",是轻质石油产品的一类,根据用途可分为动力和照明用煤油,是各种喷灯、汽灯、汽化炉和煤油炉的燃料。美国煤油为清末民国时期,鄱阳大宗进口外国货之一。虽说20世纪50至80年代,此处为鄱阳水产加工的重地——全天候收购加工从鄱阳湖和四邻八乡捕捞来的水鲜,通过"一把刀、几把盐、太阳底下晒几天"的传统处理后,腌制成各种干成品,销往本省、外省、东南亚和欧洲部分地区。那时,整座建筑虽经过数十载风风雨雨的冲刷,仍结实得很。可是令人遗憾的是,它属于美国的在华财产。

南岸夹汀之水名清湾,水最清,并成为古时来饶履新之官,喝此水绝贪欲以示清廉的官文化宣传工具,以至明嘉靖年间建圆通巷即简陋的住宅与鲁兆亭于此。所有种种都因古人的故弄玄虚而使后人不解。不过,每到春季或鱼虾捕捞淡季,渔民们都爱在这一带河道周旋,这可是难得的"鱼窝"。正是因为孕育了"鱼米之乡",所以它成为延续两千多年的古县。

狮子山巍扼昌江

狮子山在凰岗,原名巍石山,坐落于凰岗镇昌江南岸,高70米,面积0.3平方公里。既无摩天之势,又无连绵之脉,却因了文人的欣赏落笔,狮子山的神韵得以彰显无遗。凰岗原属和北乡,所以旧县志记叙曰:"巍石山在和北乡四十四都,又名狮子山。高十余丈,山顶趾皆石,有龙居寺。宋岳武穆曾经此。武穆诗:'巍石山前寺,林泉胜复幽。紫金诸佛像,白雪老僧头。潭水寒生月,松风夜带秋。我来属龙语,为雨济民忧。'明刘琮玉诗:'凤凰冈头巍石山,巉岩截立溪之湾。深根下压蛟龙窟,绝岭上参虎豹关。古柏苍松拥车盖,野花翠蔓成锦班。为经岳将会题品,自此名留翰苑间。'"清朝史乘古也有诗云:"结缆岩林暗,层峰独峙前。危楼先得月,小艇欲浮烟。虎吼泉飞出,蛇盘石倒悬。半个孤客梦,渔笛末明天(《夜泊狮子峰下》)。"三首不同朝代的诗,因作者的使命与心情不同,使巍石山有了不同的反响。

旧县志所载岳飞的这首《题鄱阳龙居寺》,在明万历十年(1582)刊本《汤阴精忠庙志》中,标题为《鄱阳巍石山龙居寺题》。清康熙二十二年(1683)增刻本《饶州府志》卷二收录了这首诗,题为《巍石山》。清乾隆十四年(1749)《鄱阳县志》亦载此诗。岳飞这首《题鄱阳龙居寺》诗,应该是南宋绍兴元年(1131)所作。这年,江西宋将李成叛变。岳飞应江南路招讨使张俊之请,作为副使来到江西讨伐李成。在转战中,岳飞来到郭璞峰旁的凰岗,就在他顺着昌江东岸放马缓行之时,忽见这个山清水秀之地居然有座奇石嶙峋的山倚江而立。虽然时值中秋,但山上郁郁葱葱,很是幽静。山下江水奔流,清澈见底,别有情致。岳飞正看山上景色,耳边忽传来诵经之声。岳飞这才注意到,半山的树丛中,一座红墙黄瓦的禅院,在暮色中隐现。岳飞向来有个习惯,每在战斗间隙,喜欢找处幽静的所在,一个人静静地思考。岳飞见这个地方雅致,便下马步行,沿着山道来到寺前,抬头仰望门楣,只见上书"龙居寺"三个紫金真体大字。站在龙居寺山门前,昌江西边的原野山峦尽收眼底。脚下,碧水寒潭,深不见底;平视之处,初月朦胧,已近黄昏。进得寺来,佛像排列,香烟缭绕,诵声琅琅,庄严肃穆。岳

飞顾盼间,顿时诗兴勃发,于是索来笔墨,题下上面这首诗。

从狮子山的得名看,它晚于当地的徐氏。当年有浙江龙泉徐氏,于后唐庄宗同光二年(924)解祖南还,道经饶州凰岗,见山水秀丽,遂定居凰岗。徐氏之子徐廉溪生七子,其中长子、二子、四子、五子均返回浙江龙泉,三子、六子、七子留驻凰岗。相传,一日七子问精通《周易》的三子,何处有好地。三子指着河对面的山说:巍石山宛若雄狮,臀部圆隆高耸,其下密林幽深,有两个小山包,藏风聚气。是年,七子夫人身怀六甲。除夕夜,阖家团圆之际,不见七子,家人挑灯举火到处寻觅不见。天快亮时,三子一拍大腿:"不妙,快随我来。"果然,七子已泅水渡河,自缢于小山包的树上。传说七子就是此古墓中的七公。他以年轻的生命占了一处好穴,一个遗腹子繁衍生息了近四十代数万人。

不知是巧合还是必然,四百多年后的明初,徐氏后裔分居,来到昌江北岸正对狮子山的一处叫坑嘴上的地方居住。就在村东近狮子山的地方,长出了一棵大樟树,那树长着长着,渐渐地根深叶茂,宛若一个绿色的巨球,于是有了狮子滚绣球的传闻。

作为水系名称的昌江,因流经安徽省昌门(今祁门)故名昌江。它发源于安徽省祁门县东北部的大洪岭,西南流经祁门县城关镇(古阊门、昌门),先向南后折向西南,流经浮梁县、景德镇市和鄱阳,全长267公里(江西省境内182公里)。昌江随地形而变化,上、中、下游出现三种形态:浮梁县旧城以上山环水绕,水随山转,山清水秀。特别在祁门境内,山高河回,水流湍急,河面宽处仅通小木船,狭处只可行竹筏,是为上游。自浮梁旧城而下,穿景德镇市区,绕丘陵,过平原,直至鄱阳县凰岗,河宽100到250米,有急流浅滩,也有碧水深潭,中小帆船可以通过,是为中游。自凰岗而下,为滨湖下游河段,河宽处达350米,15吨以下的大帆船和中小客轮可长年通航。这里说的凰岗,准确地说是指到狮子山边。昌江在这里,突然转向西北,行过数里,又折向西南,形成了一个向西北凸起的大湾。

历史上,昌江曾是景德镇对外交通最重要的通道。景德镇地处赣皖交界处,周围群山环抱。在一千多年的时间里,昌江不断输送着景德镇瓷器,使瓷都走向辉煌。窑柴、瓷土、成品,全都依靠木船、竹筏运载。那时,狮子山脚下,大船小船泊满两岸。那时,这些船只主要分为运输瓷器和运输窑柴两类,其中有:鸭尾船,船头尖,吃水浅,载量小,一人驾驶,方便快捷;罗荡船,船体狭长,船板高，杂木底，竹叶篷，前舱有桅杆，载量可达60吨；大凫梢船，首尾较高，船宽，底呈弧形，后舱设有桅杆，船尾有橹或舵操纵方向，大多用于运送窑柴、瓷土和稻草。此外还有沙排子船、麻雀船、德化船、乌龟子船、抚船，等等。小船是狮子山脚下昌江的常客，大船虽然是稀客，但洪水之年也偶尔来此。因为景德镇离不开这些船，更离不开这处让航载量增大或减少的中转站。据有关资料统计，明朝时万历三十年至清初顺治十四年间（1602—1657）的半个世纪里，仅通过昌江或狮子山下中转，运到欧洲的瓷器就达300万件。而清朝同治元年到宣统元年（1862—1909）的半个世纪里，景德镇又有145万担外运瓷器从这里过驳或经过。

旧时，烧瓷器的燃料是松柴和槎柴——窑柴。这些制瓷所用的燃料，同样也是通过船运到景德镇的。松柴是烧细瓷窑的燃料，槎柴是烧粗瓷窑的燃料。这些窑柴，按长短不一和柴片大小，分"天字号""地字号""三开片""双开片""秃子"五种，其需求量很大，无法统计。以槎窑为例，每烧一次窑需2.5万—3.5万公斤窑柴。这些窑柴基本上是由昌江"负责"运达；婺源、乐平、鄱阳的窑柴，经信江、饶河、长江下游运达。据《江西经济问题》记载：民国三年（1914）以前，每年由各地船只运至景德镇的松柴、槎柴达650万担（松柴400万担、槎柴250万担）。民国十七年（1928），窑柴运量下降，运入的松柴也有299多万担。那时，狮子山脚简直变成了一座窑柴山。后来，柴窑改为煤窑，狮子山下又成了转运煤的重地，一堆堆乌黑的煤，小山一般耸立在山麓。

制瓷原料——瓷土、釉果（配釉用的瓷石），同样也离不开民船。据《景德镇陶瓷史料（1949—2019）》记载：民国八年至十六年（1919—1927），星子（今庐山市）、余干、余江、贵溪、鄱阳等地，年产各种瓷土1700万块，由鄱阳的饶河转昌江运入景德镇。事实上，它们都不可能直达景德镇，唯有通过狮子山脚下这个平缓的港湾，才能让它们最终来到景德镇。

除了瓷器、瓷土、燃料，还有茶，其中既有景德镇的茶，也有祁门的茶。浮梁有茶乡之称，产茶历史悠久。《敦煌变文选》《茶酒论》中就有"浮梁歙州，万国来求"的记述。据唐朝的《元和郡县图志》记载：唐元和八年（813），浮梁"每岁出茶七百万驮，税十五余万贯"。元和十一年（816），白居易所作《琵琶行》中有"商人重利轻别离，前月浮梁买茶去"之句。这些都说明早在唐代，浮梁就是有名的产茶区。而这些茶的外销运输，同样离不开昌江，离不开狮子山下的中

转站。

在狮子山东南有一条自东向西流入昌江的小溪,在溪的中段,有一个叫郏阳的村子。唐朝末年,有刘姓人家从本地迁入。据说,此地就是郏阳县故址。对于这个历史谜团,后人一直无法解开。

郏阳,最早见于班固撰写的《汉书·地理志》,其记曰:"豫章郡,户六万七千四百六十二,口三十五万一千九百六十五,县十八。"十八县中的第十六县即郏阳。宋朝的乐史在《太平寰宇记》中说,废郏阳县在鄱阳县西北二十里。明清时代的地方志书如《江西通志》《南康府志》《鄱阳县志》都对郏阳古县做了记载。清同治年间纂修的《都昌县志》更明确地指出"古郏阳城在周溪司前湖中望中山,至今城址犹存",并注:"考《汉书·地理志》,徐水出徐汉,以至郏阳人湖汉。朱子谓湖汉即彭蠡,按徐汉即今余干县,四望山前为饶河口,则俗传四望山城即古郏阳不诬矣。"

据《文献通考》记载:晋咸宁二年(276)闰七月,"荆州郡国五大水,流四千余家""三年七月,荆州大水""十月……又大水""四年七月,司、冀、兖、豫、荆、扬郡国二十大水,伤秋稼,坏屋室,有死者""十二月,河南及荆、扬六州大水"。随后多年,郡国接连发大水,"惠帝元康二年(292)有水灾""五年六月,荆、扬、徐、兖、豫五州又水""六年五月……荆、扬二州大水""永昌二年(323)五月,荆州及丹阳宣城吴兴寿春大水""六年六月,扬、荆、江三州大水""八年三月,始兴、南康、庐陵大水,平地五丈"。水患不休,江湖怎能不满溢?江西境内五河之水全部注入鄱阳湖。长江中上游大水,水位骤升,江水与湖水倒灌。鄱阳湖哪能容纳得下这么多水,湖水遂向东扑入正在下沉的郏阳县南境。湖汉平原上出现了大片的水域,不少村舍田地被淹没,人们纷纷往东、北、西方的高处迁徙。面对这种情况,南朝宋武帝刘裕废掉了郏阳县,把剩下的部分并入彭泽。但这时,原郏阳县城和南部大部分土地并未淹没。只是其后百十年间,地震和大水接连不断,尤其是南朝宋孝武帝孝建二年(455)在余干发生的五级地震,加速了鄱阳湖区的下降。到隋唐,鄱阳湖发展到鼎盛时期,古郏阳县城和剩下的土地全部沉入水下。

鉴于上述史实,凰岗之有郏阳村有两种可能:一是为郏阳县旧址;二是郏阳人在郏阳沉没之后,为怀念故里而建。当然,这都是揣测。

花峰尖下聚众姓

　　坐落在侯家岗东北的花峰尖,海拔 337 米。站在这里,可以一览侯家岗的全貌。侯家岗因侯姓得名,还有与侯氏相关的雅事。在侯家岗西北三公里处的潼津河上游东岸有个村子叫鹤落畈。据说,唐朝时有河南侯姓携带白鹤从开封迁来此处落户安家。从此,这个村不以姓称村,而美其名曰"鹤落畈"。鹤在古人心中,为"百羽之宗"。据说,鹤乃凡人登仙后所化,也泛作飞升登仙的象征。可见,古代这个地方是何等可爱。不过大多数村名不讲究,船湾是其中的一个。

　　船湾在侯家岗南偏东 7.8 公里,因村建在船形山的拐弯处,故名船湾。北宋时,有程琰者,从浙江开化北源迁徙于此。千年古邑开化位于浙江省西部的钱江源头,因处浙、皖、赣三省七县交界的边陲,地理位置特殊,而成为历史上官宦隐逸或平民躲避战乱的"桃花源"。其后,程姓因人丁兴旺,而分迁至横埇坝、潼津渡、游城等地。开化程姓始祖为程清,唐中和三年(883),由徽州篁墩迁居开化长虹北源。为北宋端拱元年(988)戊子科状元程宿、徽猷阁待制程俱的始祖,称北源程氏,祠堂名"北山堂"。

　　程姓得姓于西周时期,以国名为氏。据《通志·氏族略》所载,程姓为重、黎之后裔。周宣王时,休父入为大司马,受封于程国。"洛阳上有程聚,即其地也(在今河南省洛阳市东)。至周宣王时,程伯休父失其官。"其子孙遂以封国"程"为氏,以邑为氏。而《左传·杜预注》云:春秋时晋国有中行荀氏之子食采于程邑,其后以邑名"程"为氏。关于重、黎的身世,古人有两种说法。一说重和黎都是颛顼的曾孙。颛顼有个儿子名叫称,称有个儿子名叫老童。老童有两个儿子,就是重和黎。另一说为黎是颛顼的曾孙,重是少昊的儿子。春秋时期,程氏主要在山西、河南、陕西发展繁衍。晋景公时有著名的义士程婴,春秋末时晋国还有博学且善于宣传自己观点的学者程本。战国时居住在关东(函谷关以东地区)的程氏,在秦始皇统治时被迁到蜀郡临邛(今四川邛崃)。秦代时,江浙一带已有程氏人。汉代,程氏又迁到今天的江西、河北、山东、安徽等省。到唐宋时期,江南的大多数省份有姓程的人。

明朝时,船湾程姓已崭露头角。程钰,字廷璧,号琢堂,嘉庆二十四年（1819）举人,以知县的资格分发安徽,参与英山（为湖北黄冈所辖）县事。不久补颍上县（属安徽阜阳）,政绩突出,才能优异。咸丰四年（1854）,程钰奉调到安徽寿县正阳关抵抗太平军,因县城失守,救援不及而落职,不久恢复原职。咸丰五年（1855）,加同知衔,仍署颍上县事。是时,捻军（捻军是一股活跃在长江以北,皖、苏、鲁、豫四省部分地区的反清农民武装势力,与太平天国同时期）与太平军联合,攻陷六安、正阳、霍邱等地,兵临颍上城下。当时,守城兵勇仅二百余人。程钰鼓励士兵誓死守卫。颍上被围攻四十三日,在程钰的率领下,士兵们斗志昂扬、士气高涨,击退了侵犯之敌,保卫了颍城的安全。程钰得到嘉奖,以知府留在安徽省补用,随后又加授道员衔,办理转运招安的有关事项,后又因功著以道员用,署理颍州府事。不久,程钰攻拔捻军沙河据点、肃清淮河北岸的残余,功加按察使衔,为安徽宁池、太广、德州道。但他还没来得及上任,便因病回乡。程钰有诗集十二卷,名《棣华书屋》。同治二年（1863）,程钰病逝于家,安徽巡抚奏请崇祀为名宦。

程钰的哥哥程铭,同为举人。程钰的儿子程源涞,号亦吾,由监生铨选（即选才授官,士获选,即为官。清中叶后,铨选又分为外补与部选两种途径）州同,并随其父程钰以军功升安徽知州。

茶塘刘氏是清朝中期迁来的。这支刘姓与鄱阳镇、凰岗清塘刘姓同为弋阳刘汾的后裔。清后期的鄱阳著名文人、明经出身的刘春晖就是茶塘人,他为莳山题写镌刻的"小嵩山"三个大字,至今还留在这座山上。

侯家岗的土地面积不大,从迁居历史看,很多姓氏出现的时间普遍早于其他地方。鄱阳不少稀罕的姓氏,多在这里出现。姓氏是中国文化的一个表现,源远流长,血脉相承,不胜枚举,内容丰富,出处具体。如同汉字,唯有中华文明才拥有。

查（zhā）姓是侯家岗的一大姓氏。查姓集居的村落有西边山、小港嘴、畈上、老屋、新屋、内查等村。在鄱阳,这个姓氏还散布于饶埠、芦田、双港、团林、谢家滩、银宝湖、古县渡、鄱阳镇等乡镇。侯家岗的查姓,是宋末时由查维新从徽州迁来的。

查姓源出有四:出自姜氏,为炎帝的后裔,起源于春秋时期的齐国公族,以邑名为氏。齐国的君主齐顷公的儿子被封于楂,他的后代于是就以他的封邑作为自己的姓氏，称楂姓，后来将木字旁省去了，遂成查姓。出自芈姓，以邑名为氏。春秋的时候，有楚国的公族大夫被封在查邑，他的后代便以查作为姓氏。出自以封地名为氏，春秋时楚国有诸侯被分封于柤（今湖北省南漳县西）。由于其封地的名称也写作查，他也被认为是查的封主，之后他的后代也以封邑的名称为氏，称查姓。出自古今的一些少数民族，如在清代的满族中，居住在沈阳一带的人就有人以查为姓。另外在满八旗中，原以沙拉为姓的人后来也改姓查。至于其他民族，如当代的彝族、傣族、土家族、哈尼族、蒙古族，都有人以查为姓。查氏族人大多尊奉齐顷公为得姓始祖。查姓从春秋受姓至两汉，曾长期居于今山东、山西、河南一带，而且繁衍兴旺，人口众多。自魏晋南北朝至隋唐，查姓人才纷纷南迁至江苏、安徽、江西等地。史书记载，五代时，查文徽有南唐军事支柱之称，后居歙州休宁。据《查氏家谱》所记，其五十七世查文徽裔，有多人从安徽迁至鄱阳，而且不在一地，如查洵迁至古田、查湘迁至角山前、查泽迁至梦湖、查中迁至怀仁乡大塔村、查庸迁至北珠湖、查河迁至饶城（今鄱阳、故饶州）后山、查几迁至饶城酒坊前。

离侯家岗七公里偏东的鸣山坞脚下，有一个小村叫东家坞，姓梅，元朝时梅氏由安徽迁来。

梅姓源于子姓，出自商汤后裔太丁之弟梅伯后裔的封地，属于以封邑名称为氏。武王灭商后，封梅伯后裔于梅邑（今安徽怀宁梅城），号为忠侯。其子孙遂以祖先封地为姓氏，称梅氏，史称梅氏正宗。先秦时期，梅姓主要活动于河南、安徽、江苏、湖北等地。秦汉时期，梅姓越过长江，南居两湖，西入四川，东南进入浙、赣。唐宋时期，梅姓主要活动于安徽，四川、湖北、浙江、河南、江苏等地也有分布。在宋、元、明六百年中，梅姓主要向东南和南方地区迁移，形成了以皖、赣为中心的态势，多分布于湖北、四川、江苏、浙江等地。

河西村离侯家岗较近，这个村子的许姓，是南宋末从安徽许家墩迁来的。许姓得姓有多种说法，主要有两种：一是始祖为许由，亦称许繇，尧舜时期的高士贤人。尧帝老了后，曾打算把帝位让给许由，许由坚决不受，逃到了箕山下面，自己农耕而食。后来尧又请他做九州长官，他就到颍水河边去清洗耳朵，表示不愿听到这件事。许由死后被葬于箕山，后人称为许由山。许由的后代子孙便以其名讳为姓，称为许姓。

另据《姓氏考略》和《姓源韵谱》记载，另一支许姓的祖先是源自炎帝神农

氏的后裔伯夷。周武王把伯夷的后裔文叔封于许地(今许昌市),建立了许国。由于许国比较弱小,经常被郑国和楚国威逼,因此它的都城就不断地迁徙。到了公元前506年战国初期的时候,许国为楚国所灭。许国的子民为了怀念自己的祖国,就以国为姓,从此姓许。许姓最初发源于今河南省许昌东,战国后期开始向山西、湖北、湖南等地迁移。到了汉代,许姓人氏已发展到今天的安徽、山东、陕西、云南、江苏、浙江等省。

港西坞,明朝末年由易姓迁来建村。易姓,先秦时的活动资料缺乏,汉代后定居长沙郡,部分再迁至江西和鄂东,迄今已逾千载。易姓繁衍不断,但直到三国时才有易姓的记载。河北是易姓早期主要的活动地区,到西晋时,湖南和甘肃已有易姓的足迹。唐朝时,易姓又移民江西。晚唐时,仅宜春郡,就有状元易重和四位进士,可见易姓之盛。宋朝时,易姓在全国主要集中于湖南、江西、山东三省,全国形成以南部湘赣和北部山东为中心的两大块易姓聚集地。明朝时期,江西为易姓第一大省。

闵家山,浮梁闵姓人家迁入建村。闵姓出自姬姓,据《左传》所载,春秋时,鲁庄公死后,其子继位,不到两年,便被庆父杀害,谥号为“闵”。鲁闵公后有闵氏,发源于春秋时的鲁之国都(今山东曲阜),其子孙逐渐在今山东大地散居开来。秦汉之际,闵姓因避乱、仕宦、谋生等原因,逐渐分布于今陕西、河北、河南、山西等省,历两汉四百余年的发展,闵姓昌盛为太原郡大族。三国两晋南北朝时,北方闵姓同其他中原士族一样,有避乱进入今安徽、江苏、江西、浙江、湖北等南方省份者。唐宋之际,闵姓渐渐在长江中下游地区播迁开来。

侯家岗地处鄱阳边隅,历来受逃避战乱者的青睐。尤其唐末战乱之时,迁徙者从四面八方汇聚于此。唐末,有湖南陈姓迁入建村,曰陈家山;有来自云南的周姓迁入建村,称山嘴上。元中期,又有河南陈姓迁入,是为岗上陈家。磨箭湾的储姓,同样是稀姓。储姓起源于周朝,唐代著名诗人、监察御史储光羲,有“江南储氏始祖”之称。后裔在延陵(丹阳)繁衍到宋代十二世时,因兵戈扰攘,十一支后裔中除一支留居外,其余均迁居宜兴、常州、扬州、池州、泰州、福建、河南、浙江、云南、贵州等地。尤以宜兴储氏最为发达,先后出过三十名进士。明朝时,江苏为储姓第一大省,其余分布于安徽、浙江、宁夏、江西、湖北、湖南等地。当代储姓人口主要集中于安徽,其余分布于江苏、上海、湖南、浙江、天津、陕西等地。

大磊小磊润乐亭

作为中国姓氏排名第二的王姓，在双港镇表现得尤为突出。双港镇一百多个自然村中，有二十四个王姓村的人，都迁自乐亭村。不仅如此，乐亭王姓还散居全县各地。

乐亭，地处双港西北滨鄱阳湖的红土岗上。南宋绍兴年间，有王姓兄弟三人（其中一名千九，住乐亭本村；一名提干，住二甲村；一名本一，住本一村），来到大磊湖和小磊湖畔定居，从此扎下了王氏之根。当时，三兄弟之一的千九，以贩卖杂货为业，他发现人迹荒凉的芦洲上，居然有一个草亭，于是在此结庐，日子过得悠闲快乐，便将此处取名为乐亭。后来王氏兄弟人丁兴旺，人口繁盛，本地无法容身，便四处散落，形成了后来的局面。据《王氏家谱》记载，这三个人来自徽州"三槐堂"王氏。

自汉代以来，王姓有至少二十一个著名望族，如琅琊王氏、太原王氏、三槐王氏、开闽王氏。三槐堂王氏起于五代十国，鼎盛于宋代，始祖为五代末北宋初的王祐（《宋史》作王祜，中华书局点校本改作王祐）。王祐为王旦的父亲，以文章著称于后汉和后周，曾任兵部侍郎，事宋太祖、宋太宗，为宋初名臣。

三槐堂王氏有出自琅琊王氏之说，清人王国栋《重修琅琊王氏宗谱》载："三槐王氏，系出琅琊……在远祖，则宗周太子晋，二十三世汉谏大夫吉，为临沂之祖……至晋丞相始兴文献公导为江左之祖，十一传至唐石泉文贞公方庆，为咸阳祖。石泉至黎阳又九世矣，盖三槐王氏为石泉之后无疑。"清末王庸敬《琅琊王氏通谱》载："言，唐相搏四子……因父搏遭蓝田驿之祸，言遂占籍魏州之莘亭县。"《新唐书·宰相世系表》列王搏三子王偶、王倓、王伦，不列第四子王信，因为王信惧蓝田之祸改名王言，长兄王偶投奔族人、开闽王氏王审知。另有安徽祁门草创于北宋太宗端拱二年（989），刊刻于元顺帝元统三年（1335）的《重修新安琅琊王氏统宗世谱》"凡例"载："旧谱以周灵王太子晋为一世，晋丞相始兴文献公导为二十九世，唐尚书府君璧为四十八世。"明成祖永乐元年（1403）《谱序》载:"我王氏得姓,周太子晋始,其子宗敬为司徒,号曰王家,因以为氏。至秦武城侯长子元,避乱琅琊,始为琅琊王氏……吾祖实由琅琊之分。若我祁之始祖,则有讳璧字大献者,初居祁……生九男二女,二十有三孙,自是蕃(繁)衍。"

琅琊三槐堂王氏与新安琅琊王氏,均出自王方庆六世孙王玙子。王玙次子王乂传新安琅琊王氏,始祖王璧"初居祁",生九子二女,有孙二十三人。新安王氏属琅琊王氏支派,出自江左王氏之后,王导后裔王褒四传至王绬,王绬生十子,其中第三子曰暾;王暾五传至王玙。王玙为唐肃宗宰相,玙生二子,长曰及,次曰乂,乂生鏚,鏚公生璧,是为新安王氏始祖。王璧,字大献,好骑射任侠。时值唐末,天下大乱,民无宁日。璧公率众戡民安境,民所赖之。时杨行密为宣歙观察使,闻王璧公名,历补军职。王璧随之东征西伐,屡建战功。杨行密建国为吴,拜王璧为银青光禄大夫、检校兵部尚书,加金紫光禄大夫。杨行密卒,其子杨渥嗣立,淫虐无道,出王璧为祁门令。王璧遂请老致仕,定居于祁门。

王璧公生有九子,皆仕于南唐和吴越,或为谏议大夫,或为行军司马。九子共二十三孙,分徙各郡,散处江之东西,如安徽之祁门、歙县、绩溪、黟县、休宁、宣城,江西之婺源、九江、彭泽、湖口、鄱阳,浙江之建德,以及江苏之南京、泰州、高邮等地,号称一百三十六房,为江南王氏又一大族。

在双港乐亭王氏迁居的村落中,竹林和利池两村为王姓人口众多的村。竹林迁自明朝,利池迁自宋末,竹林后来居上。利池曾经与鄱阳山古名相同,因此进入了人们的视线。利池原名力士,因与明顾祖禹《读史方舆纪要·大川·鄱阳山》中"府西北百五十里鄱阳湖中,初名力士山,亦名石印山"所言的力士山同名,故有人证明此即为鄱阳山。其实顾祖禹说得很清楚:"初名力士山,亦名石印山。"他在后面还补充说:"《江表传》:历陵有石山临水,高百丈,其三十丈所,有七穿骈罗,穿中色黄赤,俗传谓之石印,即鄱阳山是也。"利池古时曾被称为力士村,后改为今名。后来,湖得名于村,山得名于湖,而且利池力士山的高度只有三丈,实为一个土包。它不仅不及长山高大,还不及瓢山(非珠湖瓢山,而是鄱阳湖中的瓢山)高而显。南宋祝穆、祝洙《方舆胜览》载:"鄱阳湖,其湖绵亘数百里,中有山。"因此,利池山即使与古地理典籍中的力士山同名,也与其所言的鄱阳山相去甚远。

乐亭王姓无疑是鄱阳大姓,但在鄱阳,若论王姓的名气,当数横涌(今军民水库淹没区)王传家族名气最大。北宋年间,有王氏名大荣者从浮梁坑头迁来横涌石田。其后裔由石田迁至郭母尖、新田畈,然后再迁至县城王府山,即清雍正之师王传。此支王姓,郡号为琅琊郡。

琅琊王氏与三槐堂王氏都出自一支。琅琊王氏自两汉以来是世代的大族,西汉王吉祖孙几代人禄位弥隆,有"累世之美"之名,开创了琅琊王氏显贵的先河。历魏晋,琅琊王氏经入仕逐步成为当时的头号门阀士族,与陈郡谢氏并称王谢。

东晋琅琊王氏,自汉至西晋末年的五百多年中,不断吸收力量,逐渐成为最强大的士族豪强力量之一。其间,王祥(二十四孝中"卧冰求鲤"的主角)、王览都身居高位。而王览正是东晋名相王导的亲祖父。永嘉之乱后,以王导为首的王氏士族集团,辅佐琅琊王司马睿。王导的堂兄弟、王羲之的亲生父亲王旷认为当时北方夷族太多,建议司马睿南渡,把首都定在建邺(今南京),实施战略转移,而此前王导、王旷已经南下"开辟"了根据地。晋怀帝永嘉七年(313),历史上发生了著名的永嘉南渡,整个中原地区的名门望族和精英,以及政府机构、官员,甚至士族家中的仆人和鸡鸭牛马,都被带过了长江。这次以门阀士族为主要力量的大迁徙共有九十多万人,琅琊王氏是其中最重要的一支。由于王氏对司马政权的大力支持和苦心经营,琅琊王氏被司马睿称为"第一望族",并欲与之平分天下。王氏势力最大的时候,朝中官员四分之三以上是王家人或者与王家相关的人,真的是"王与马共天下"。

王传是鄱阳琅琊王氏的骄傲,乐亭王氏同样也有出色者——王定远。王定远,字章耀,号西樵,乾隆四十二年(1777)优贡生,任校录,以州同改教职,担任抚州训导。训导为中国古代文官官职名,在清朝的位阶约为从七品。训导的职能通常是辅佐地方知府,为基层官员编制之一,主要功能是负责教育方面的事务。任职六年中,王定远勤于职守,为官清廉,后被保举为山西沁阳县令。他为官清廉,颇有政声,在任六年,卒于官署,且囊中无物,只有几筐书。王定远著有《西披清音》《董子繁露辨秀篇》。旧时,大磊湖经常干涸,在他的建议下,人们筑坝蓄水抗旱,此举至今让村民受益。

双港北部与乐亭毗邻的新乐、荆华、荆塘、白鹿等村，曾经为乐亭管辖，这一带是多个姓氏居住的地区。新乐高家为游城高家坊分支，南宋时迁此建村。白鹿汤家，元末明初来自莲湖。荆华乔家，明朝时从团林夏家庙迁入。团林查无此址。团林夏家为明中叶迁入，比乔姓从团林迁出要晚两三百年。

乔姓本为桥姓，来源有三：出自姬姓，为桥姓所改，是一个以山命名的姓氏。据《元和姓纂》及《万姓统谱》载，相传中原各族的共同祖先黄帝死后葬于桥山（在今陕西省黄陵县城北），子孙中有留在桥山守陵看山的，于是这些人就以山为姓，称为桥氏。至于桥氏改为乔氏，是在南北朝时的魏。据桑君编纂的《新百家姓》记载，东汉时有太尉桥玄的六世孙桥勤，在北魏任平原内史。北魏末年，魏孝武帝不堪忍受大丞相高欢的专权和压迫逃了出来。桥勤随孝武帝一起投奔宇文泰。有一天，宇文泰心血来潮，叫桥勤去掉桥的木字边，变成乔，取"乔"的高远之意。桥勤不敢不从，从此改桥为乔，世代相传下去，这就是陕西乔姓的由来，史称乔氏正宗。出自匈奴贵姓。史料记载，汉代匈奴贵姓有四个——兰、乔、呼衍、须仆，此乔氏后与汉族的乔氏混为一体。出自鲜卑之后。据有关史书记载，魏晋南北朝时期也有姓乔的鲜卑人出现，他们的后代一直沿用这个姓。从零星的史料看，乔氏在宋代以前主要分布在今陕西、湖南、江西等省。

荆塘有四个自然村，除余家，还有前、中、后范三个村。据地名志载，后范与中范同宗，元末明初从县城上宦岭迁此。前范则在明中期自丰城柘里范家迁来。而1949年版《鄱阳县志稿》则言："乐亭范宋初由徽州迁来。"两说孰是孰非不得而知，不知是否有宗谱可证。徽州范氏也门出多宗，其中以休宁范姓为主流。据专家考证，休宁范氏尊范履冰为先祖，范传正为始迁祖。其依据是《休宁范氏族谱·谱叙·谱系源流记略》："范出唐尧后，在周为唐杜氏，周宣王灭杜，杜们之子隰叔奔晋为士师，曾孙曰士会，食采于范，因氏焉。至汉博士曰滂，居河内。滂十七世只履冰，相唐，生三子，曰冬芬、冬倩、冬昌，其冬芬为宣州刺史，生子伦，为户部员外郎，天宝同徙邓州。伦子曰传正。"

范传正（759—827），字西老，晚号五峰，进士及第后，累官宣歙观察使，唐元和末年，自河内顺阳迁居休宁博村。其先祖范履冰，字始凝，唐高宗显庆年间进士，历官知县、知州，武则天垂拱年间任同凤阁鸾台平章事，并将家迁往长安。

而丰城槎村（柘里）范姓说，他们也是范履冰的后裔。公元 690 年，范履冰坐罪下狱，被酷吏迫害致死。他的后代侥幸逃离了京城，免遭灭门。范履冰被害四个月后，武则天宣布登基称帝，改国号唐为周。范履冰有三子：长子范冬芬、次子范冬倩、第三子范冬昌，俱进士第。天宝十四年（755），安史之乱爆发，范冬芬一支迁居徽州，成为徽州范氏始祖。其六世孙范隋在唐懿宗时调任浙江丽水县丞，后因战乱不得北归，大约于五代时期定居苏州吴县（今苏州市吴中区、相城区）。元和年间，范冬昌之孙范平先迁至苏州吴县，后又迁居豫章（今南昌）丰城大顺山前及槎村等地，为江西范氏始祖。原来，他们五百年前是一家。

白鹿泂源古驿铺

鄱阳水路交通路线的开拓与驿路的发展,最早见载于秦朝。公元前221年,秦始皇统一中国前,曾派五十万大军分五路进攻百越,其时曾经番(pó)"结余干之水"。汉武帝元封元年(前110),鄱阳循鄱水至丹阳郡黟县(今安徽黟县东北)的交通要道开辟。据唐朝李吉甫编著的《元和郡县图志》记载,此前鄱阳至本省南昌、信州、抚州、虔州(今赣州)、江州以及至安徽池州(今安徽贵池)、歙州(今安徽歙县)的驿路全面开通。其中,地处县境东南的芦田,是通往乐平、万年及以余江、贵溪、弋阳、信州等东南方向的必经之途,所以旧县志说:"东路,出东门过板桥七里至黄龙庙又五里至义仓,又十里至磨刀石,过渡东南行五里至曹家嘴,又十里过河至吉湾,又十五里至白鹿铺,又东北行十五里至大吉张家,又十里至泂源铺。自县治至此计共七十七里,与乐平县交界,又前至乐平县治四十里。按:通志:'东陆大路,自县出东门,由荐福寺七十里至大桥,与乐平县交界。'今经勘询,鄱邑正东大路当以泂源铺为准。大桥地亦相近而已,稍迤北。泂源铺县志作横源铺。'又路自出东门五十二里之白鹿铺。分路南行,经石泉桥、天井坂渡河,计共三十里至石头镇。自县治至此计共八十二里与乐平、万年两县互界。以河为界,过河北至乐平县治七十里,南至万年县治四十里。'"白鹿铺、大吉张、泂源铺为芦田所属。县东至泂源铺七十七里,按:又路自出东门五十二里之白鹿铺。分路南行,经石泉桥、天井坂渡河,计共三十里至石头镇。自县治至此计共八十二里,与乐平、万年两县互界。以河为界,过河北至乐平县治七十里,南至万年县治四十里。

芦田白鹿铺的得名,颇有诗情画意。白鹿之名源于白鹿冈,旧志说:"白鹿冈在新兴乡,旧为马驿要路……张蒙逐鹿于此。"张蒙(生卒年不详),大诗人张籍的堂弟,在唐德宗时较有名气。贞元四年(788)重阳节,唐德宗李适在御园曲亭与朝臣游宴,诏令群臣作诗奉和,张蒙、殷亮等二十人的诗,被评为第三等。不久,张蒙调任鄱阳太守。正是张蒙到鄱阳的任职,使一大批很有才气的诗人,

开始吟咏鄱阳这片古邦大地。那时,年轻有为的张蒙狩猎时,在这个山冈上发现了一只白鹿,于是这里就获得了如此雅称。

宋代,邮驿制度不仅沿袭唐代,而且多从其旧。在此期间,邮驿分为两部分,即"驿传"和"递铺",简称"驿""递"或"驿""铺"。在此期间,递铺设置完备。白鹿冈恰好处在鄱阳东路的驿道上,设铺作为邮驿的点,遂成为居民点。从此,白鹿铺取代白鹿冈,成为一处颇有年头的地名。照说,关于白鹿铺的得名,已经有了原始依据,可民间版本不同:"明初,蒋氏由乐平龙头山蒋家迁此,猎获一只白鹿,以此为资本开设当铺,人称其村为白鹿铺,后误将'铺'为'埠'。"此说不但与县志所载相差很远,而且使白鹿埠存在的历史与作用,被狠狠地缩了一次水。不过蒋氏这个家族在此安居,不得不说是一个聪明的选择。

蒋姓出自姬姓。周公旦第三子伯龄被封于蒋(河南固始县东北蒋集镇),建蒋国。公元前617年,蒋国为楚国所灭,其后子孙便以国名为姓。先秦时期,蒋氏主要在今河南境内发展繁衍。自楚灭蒋后,蒋氏只有一部分仍留居河南,大部分外迁。蒋氏子孙东汉初渡江散居江南各地,其中一支徙居阳羡(今江苏宜兴),一支徙居毗陵(今江苏常州)之滆湖,一支迁至今浙江奉化之三岭。蒋姓在中国历史上是一个比较典型的南方姓氏。

孤山的村子不小,主姓为聂,宋末从万年迁入。聂姓为姜子牙的后裔。齐丁公时,丁公封其支庶于聂,后世子孙以国为氏,称聂姓。他们尊姜尚为聂姓得姓始祖。东汉之前,北方基本上是聂姓繁衍发展的中心地带。魏晋南北朝时,聂姓在今山西的夏县一带发展迅速,并呈现族大人众、枝繁叶茂之势,于是产生了聂姓历史上的第一大郡望——河东郡。另外,由于社会动荡,聂姓已有播迁江南者,其中落籍于新安江流域的聂姓,经繁衍发展,逐渐形成了聂姓新安郡望。此时期见诸史册之人物有三国吴人聂友,豫章(今江西省南昌)人,南朝梁有聂松。可见,此时期聂姓已南迁至今江苏、浙江、江西、安徽一带。

洄源,旧志中作回源,得名于附近的回源岭。回源岭海拔120多米,山峰常年云绕雾萦,所以又名碧云峰。这里是喀斯特地貌,岭内多溶洞。这是地下水沿着可溶性岩石的层面、节理或断层,进行溶蚀和侵蚀而形成的地下孔道,地下水极为丰富。这种地貌,留下了不少传闻。人们认为这里是妖魔栖身之穴,相

传洞内有眼如碗口般大的巨蟒,有彻夜哀鸣不已的老狐狸,等等。

涧源铺在涧源岭北稍偏东。北宋初,有古县渡胡姓来此居住并繁衍生息,使之成为颇具规模的村落。在白鹿铺与涧源铺之间,有个更具规模的聚族村——大吉张家。

关于大吉张家的建村,《波阳县地名志》称:"北宋初,张姓从邑内贯居山(现属饶丰综合垦殖场)迁此建村。"然而,贯居山的地名早已消失,其源似乎也就难以追溯。不过,鄱阳较大的张姓聚居地,其渊源大体如下:石门街镇张氏与鄱阳镇管驿前张氏,北宋时由婺源迁入;柘港张氏,元末由婺源迁入;游城花桥张氏,元时由张华一从乐平迁入;潼津张姓,明初由本县社林迁入;团林张家张氏,明朝中叶从婺源先迁至田畈街,再迁至团林;鄱阳镇东湖张氏,明朝时由德兴迁入;与此同时,莲湖张氏由东湖先迁至金山岸,再迁至慕里。鄱阳张氏,目前有记载的最早迁入的,是柘港枫树下张姓,唐末来自徽州。综观历史,虽然鄱阳张氏迁入途径不同,但瓜瓞同藤,大体源流相同。

张氏起源与弓箭有着密切的关系,在辞书里是这样定义的,《说文解字》:"张,施弓弦也,从弓,长声。"《辞源》中说:"凡施弓弦皆曰张,罗取鸟兽曰张。""张"还是二十八宿之一。

在远古的洪荒时代,我们的祖先为了生存,要杀死那些威胁生命的猛兽;为了食物,要猎取一些小型的飞禽走兽,而当时的主要猎杀工具只有棍棒和石块。部落与部落之间的战斗也是靠棍棒和投石来进行的。到了黄帝称雄于姬水,逐渐兼并其他小部落的时候,一种可以远射杀敌的工具在黄帝部落中诞生,这就是后人所称的弓箭。发明了弓箭的先哲叫"挥",是黄帝的第五子。自此之后,黄帝血脉中又一个姓氏诞生,张氏的始祖为挥公。我国第一部研究姓氏的著作《世本》,对张氏的来源是这样记载的:"黄帝子挥为弓正,始制弧矢,张网罗,姓张氏。"该书成于战国或秦初,是我国乃至世界上最早的一部研究姓氏起源的著作,原书早已散佚,现存有清代辑本。另有"黄帝子少昊青阳氏第五子挥为弓正"的说法(见《古今姓氏书辩证》)。挥公是黄帝之子,还是黄帝之孙,古往今来没有定论。有关挥公张姓得姓的由来,历史上也有两种说法。其一为"黄帝子挥为弓正,始制弧矢,张网罗,姓张氏""张氏本自轩辕第五子挥,始造弦,实张网罗取禽鸟,世掌其职,遂以为氏"。不过,大多数学者认为挥公发明了弓箭,官弓正,世袭其职,所以得姓张氏。这里将发明和官职而得姓作为姓源。其二是南宋罗泌所撰《路史》中说:"黄帝子挥封于张为张氏。"清陈廷炜所撰之《姓氏考略》亦云:"黄帝子挥始造弓矢受封于张,其后遂为弓氏和张氏。"这种说法是因封地名张而得张姓。《路史·国名记》中记载:"黄帝之子所封之国有陈、昌、张、资、寇、郦、瞿等,凡七十。"张姓是因封地张国而得姓的。此外,和大多数姓氏一样,不少张氏来自其他姓氏、其他民族,他们由于各种原因而改姓张,如聂姓改姓张、褚姓改姓张、前凉王赐姓张氏、渤海高姓改姓张、少数民族张氏。

鄱阳张氏,主要来自婺源,而婺源张氏(包括徽州张氏)是饶州原管辖地区的根脉——"甲道张氏"。唐僖宗乾符二年(875),为避兵乱,一个叫张保望的中原人,携带家人来到徽州篁墩避难。黄巢起义平定后,张保望三子张彻(后人称"大三公"),选择于婺源甲道定居下来,繁衍出一个大家族,张彻成了甲道派开基之祖。

甲道是徽饶古驿道的必经之地,因此地开阔,驿道又修得最好,所以叫甲道。张彻生有三子,孙辈十人,曾孙二十二人,玄孙排行为延,竟有七十六人之多。这七十六延分迁至全国各地,很多成了当地的望族,如德兴新营张氏、德兴吴园张氏、歙县满田张氏、祁门石溪张氏、婺源游汀张氏、余干淮马张氏、余干后街张氏、乐平玠溪古港张氏、弋阳马坑张氏、德兴尚和张氏、鄱阳柘港张氏、广丰丰溪张氏、日照太平桥张氏。

俗话说:"张王李赵陈,天下一半人。"唐宋时期,比较出名的几个大家族是江州陈氏、德兴张氏(甲道张氏的一个分支)、四明袁氏、苏州范氏。这些家族都是当时天下数一数二的名门望族,不仅人才辈出,而且人丁兴旺。可见,鄱阳张氏虽地处有异,但源流归一。

在白鹿、洄源古道之南,有个芦田李家村。北宋庆历年间,李氏先人从安徽迁徙至此。据有关资料载,鄱阳李氏"铁炉前祖应源自灯塔桥迁此二十五世;芦田祖仲明自浮梁大源坑迁此四十四世;珠湖李系浩公由婺源严田迁此五百余庄;枧田李乃惟公自宋代迁入;船湾李分亨斋公、本二公迁入;响水滩李由添二公于明洪武自婺源迁入(界田);莲湖李为宗太、宗岳、宗华、宗伯于明时由歙县

迁入；古南李乃燕富祖宗自浮梁大源坑迁至四十三世；高源祖宗杰日浮梁大源坑迁入四十二世"。综合起来，李氏和大多数姓氏一样，主要从昌河流域辗转而来。据元至正二十二年（1362）界田《李氏宗谱》序言载："始祖曰京生，生子三人。讳仲皋，又生子三人。讳德鹏，迁祁门之里田，德鸾迁婺源之严田，德鸿迁浮梁之界田，以德为讳，唐德宗诸孙也。"由此看来，鄱阳各地的李氏基本上源于一宗，而且几乎都是李唐皇室的后裔。

塔前湖畔觅旧踪

在饶埠,有一个绸带般的湖,在镇所属的中心地带穿插而过,从东北到西南,几乎将饶埠平分为两半。东是畲埠洲,西南为湾埠洲。这个湖,就是当地有名的塔前湖。塔前湖是饶埠境内最大的湖泊,包括塘湖、基础湖、塔湖,面积近万亩,水域面积包括乐平的十里长山及芦田乡大部,湖水经菱港河注入乐安河。塔前湖水面宽阔、蓄水丰满,湖畔土地肥沃、物产丰富。周边村落有:李家边、下山、蔡家、石泉岭、过江、坝边、坝头等。这些村庄的村民,不但通过船只将这里的物产和农副产品运往四面八方,同时还把木、竹、陶瓷及百姓生活所需运来集散,使湖东岸形成了较繁华的商埠。

塔前湖的得名颇有传奇色彩。据传,正中南北走向有一条高埂,名曰铜锣埂,埂上最高处,洪水淹不着,古人在此兴建了一座七级宝塔,唐时,塔边修建有一座庙宇。相传,当时很多善男信女来这里烧香许愿,商贾于此烧香求财,香火非常旺盛。

古时地广人稀,战争频繁,人口经常迁徙,以致不少名胜古迹在时间的流逝中踪迹全无,甚至一些宝贵的过往也失去了记录,只能口口相传,真相因此逐渐湮没。一千多年前的塔前湖,远比现在开阔,湖边的村落也很稀疏。在塔前湖西北不远处,一个叫寺背吴家村的前面,唐太宗时便建有一座著名的佛教禅院——龙安寺。龙安寺是芦田应家应氏先祖应任所建。不仅《应氏家谱》中有记载,历代县志也有记载。"龙安寺,唐贞观六年(632),十三世祖应任(孟常)建。遗址在今鄱阳县饶埠乡寺背吴家。"唐代受佛教的影响,建造了大量佛塔。唐代以前建造佛塔的寺院,都是前塔后殿的布局,塔为寺中主体。塔是释迦牟尼的佛家,在佛教信徒的眼里,塔是佛祖的化身,塔象征佛祖。此湖现在塔的东方,所以称之为塔前湖。

塔前湖往南有一条溪流,它连通塔前湖,一并流入乐安河。就在乐安河河道口的东边,有一个不小的村庄叫舒家埠。这个村有着和饶家埠一样悠久的历史。唐代,有江苏舒姓人不远千里来到乐安河北岸,在饶埠与湾埠之间的河湾

里安家。随着人丁兴旺,这个村因为天时地利,而成为小码头,旧时有商店十多家,于是人们称之为舒家埠。

舒姓在我国不是一个大姓,得姓始祖为皋陶。虞舜时,皋陶曾任掌管刑法的士(狱官之长),以正直著称。禹继舜位后,皋陶继续受重用。西周初年,周武王大肆分封诸侯,将皋陶的后代封于舒,建立舒国,为子爵,世称舒子。舒子平时,舒国为徐国所灭,后又复国,最后又被楚国灭。失国后的舒国子孙为了不忘故国,遂以国名为氏,称舒姓。

秦、汉均为统一的国家,长安(今陕西西安)为当时全国政治、经济、文化中心,有舒姓子孙迁入,并逐渐兴旺昌盛起来。因这里长期属京兆郡,故后世舒姓子孙以京兆为郡望堂号。北方各地的舒姓大多源自京兆郡,后来舒姓成了北方的大姓之一。三国时,陈留人舒爕播迁至江南。两晋南北朝时,由于社会动荡,避居江南的舒姓渐多,并与原居于南方的舒姓相融合,舒姓又开始成为南方的大姓之一。如今,舒姓在全国分布较广,尤以四川、湖南、江西、湖北为多。

湾埠在塔前湖入乐安河口西南部,宋末有陈姓人从乐安河东岸的万年陈营来此定居。陈营陈氏先是在白羊岗居住,始祖饶州刺史陈昌与其子陈盛,于唐朝光化三年(900)迁至白羊岗。后有庆历二年(1042)进士、宋大理寺丞陈峤之子陈晞中,从河西的白羊岗迁至河东这个当时叫新进乡的地方建村。此后人丁兴旺,英才辈出,家族繁盛,后裔主要分布于余江、万年、鄱阳、乐平、余干、贵溪,及湖南、湖北、陕西、安徽等省市所属地区。

舒家埠边有一个叫西湖头的村落,原名叫涂家。南宋时,有涂姓人从南昌迁来。后来,龙船湾的徐姓迁至这个村,于是改名为西湖头。涂姓是一个很古老的姓氏,可以追溯到大禹时期淮河流域的涂山氏国。晋新吴侯涂钦渡江至豫章郡(今江西南昌),为东南涂氏之祖。涂钦(246—337),字敬祖,一字文思,号石麓,生于安徽淮南寿春(今寿县)。涂钦出身于汉代士族,曾祖父涂恽,汉代经学家,曾任谏议大夫;祖父涂蒙,曾任荆州别驾;父亲涂朝玉,曾任济南府尹。涂钦出生在战乱不断的三国时期,而钦公所在的淮南寿春,正是当年战乱、灾祸频仍的中原重灾区。东晋元帝司马睿建武元年(317),涂钦被封为新吴(新吴,西汉时为海昏县地,属豫章郡。东汉置新吴县,五代南唐改奉新县,也就是现在的江西省奉新县)侯,出镇豫章。家族子孙渡江南迁,定居豫章,成了当地的名门望族。后来，又有土字底的塗姓和两点水的涂姓，均是从涂姓分化而来的。实际上三者同源，所以说"天下涂氏一家亲"。

饶埠有 94 个自然村，其中有徐、李、杨、齐等姓的 14 个村从乐平迁来，其中尤以徐、李两姓为多。饶埠徐姓来自乐平，乐平徐姓源自南昌，为南州高士徐氏之后。

徐姓源于古徐国，即现在的安徽泗县北。徐国被灭后，徐偃王逃到了彭城一带的山中，这座山后来就叫徐山，江苏徐州也因此而得名。春秋时期，徐国被楚国打败。徐国强大时，包含了鲁南、苏北一带，而这些地方在汉朝实行郡县制度的时候，属于当时的东海郡，徐氏便以"东海堂"为堂号。据《徐氏大成家谱》记载，"东汉建武年间，浙东太末龙邱（今浙江衢州龙游）人徐审言，后游豫章并定居于此"，从而成为入赣徐姓第一人。"丰生明，明生审言，审言生昌龄，昌龄生恭叔，恭叔生孺子。"孺子即徐稚。汉朝末年，徐氏也逐渐以江西为中心，进一步向南方传播，江西由此成为南方徐姓的集散地。江西的徐姓，基本上都是徐稚的后代。在唐朝时，江西"南州高士徐氏"分为五大支派，其中一支以徐孺子的第二十五世孙、晚唐徐韬为祖。徐韬从南昌迁至浙江，之后又返迁江西，其后代迁居南昌、临川、进贤、丰城、崇仁、万年、乐平以及鄱阳的大部分地区。

钱家渡与乐平隔河相望。明末清初，有贵溪钱姓人来此以摆渡为生，此渡则以钱姓为名。钱姓是一个源流较少，但分布广泛的姓氏，在宋朝版《百家姓》中，因政治原因——吴越国纳土归宋，助力中华一统，而排名第二位，实际上按人数排名在当时是第四十大姓。周文王时期的泉府上士篯孚，大彭国始祖篯铿的后裔，为得姓始祖。虽然钱姓早在西周就已获姓得氏，但在发展的最初阶段却默默无闻。进入秦代，钱姓人中，下邳（今江苏睢宁）名士钱产，因才能出众、节操高雅，被朝廷委命为御史大夫。御史大夫在秦代是专门掌管朝廷监察、纠劾百官之权的三公要职，位高权重，一般非皇帝股肱亲信不得担任。早期钱姓人的居住之地和分布中心在关中和今江苏省北部一带。在秦代及西汉，一些可考的钱姓人主要生活在今江苏省徐州、邳州。西汉末年，钱逊为避王莽之乱，而迁居乌程（今浙江湖州南），钱林迁居长兴陂门里。东汉时，钱林裔孙钱敞又迁至长城县（今浙江省长兴），还有一支钱姓由旗门将军钱咸开基，爵封高密侯，生活在今山东半岛北部一带。魏晋南北朝时，钱咸九世孙钱弥，官至辅国将军、大

司农,居于长城,封豫章县侯;长城人钱宠因功封东迁县(今浙江省湖州东)开国侯。唐代以后,伴随着临安人钱镠及其吴越国的建立,其子孙几乎遍布其国力所及的两浙十三州之地。吴越归宋以后,钱镠子孙中有不少人入仕于宋,钱姓分布因此更广。

饶埠与乐平山水相连,因此除口音接近之外,不少生活习惯也受到影响,特别是吃狗肉。据《乐平县志》记载:"县人喜食狗肉,县城及不少农村集镇,一年四季,白天黑夜,均有狗肉摊贩坐地经营。喜食者或蹲或坐,一手拿筷挟肉,一手端盅喝酒,售者切,购者吃,边切边吃,边吃边喝,直至味足而去。"这种场景,在饶埠也常见。

狗肉纤维细腻鲜嫩,号称有羊肉的嫩、兔肉的香、鸡肉的鲜美。《本草纲目》中说狗肉咸、酸、温、无毒,食之可大补元气,主治脾胃虚冷、浮肿屎涩。可见,狗肉一直被认为是补品,所以一直以来,民间有"冬令狗补,明春打老虎"的俗语。

吃狗肉古已有之。《淮南子》载:"孟秋之月……天子衣白衣,乘白骆,服白玉,建白旗,食麻与犬。"《说文解字·肉部》:"肰(rán)"字,从犬字,就是犬肉;火部有"然"字,从火肰声,其意是烧烤狗肉,引申为燃烧。《孟子·梁惠王上》载:"鸡、豚、狗、彘之畜,无失其时,七十者可以食肉矣。"《国语·越语上》载:"生丈夫,二壶酒,一犬;生女子,二壶酒,一豚。"可见,先民是一直好食狗肉的。此外,殷商时期,开始用"犬"做祭祀之牺牲。商代的卜辞内,有"燎犬"一语。"燎"是熟食牲之法,所谓"燎犬",就是烧狗,可见狗既是祭品,也是食品。魏晋以后,游牧民族大规模南迁,他们一方面较为爱惜猎狗,另一方面不断扩大养羊业,促使中原人吃肉的习惯逐渐发生改变。当时中原人为躲避战乱,纷纷南下,同时也带来了吃狗肉的习惯。隋唐以后,上层人士的主要肉食已是猪、羊肉,狗被作为宠物。宋代,羊肉、猪肉的地位上升,狗肉渐渐成为贫民的食品,于是乎上层人士越来越不屑于吃狗肉,宋代大文豪苏东坡曾质问杀狗者:"死犹不忍食其肉,况可杀乎?"但下层百姓很少有吃肉的机会,只能靠病死、老死的狗解馋。他们视狗肉为一种物美价廉的肉食,一方面称狗肉为"香肉",有"冬至鱼生,夏至狗肉"的习俗,相信狗肉"性温",有所谓的"御蛊""辟阴气"等功效;另一方面又不得不接受"狗肉不上桌""关门吃狗肉"的规矩,并有了"挂羊头卖狗肉"的说法。

莲山以西广故事

西河流至油墩街镇已属中下游,河西岸有响水滩与银宝湖,河东岸主要是油墩街镇,正下游才是鸦鹊湖。而油墩街的东偏北则是鄱北鼎鼎有名的莲山。

莲山,坐落在旧崇德乡,即油墩街镇与柘港乡之间,北麓为谢家滩辖地。主峰海拔288.8米,面积80公顷。山周围有临江、马鞭、林七、孔山等小山分布,与主峰相衬,犹如一朵盛开的莲花,故名。旧时山势险峻,树木苍翠,一条曲径通向山顶。山顶有座古庙,据历代《鄱阳县志》所载,庙为比丘尼参禅之处,曰白云庵:"白云庵:莲山。宋时创。"鄱阳白云庵有三座,永福乡(今莲花山)的白云庵,建于南宋嘉定年间;义仁乡(今游城)的白云庵,建于元朝元贞年间。数莲山的白云庵规模最大,黄墙高耸,古柏森森,巍峨恢宏,幽静肃穆。古柏后有一口深井,清冽甘甜,大旱不涸。山后有洞,传说为仙人万祖法师的修炼之处。万祖法师与观音大士斗法,祖师不敌,左手受伤,便躲在此洞修炼了十八年。莲山半山腰,有两个"仙丹"池,池内一年四季清泉涌流,池水清澈如镜、光亮照人。至今一口已经干涸,一口仍长流不竭。此外,莲山南还有两口池,一名油池,一名盐池。据传,从前这两口池常年淌出油和盐,以供修炼之人食用。后来,比丘尼将流出的油和盐偷下山卖。从此,这两口池便再也不流油和盐了。如今,两池依然,油盐却无。

据1985年以前的《鄱阳县志》记载,元朝末年,莲山一度为红巾军将领项普略的屯兵之处。

项普略(? —1352),又名项甲、项奴儿、项普奴、项普寿,元末南方红巾军将领,饶州(今江西鄱阳)人。至正十二年(1352),元末农民起义军首领徐寿辉建立天完政权,命他与袁州(今江西宜春)人彭莹玉率军攻占江州(今江西九江)、南康(今江西星子)、饶州、信州(今江西上饶),进取婺源、黟县、徽州(今安徽歙县),破昱岭关(今浙江临安昌化镇西),占领杭州、衢州。因元军反扑,项普略退至徽州,北上广德,进攻苏南常州、江阴、宜兴、溧水、溧阳、丹阳等地,后围攻集庆(今南京)失利,退至休宁。是年底,项普略被元军俘杀。

尤其让人难忘的是,莲山西北山麓不少地方的地下有不少汉代古墓群。这些古墓分布于莲山西北的莲花塘、百花塘、上脑、彭丰、马家边、叶家、王家、汪家山、下脑,及谢家镇口前等村的丘陵地带。这些村子虽然不大,建村历史不长,但也有两百多年。其中,数马家边的程姓人家迁入最早:南宋时,由本地驴马包迁此建村。驴马包这个地名早已无存,程姓后裔却世代繁衍。

鄱阳程姓,多从徽州迁入。程姓为古徽州八大姓之一,得姓于西周时期,是重、黎的后裔,重和黎都是颛顼的曾孙。春秋时期,程姓分布于河北鸡泽、河南洛阳、陕西咸阳一带。春秋末,晋国名士程本迁居齐鲁大地。三家分晋,程婴的后裔迁往赵国首都邯郸。秦汉时期,鲁国人程郑举家迁往蜀郡临邛(今四川邛崃),且有其他程姓迁往浙江乌程和江西南昌。东晋初,程元潭出任新安太守,遂居屯溪篁墩。程元潭为徽州程氏始祖,形成以篁墩为中心向邻近各县辐射的局面。

油墩街西北的荻溪滩,元末黄姓由浮梁洗马桥迁入建村。其实,早在此前,油墩包括谢家滩(如鸡峰桥头吴家)的不少吴姓,从这里分迁出去,荻溪滩应该是这一带吴姓人的发祥地。

龙尾段家,元末从金龙庵迁来。金龙庵在何处无人知晓,但段氏入居油墩历史悠久。鄱阳段姓主要分布在游城、枧田、油墩及柘港。其中,数鄱北瀼滩段氏入居最早。

关于游城花桥段家的迁徙及定居,中间还有一段曲折的故事:北宋神宗熙宁七年(1074),为使饶池大道畅通无阻,饶州地方报朝廷批准,于四十里街西南,建造一座北通安定桥的太平桥。太平桥是卷拱桥,古代建桥因无现代起重设备,费时费工,耗资巨大。所用石料不但要从外地运来,而且用杠杆等各种手段起吊,一点一点、一寸一寸地凿磨榫合。建造时间之长,工匠劳作之辛苦可想而知。至于工匠,除了要有高超的手艺,还要有一身力气和吃苦的精神。一位家住鄱北瀼滩的段姓后生,参与了此桥的建造。之后,这位泥石匠又到县城东关建造了郭西庙。段姓石匠经过艰苦拼搏,总算积攒到一些钱财,便于南宋高宗绍兴二年(1132),干脆入居四十里街,并在附近一带购置庄田。南宋孝宗隆兴二年(1164),老石匠病故,其四子段宗四从四十里街扶他父亲的棺枢,到父亲早年经营的屯田百磊寺安葬。从此,这位宗四公由结庐守孝,到落户生根,便在屯田聚族而居了。段氏家族在落户屯田马家岗后的七百多年里,因为水而与乡亲邻里矛盾不断,频生纠纷。此后,这个家族便将一个湖泊田塘的占有权,和因此而生出的是是非非,作为"谱序"的内容之一:"我族世居屯田,则为山农焉。郊野原隰,其田亩必以水为母也,明矣。且平原旷野,无陂池塘港以滋润,故自先祖于宋隆兴间,肇其于屯田村。""我祖自宋雍熙间凿山通渠以疏水利。深三四丈,长数余里,上达湖陂塘,中有长塘,下至湖泊田塘。"然而,就是这样一个水利工程,曾经造成了段氏与其他相邻家族间连绵不绝的争夺、诉讼甚至械斗。

麻下游沭塘计姓,元朝中期由浮梁计家港迁入。计氏的远祖始于上古时期,传说是古代帝王夏禹的后代,因此计氏起源于大禹的姓氏——姒姓。到了周代,周武王建立商朝后,封古帝少昊的后代在"莒"(山东胶州)这个地方,于是成立了诸侯国莒国,建都于计斤(今山东胶州西南,即《左传》中所说的"介根"),从此莒国的公族后代就用国都中的"计"字为姓。另据史籍《吕氏春秋》记载,伊尹的后裔子孙中,有以先祖名号为姓氏者,称计氏。此支计氏从商丘发迹,逐渐向全国播散。油墩镇计姓分布在湾里、游沭塘、五房、山上、港头等村。清朝时,计家出了几个人物,其中以计大受、计沾最有成就。

计大受(1721—1817),字日容,号海门,长溪人,岁贡生。他一生潜心学习,传承道德风尚,主张人与人之间应互相尊敬,态度真诚,讲究道德。平时他孝敬长辈,和睦亲友,待人笃实,这些都体现在他的日常行为中。其著作《蓄德录》《耄学录》,全是晚年时积累的感悟之语。计大受尤其精深于历史研究,造诣颇深,并著有《史林测义》三十八卷。这套书稽核正史,旁订群言,虽不是史学专著,但考辨议论,平实博通,不涉迂陋,很有见地,受到大学士潘世恩的赏识。

计沾,字平霖,读书刻苦,工诗,著有《吟雨堂诗稿》,受到学使金深的高度评价。但是,他仕途不顺,一直怀才不遇。

吴寇庠(1796—1884),长溪人,清道光二十五年(1845)萧锦忠榜进士。他自幼聪敏,十岁能文,二十岁前后设馆教授生徒,边教人边自学。登第之初,吴寇庠任湖南常宁(今属湖南衡阳)知县,因缺盘缠无法成行。家居多年后,他到湖南代理龙阳知县,勤于政事,片言折狱,案无积讼。当地乡绅特地送给他金字百牌绣伞,以示崇敬。吴寇庠在龙阳任职期间,以课孙、读书为娱,从不出入公庭,深受人们称道,后被保举为奉政大夫。

在新中国成立之前的油墩街,民宅建筑曾经风行一种抬梁式木构架的建筑形式。据传,明代洪武年间征收农业税,不以地丁法即土地加人口计征,而是看住宅的落地柱数作为征收标准。为规避如此税法,油墩街的一些人家只好请工匠采用以梁代柱的方法建房屋。一时间,西河东岸边建屋,以"五架梁"代替五根主柱成风。房屋除了以梁代柱外,其建筑风格与"三柱、四柱、五柱"基本相同。其实这种结构,实际上是由穿斗式构架,改为抬梁与穿斗混合式构架。在鄱阳,由于受"盛馆舍以广招宾客,扩祠宇以敬亲睦族,立牌坊以传世显荣"思想的影响,县人无形中存有造屋建舍惠及子孙乃人生快事的观念,因此城镇乡村能力稍及者,多建民宅。而旧时鄱阳民宅,基本上是木结构,其承重结构类型主要有抬梁与穿斗混合式构架、穿斗式构架两种。绝大多数平头百姓采用穿斗式木构架,即以柱直接承檩,不用梁的木构架方式建房,这就是所谓的三柱屋、四柱屋、五柱屋。这种房屋结构轻盈,用材较省。其方法是进深方向按檩数立一排柱,柱间用穿枋串联的形式,再用斗枋将每间一组排架联系起来,形成框架。柱的上端承檩,下端落在柱顶石(俗称石墩)之上,并用地板相连,以加强其整体性。虽然穿斗式木构架内外柱较多,但由于古民宅空间不大,在各架立柱间安设板壁,不影响使用。穿斗式木构架主要构件有柱、檩、穿枋、楼盖梁、地栿、房贴、斗枋纤子等。柱按各部位分落檐柱、金柱、角柱、转步柱等;穿枋的多由现房架的大小而定,一般是一穿、二穿、三穿。穿枋与其间的板壁组合在一起,可以提高横向排架承受荷载和抵抗变形的能力。地栿为柱顶石之间的联系构件,有木地栿和石地栿之分,具有稳定柱顶石的作用。

抬梁式木构架,即柱顶上抬着梁架,梁上置梁,之间以短柱相连,上梁依步架而逐层缩短,最上一层的梁中部,立脊瓜柱而形成三角形屋架。相邻的两架间用枋连接,在各层梁的梁端和脊瓜柱上架檩,檩间布椽,构成房屋的空间骨架,以承受屋面重量,并通过斗拱、柱传至基础。

如果从建筑用材和占地面积看,古时油墩街地区这种民宅结构的盛行,足以说明这方土地上的人们,因富庶而开始追求美好生活的新尝试。

龙头山下好风光

龙头山在柘港西偏南,海拔 132.3 米。对于除去莲山便少高山的柘港来说,此山不算太低。只是这山缺神少仙,无庙无寺,仅似龙头而已,没有自身的特色,于是也就鲜为人知。然而,正是因为它如此平常普通,才使得一千多年前就有人走近它,并一直相伴至今。

山汪,一个不大的村子,汪氏家族唐末为避战乱,由徽州迁入,因见龙头山酷似龙头之形,故称之为龙岭山汪家。

汪姓在徽州是显姓,鄱阳的汪姓分布较广,柘港山汪家族在这分布中地位不高。鄱阳汪姓,较集中的有"双溪(今四十里街)汪,于明初时自徽州迁汪家洲;舒埠汪,系克先公于明代自乐平迁来;庙前汪,系友益公自婺源迁来;谢滩汪,为良辰自元末由浮梁迁来,再分迁潼滩、石门等地"。迁来鄱阳较早的古县渡汪姓与柘港汪姓恰恰未见记载。不过,鄱阳汪氏说到底还是汪永和的后裔、汪华的子孙。

与龙头山呈掎角之势的东南方,有一座山叫"大芜山",山的北面有个叫牛头山的村落,这里离柘港四公里许,在潼津河北。从入居历史看,这个村资格并不老。清朝初期,有王姓人家从当地一个叫汝器的地方迁入,没想到后来居然让这个地方形成了一条街,甚至繁华了一段时间。这条别称为"牛头山"的小街,依靠水陆交通方便的优势,成为日用品、木材、砖瓦的中转站。这些物品,用船通过水路运到这里,再通过陆路运往周边村落。曾经,这条青麻石铺就的街面上,南来北往的人络绎不绝,旅店、药铺、盐店、布店、染店、杂货店一应俱全。南北走向的小街,南通饶州府(今鄱阳),北接石门街到安徽。尤其是 20 世纪 50年代以前,景湖公路没有修通,这里是邻县都昌人上镇(景德镇)下府(饶州府)的必经之地。每天不等未时(13 时至 15 时),这里的旅店就住满了人。这条街在方圆百里都很有名气。

紧挨牛头山东北的汝器村,是牛头山王姓的始迁地。汝器的王姓来自安徽,明朝末年落籍柘港。汝器村的得名怪怪的,不易懂。据说这个村原名杨家垄,后杨姓因遭火灾迁出,王氏至此安家。村人认为此地旺火,以"灭火工具汝器镇之"。其实,汝器不是灭火工具,而是指汝窑所产的瓷器。南宋大诗人陆游《老学庵笔记》卷二载:"故都时,定器不入禁中,惟用汝器,以定器有芒也。"这段话的意思是说,北宋时,定窑的瓷器不得进帝王居住的宫中,只有汝器可以,因为定器有芒口(一种烧造的工艺缺陷,表现为口沿无釉,露出胎骨)。可见,当时迁入汝器的王氏先祖,若非官富后代,便是颇有造诣的文化人,否则不会取此富有内涵的村名。王氏祖先入居柘港之时,寄希望于后代:期望子孙像汝器般,既具似玉非玉之美,又有古玉般的内蕴。可惜后人误解,错会其意。

汝器西北是九虞,汝器西南是云湾。九虞,原为虞家。后实行都图甲制,村属九都,为九都虞家,简称九虞。据《波阳县地名志》说:"明初(洪武元年至永乐二十二年,即1368至1424年),虞姓由徽州迁此建村。"而1949年版《鄱阳县志稿》称:虞姓主要分布于"船湾、柘港、鄱阳镇","鼎公于唐乾符年间由浙江余姚迁来",两者相差五百余年。

虞姓始祖为虞舜,原姓姚,名重华,约生卒于原始社会末期。据《史记》记载,尧让位于舜,践帝位三十九年。舜,相传为中国历史上的先贤,是尧之后的部落联盟首领,是禅让制的代表,以受尧的"禅让"而称王于天下。当时国号为"虞",故称"虞舜"。虞舜待继母以孝,待弟以仁,儒家视其为理想人物,是仁孝的典范,故虞舜就是虞氏的得姓始祖。虞姓在春秋时已分布于今晋南与豫东一带。晋献公十九年(前658),姬姓虞国为晋所灭,子孙有离开祖居地而徙奔他乡者。秦汉之际,虞姓的主源繁衍于济阳郡(治所在今河南兰考东北)、陈留郡(治所在今河南开封)。此外,在今陕西西安、河南洛阳、河南鹿邑、山东巨野、山东淄博一带也有虞姓人家。据《后汉书·冯鲂传》载,东汉时,今河南唐河一带的虞姓已成为当地的大姓。虞姓南迁较早,据《尚友录》所载,两汉之交,有节臣虞俊,为会稽无锡人,可见南方虞姓最早落籍会稽郡。东晋时,虞姓以济阳郡最为著名。两晋间的八王之乱、五胡乱华,加之司马睿南渡,使虞姓除了南迁于今安徽、江苏、浙江外,还南迁于今湖南长沙。南北朝至隋唐间,虞姓在会稽郡(余姚隶属会稽郡)的发展势头很猛,不但名人辈出,而且族大人众、子孙繁多。唐末五代时,虞姓以会稽为中心,逐渐散居于今江西、湖北,并入居四川。鄱阳镇支家嘴、高门口也聚居着虞姓。明成化二十三年(1487),费宏榜进士虞坤,字公载,就是九虞人,历官福建惠安浦江知县、宝庆府(湖南邵阳旧称)同知。

汝器西南的云湾村,为周、虞、李、闵姓聚居村,周姓入居较早。周姓为游城板埠桥周氏的后裔,元朝中期迁此建村。随后虞姓、李姓相继迁入,闵姓随后迁入。虞姓迁自九虞;云湾李姓始祖为周姓的外甥,因顶母舅户籍由混水塘徙之;闵姓原居村东仓下山东沿。

闵氏是比较典型的汉族姓氏,闵姓也是韩国人的姓氏。春秋时,鲁国的鲁庄公死后,他的儿子启当了国君。启当时还很年轻,只过了两年,就被庆父雇人杀害了。后来王室追加封号给他,称为鲁闵公。闵是怜悯、可惜、痛心的意思。好在鲁闵公已经有了独生子,后来他的子孙,就取"闵"字作为姓。闵氏子孙散居山东,秦汉之际,因避乱、仕宦、谋生等原因,逐渐迁于今陕西、河北、河南、山西等省。三国两晋南北朝时,闵氏后人同其他中原士族一样,为避乱进入今安徽、江苏、江西、浙江、湖北等南方省份。唐宋之际,闵姓逐渐在长江中下游地区播迁开来。北宋年间,闵称道出使高丽,后定居朝鲜骊兴。

早在东晋之初,柘港便迁入了一支稀罕的姓氏——买姓。后来,这支买姓又迁入油墩街莲西。

买姓共有八个渊源:其一源于子姓,出自西周初期宋微子(微子启)之后。其二源于嬴姓,出自春秋时期莒子密州。其三源于姜姓,出自商周之际太岳之后。其四源于女真族,出自金国时期金太宗完颜吴乞买(完颜晟)之后。其五源于蒙古族,出自元朝韶州路同知买住罕之后。其六源于回族,出自元朝时期西域来华人之后。据史籍《偃师姓氏源流》记载:"宋微子之后有买姓。"在史籍《潜夫论·志氏姓》中也记载:"宋微子之后有……己氏、成氏、边氏、戎氏、买氏、尾氏、桓氏、戴氏、向氏、司马氏……皆子姓也。"其七源于姜姓,出自春秋时期许国君主许悼公之后,属于以先祖名字为氏。春秋时期的许国君主许悼公(前546—前523),又作许悼公,名姜买(许买),字智敏。其父为许灵公姜宁(许宁)。到了周敬王姬匄十六年(前504),许国为郑国所灭,许悼公的儿子姜斯被夺去君主称号。在许悼公的后裔庶支子孙中,有以先祖名字为姓名称买氏者,世代相传至今。其八源于姜姓,炎帝神农氏之第十五世伯夷,著名贤人,佐帝掌四岳,曾辅佐大禹治水。由于功劳巨大,帝舜晚年赐伯夷姓姜,赐氏为吕,并封他为吕侯,形成了吕氏部族。吕侯之后分衍为吕氏、甫氏、旅氏、申氏,就是后称

的太岳,即四岳。太岳之中的申氏后建有申国,史称西申,位于今陕西省米脂县及以北地区。在西周后期,申国仍不断与王室通婚,且在周王室中任要职,如周厉王大臣"申季",周厉王、周幽王皆娶申女为后。其后裔有居"买邑"者,即今陕西省旬邑县一带,以邑为姓氏,遂分衍有买氏。鄱阳买姓,当属前五个范畴。

龙头山西南、林家湖北端有荷塘石家,它和双港官田石姓都是南宋末由乐平菱田迁至鄱阳的。

石姓是个典型的多民族、多源流的姓氏群体。距今两千多年以前,卫国有一个贤臣叫公孙碏,字石,人们称他为石碏,是卫康叔姬封六世孙靖伯的孙子。在他大义灭亲之后,一家人在卫国飞黄腾达,世代子孙都贵为大夫。由此可见,石氏族人最早发源于当时的卫国,即今天的河南北部一带。秦、汉两朝以前,石氏族人主要在黄河中下游地区繁衍,同时有部分人徙居江南。南北朝时期,昌盛为渤海、平原两大郡望的石氏族人,都是石碏的后裔,他们尊石碏之裔孙石奋为开基祖。宋、元两朝以后,石氏族人已遍及江南大部分地区。柘港石姓始祖为石庚一。菱田石姓始祖为石中吉,宋朝时任饶州左使,娶乐平董氏为妻而留居乐平菱田。菱田村属乐平后港镇。

白马渡周姓来自原站前的打鼓岭。柘港周姓有三支,最早迁入的是白马渡周姓,唐末迁自本县高家岭镇。打鼓岭地处交通要道,村子很小,如今村名依旧,"主人早改",因此这支周姓来自何处不得而知。但从潼津白马渡周家的迁徙年代看,虽是唐末,却早于踏溪周氏和鄱阳镇西隅周氏。此前,有游城的周于林,于唐初在半港东侧建村。半港与潼津一河之隔,不知道有没有关系,这个村不但小,而且易姓苏氏,来历不清。从不少资料中发现,宋元时期是周姓迁入江西的鼎盛时期,而打鼓岭、周于林等迁徙的周姓都在此之前,说明周姓在鄱阳的历史悠久。只是历史如变化万千的万花筒,要想理出头绪还真不容易,尤其是乡镇。

边陲重镇非等闲

　　在鄱阳的乡镇历史中,除了鄱阳镇(今饶州街道),没有谁比石门街能在更长的时间里享受县级行政机构的待遇了。广晋毕竟在历史上有过重重的一笔,以至在历代《鄱阳县志·古迹》中留下"广晋县俗名广积县,在县西北一百八十里,今广进乡有城基。吴置广昌县,晋改'广晋'。梁鲜于琮杀广晋令即此"这样的记载。鲜于琮又称鲜于琛,常以神道惑众。他入山采药,说自己拾得五彩旗,又说于地中得石玺。中大通五年(533),鲜于琮结门徒起兵,杀广晋县令王筠,建元"上愿",置官署,聚众万人,攻打鄱阳,后被陆襄活捉处死。因为是县府所在的重地,曾城池高筑,森严壁垒,雄厚方正,岿然耸立。虽然城池规模不太大,但在古代仍不失雄浑恢宏之势,且辟有四门与外相通。巨石砖砌的门楼,显得格外庄重、敦实,"石门"因此得名。至今,石门街镇所在地,仍有南门、北门的地名。

　　石门虽然早在晋时便声名显赫,但从有关部门在20世纪80年代调查的资料来看,其人居入迁历史并不是很长,最早的也只是在北宋时期。而广晋建县于魏黄初三年(222),至北宋间的一千多年里,石门街难道是荒无人烟的"芭茅洲"?其实,这只说明北宋之后,鄱阳湖的定型使石门镇的战略地位下降。尤其是当时北方常与少数民族发生战争,而南方相对安定,因战争而逃亡奔波的平民百姓,自觉到这里定居,才形成了后来的局面。

　　从现有资料看,黄家潭村是石门镇建村最早的两个村之一。北宋初,有黄姓从徽州迁入。黄家潭地处石门镇的南门,分上潭、下潭两个村。石门的姓氏除陈、杨、曹三姓较多,项、黄两姓人口也较多,且黄姓在北宋就有名气。黄家潭人黄梦松,真宗咸平三年(1000)进士,官做到"正部级"。

　　黄梦松,名琰玉,字思琬,敕名梦松,历官户部侍郎、兵部尚书。在北宋,黄梦松是鄱阳第四位高中进士的人,同榜的鄱阳人有龚玘(列在他之前)、沈士廉(列在他之后),这一榜的状元是陈尧咨,四川阆中人。此前,宋太宗雍熙二年(985),鄱阳人窦随、谢恩恭中梁灏榜进士。在北宋,鄱阳共有五十七人高中进

士,而前五人中,唯有黄梦松载有官职。窦随、谢恩恭、龚玘、沈士廉四人没有任何记载。黄梦松不仅为鄱阳人争了光,还为石门街镇的人拔得了头筹。所以在石门街,无形中也有就与黄尚书有关系的古迹。北街有六座青石结构,长6米、宽3米、精雕细刻的石拱桥,据说,此桥为黄梦松回乡时所建,人称尚书桥。

宋初来石门建村的,有抚州杨姓。在一千多年里,除抚州杨姓外,来自各地的杨姓,陆续入居石门。枫树村、肖岭下、油榨下、老屋山的杨姓来自抚州,港下杨家、土库杨、松树下的来自河南,寒门口的来自乐平,杨家畈的来自莲花山中垱,凤嘴山的来自都昌,杨家沟、东堡山的也来自不同的地方。他们迁徙时间不一,出发地也不尽相同,但为同一姓源。

杨姓是非常典型的多民族、多源流的姓氏,其源流有四。一、出自姬姓。据唐代林宝的《元和姓纂》、宋代郑樵的《通志·氏族略》记载,杨姓出于姬姓,源于晋地之杨国(今山西洪洞县东南),建都于唐(今山西翼城县西)。春秋时,晋国内乱,晋献公相继灭周围诸小国,包括杨国。献公封其二弟伯侨领地于杨,以地取姓即为杨姓,由此伯侨成为杨氏的得姓始祖。二、另一说为:"周宣王(姬静)儿子尚父,幽王时封为扬(古代'扬'通'杨')侯,为晋所灭,其后为氏焉。"意即尚父是周宣王的小儿子,被其兄周幽王封于扬地,建扬(诸侯)国,春秋时扬为晋所灭,其后裔以扬为姓。此外还有少数民族杨姓,如氐族杨氏,世居仇池。三、出自扬姓。古时杨、扬不分,以邑为氏。四、源于变姓,属于因故转姓为氏,今浙江省诸暨市的概浦杨氏,本为倪氏所改,望出千乘郡,倪盈第八世孙倪炤,仕宋为龙图阁学士,因反对王安石变法,被流放至新州。当时倪炤的幼子倪顺,尚在襁褓中,被匿藏在概浦的外婆家。当时,由于官府勾结,追查很紧,外祖母孟氏以幼舅同庚者换下,才得以保全。杨姓的发源地在今山西省境内,后为晋所灭。有杨氏族人迁入江汉地区(今湖北潜江一带),后因楚国势力不断加强,他们被迫再向东南迁至江西。与此同时,又有杨氏族人自山西迁至江苏和安徽,散布于长江中下游地区。晋朝和唐朝,是杨姓在南、北方繁衍的重要时期,许多杨姓子孙为了避乱,大举南迁。

石门街的陈姓,分布也广,共有十五个村为陈姓:牌楼下、土库陈、楼屋下、团山下、旗杆下、涧口桥、干塘畈、小畈上、梨田园、新屋、团里、下屋、前屋、岗上、榨下等。这些陈姓来自四面八方,既有本省德安的义门陈,也有来自河南、安徽等地的。

　　陈氏是一个多民族、多源流的古老姓氏,主要分布在我国南方地区,尤以广东、福建、四川、浙江、江苏、河南、湖北、湖南等省为多。陈氏源于宛丘(今河南淮阳),望于固始,盛于颍川(治所在今河南省禹州市)。陈朝灭亡之后,陈叔明随其兄陈后主(叔宝)一起迁往长安,其后陈伯瑄(满公之七十世孙),勤奋好学,文采出众。当时,南康有一位署官食禄的马聪与他友善,他在造访马府时,两人结伴游览了庐山。因迷恋匡庐气势、蠡泽风景,陈伯瑄乃偕其子陈旺徙而居之,晦迹于江州德安县太平乡长乐里永清村。伯瑄遂成为浔阳陈氏的开山之祖。德安位居九江之南,两地相距较近,因而被称之为江州陈氏。宋嘉祐七年(1062),由于陈氏族人过度集中,给地方带来了压力,有碍其自身的生存和发展。经朝中文彦博、包拯等大臣合议,宋仁宗准奏,决定采取双分流的办法。是年七月,宋仁宗御赐编号,将陈氏家族财产列为 291 份,将陈氏分流至江西、河南、浙江、湖北、广西、江苏、广东、福建、山东、上海、天津等 125 个地区,入住的田庄达 290 余处,使义门陈氏遍布华夏四方。这是中国历史上较早的人口分流和远距离的动迁行动。《江州义门陈氏世系表》详细记载了陈朝灭亡之后,陈伯瑄迁往德安县太平乡常乐里,成为江州义门陈氏开山始祖,繁衍生息了十九代的大致情况。

　　石门曹姓来自本省都昌,分布于鸳鸯塘、新屋下、上坞曹家、老屋下、港下曹家、上坡畈、牌楼屋等地。而石门项姓,则分居于上项、下项和项家畈。

　　项姓源流很单一,出自周封项子国。西周时期,项子国为周王族诸侯国之一,春秋时为鲁国所灭。从此,项子国国名被取消,仅存项地名,子孙以项为姓。战国时期,楚灭鲁,项地即改属楚国。楚襄王时,将楚都由郢徙于陈,以项为别都(即陪都)。据《项氏宗谱》记载,浙江淳安、安徽徽州(含婺源)为项羽的后裔,淳安及徽州歙县、婺源三地的项氏,宋、元、明、清时期迁徙至浙江、安徽、江苏、上海、江西、湖北、湖南、广东、广西、福建、河南、四川、重庆、云南、贵州、河北、北京等地区。浙江某《项氏宗谱》记载本支为项伯(或项襄)的后裔;浙江缙云《项氏宗谱》记载本支为项梁的后裔,江西某《项氏宗谱》记载本支为项庄的后裔。另外在南北朝时期,项氏有改为周姓(项猛奴改为周文育)的,有赐辛姓的。

金亭街在石门街南偏西 2.5 公里处,明朝末,有金、陈二姓从乐平迁来建村,因村为街道结构,且又有舍姓亭子式铺面,于是称之为金亭街。清初,有金姓人氏金绳武,字天佑,由监生铨选为湖南辰溪县县官。

金氏是一个非常典型的多民族、多源流的姓氏群体,最早的一支源于上古时的少昊帝,另一支较早的金氏出自西汉时的金日磾。除上述两支金氏外,十六国时期的前秦时期,羌族首领有金氏。朝鲜历史上的新罗国王姓金。五代十国之一的吴越的开国之主叫钱镠,因镠与刘同音,为避其名讳,该国的刘姓人,皆去刘字(繁体为劉)的卯头刀旁,改为金氏。清爱新觉罗姓氏多改为金姓。还有一支金氏是由铁木复姓所改,为元太祖成吉思汗(铁木真)的后代,出自铁穆氏宰相之家。金姓的发源地主要有山东、陕西及浙江、江苏等地。宋朝时期,全国形成了以皖南为中心的皖、湘、豫、浙、赣金姓聚集地。

石门街地处赣皖边陲,毗邻皖南山区,与安徽龙泉镇仅一水之隔,为通京陆路要道、通江航运重埠,各路商旅在此处中转,逐渐形成商贸集市。在很长一段时期,安徽、浙江、江苏等地的生活用品,都在这里进行交换,石门街因此有“小饶州”之称。一条千余米的老街,记录着曾经的商业繁华,为彭泽、湖口、怀宁、望江、宿松、尧渡街(东至县城)、祁门等地的商贾辐辏之地。抗日战争前,石门街有经营南货、布匹、丝绸、绒鞋的商店 73 家,水果行栈 14 家,食品糕点店 18 家,餐厅 9 家,茶馆 2 座,银楼 3 家,药店 8 家,其他服务网点 97 户,年成交额达 3000 万大洋以上,有湖北、河南、南昌、抚州、乐平、万年、吉安、徽州、樟树、安徽、太湖、下鄱阳等会馆 12 个。旧时,老街之上古建筑星罗棋布,南有东岳庙、文昌阁、陈家祠、曹家祠等,东门建有东堂庙,中街造有文孝庙、皇庙、斋堂,还有魁星楼、天主堂、育婴堂等具有时代标识的建筑。

作为边陲和军事要地,自宋朝起,石门街一直为巡检所在,直至清初。巡检司始于五代,盛于两宋。元因宋金遗制,所设巡检司主要为州县所属捕盗官。在元朝、明朝与清朝,巡检司为县级衙门底下的基层组织。顺治十四年(1657),石门司巡检为翁凤翥。康熙三十四年(1695),石门街被列为汛地,“汛”为清代兵制,凡千总、把总、外委所统率的绿营兵均称“汛”,其驻防巡逻的地区称“汛地”绿(lǜ)营,石门属外委一员。清咸丰四年至同治二年间(1854—1863),太平军先后四次在石门与清军决战,可见当时石门街的战略地位有多重要。

山区乡镇广传说

翻开历代《鄱阳县志》，可以看到这样一段叙述："莲华尖在永福乡二十八都，去城二百三十里，为郡龙之祖，可瞰鄱湖。下有古刹，刹中有井，大旱不竭。"1985 年版《波阳县地名志》则说："莲花山属安徽黄山余脉⋯⋯面积约 16 平方公里，主峰海拔 627 米。""四面突起，中间低凹，宛如荷花，故名'莲花山'。山上原有庙堂，据庙嗣记载，建于唐贞观四年（630），名'白云庵'，有庐山尼姑来往。清时转为和尚居住，庙堂发展为前后五进，有十多个和尚，方圆几百里都有人来求神拜佛。"

山之貌在奇，奇之状在险，而鄱阳所处地带为丘陵平原地貌，这里居然有一座海拔 600 多米的高山，山巅之上又有一块平坦的土地。平地处在山中呈四周略高、中间稍低状，且无论下多长时间的大雨，这里均无积水。站在山上举目远眺，四周五座山峰相拥，似花瓣般张开，如此佳境，引人遐思，使人浮想联翩，于是有了寺庙——白云庵。

白云庵周边古树参天，翠色欲滴。一棵参天红豆杉，凸显出寺庙的古老。尤其令人称奇的是，这棵古杉居然能在盛夏烈日当空之时，飘洒着毛毛细雨。置身如此幽境，如入仙境。加上奇峰怪石、清泉瀑布，于是这个地处古邦东北之隅的乡镇，让传说打造得扑朔迷离。

舍里，位于中垱北偏东，宋时有王姓从中垱迁来建村，这是个充满传说的村落。从前，村里有对夫妻，结婚十余年，依然膝下无子。眼看快奔三十，妻子终于怀上了孩子，两口子乐不可支。古时候，人们喜欢养狗看家，这家也养了两条黑狗。只是，这家的狗每天都要爬到屋顶，而且是互相轮换着爬上屋顶。有一天，村里来了一位风水先生，他在这户人家房前屋后转悠半天后，神情凝重地对这对夫妇说："狗在屋顶睡觉，乃是不祥之兆，会给家中带来灾难。"这夫妇二人被风水先生这么一说，很是惶恐，当即就把地上的一条狗打死。屋上的狗，因没有同伴替换，又渴又饿，没过几天也死了。原来，这位风水先生不是一般的江湖客，而是朝廷招募的异士。前些日子，星象官报告这方天空上有紫气冲霄，预示将有新的帝王诞生,皇帝于是派人寻访。通过观察,风水师发现这位身怀六甲的村妇,怀的就是真龙天子。这两条黑狗,就是即将出世的新帝王的两个保护神。风水师于是暗生一计,如此这般将狗除掉了。朝廷闻讯后,非常震惊,立刻兵发舍里,前来剿杀。村民们仓皇出逃,可怜挺着大肚的村妇,没跑多远就跑不动了,情急之中躲到路边的水堰下,追兵顿时失去了目标。这时,有两只乌鸦站在树上说话了:"天子躲在堰脚下,兵马出在乌竹坑。"原来,这两只乌鸦是那两只屈死的黑狗变的。官兵得到提示,当即从堰下抓出村妇就地斩杀。后来,村里人为了纪念没有来得及出生的天子,就在村妇被杀的地方,建起一座庙宇,取名为天子庙;把村妇藏身的水堰,取名天子堰;把村妇意欲逃往的山坞,取名皇婆坞;把兵马踩踏的石块,叫马蹄石,马蹄石上的马蹄印仍清晰可见。如今,古迹尚存,这些地名也一直沿用。

舍里西南有一个洪水村,村子附近有个乌竹坑。传说"舍里出天子,乌竹出兵马"。据传,村里有个农夫,在自家的地里种了一垄芝麻,几天后,那些芝麻居然变成了一片乌黑的竹林。舍里的天子夭折后,这片乌竹突然根根爆裂。令人称奇的是,这些乌竹内流出的是红色的树汁。当地人认为这是竹子里的兵马都死了,顿时血流遍地,把河水都染红了。村民说这些乌竹是上天给新主准备的兵马,天子夭折了,这些兵马也就殉主了。后来人们把这块地取名为乌竹坑,把这条河取名为红水河,洪水村取红水的谐音得名。

九流,一个富有诗意的村庄,九条小溪先是像九条白练,从山上飞泻而下,尔后又像犁头,深深地耕耘着这片土地。坑飞瀑、一线瀑、响水瀑(潭)、五连瀑、三叠瀑、八连瀑,这些悬在头上的水流,千百年来滋养着大山里的子民。当南宋间安徽怀远吴姓来这里建村时,他们不禁被这里的宁静吸引。怀远吴姓也是泰伯的后裔,姬姓吴国的疆域在夫差时期最大:东至黄海,北至江苏丰县一带,西至安徽怀远、凤阳县一片,西南至鄱阳湖,南至浙江海宁市、德清县崇福镇等广大地区,吴氏子孙便散居在这些区域。居住在九流的吴氏人家,因溪流斜穿村庄,便将村子叫作斜坑坞。

此外,在两宋时来莲花山建村的,还有来自浮梁坑头建王田村的王姓及西风湾的王姓。明朝时,从安徽望江来了一户王氏,见山坞溪流潺潺、环境优美,于是建村定居,将村子取名为小源坞。中垱一户王姓人家迁至南源坞。清朝初期,一位名叫王仰二的农民,从中垱迁来,从此有了东源坞。同治时,湖北黄梅方氏入居,安徽怀宁陈姓迁至高沙棚。程、江二姓迁至东冲坞,范姓迁至下鲁。入居九流的是胡姓,他们在清朝末年从枧田街迁入。

秀山清泉奇石,这应是莲花山乡的特色。中垱村东仓坞有一块平坦的大青石,青石上清晰地凹现出人向天仰躺的印痕,据传,曾经有位道人,每天不思修炼,只爱长年累月地躺在石头上晒太阳。日久天长,石上便烙下道人的身影。后来,人们便称这个石头为懒人石,每遇大旱,人们就来此处求雨,并在青石上抹满污秽物,以便上天降雨冲洗。

莲八村是莲花山最早的村落之一,唐朝时便有王姓从浮梁红花墩迁入。这个村的山麓旁,有一块竖立的巨石,人们称它为撑腰石。传说只要人拿一根小木棍,撑在巨石下方的缝隙中,腰便不会酸痛。

在人们的眼中,山区是和闭塞联系在一起的,但莲花山广泛流传着罗隐的故事,不由得让人联想罗隐是否在此逗留过。

罗隐(833—910),原名罗横,字昭谏,新城(今杭州市富阳区)人,唐代诗人。罗隐生活在唐朝末年,和许多人一样,他也想借助科举考试踏入仕途,大展宏图。然而,自大中十三年(859)底至京师应进士试起,罗隐屡试不第,史称"十上不第",于是改名为罗隐。罗隐的才华确实出众,名声很大,就连当时的宰相郑畋和李蔚都很欣赏他,只是罗隐每次应试时,试卷的讽刺意味太强,人也很狂妄,考官们对他很反感。有一次他应试时,正遇上大旱,皇上下诏求雨作法,罗隐便在试卷中说水旱灾害是和天地一样共存的,无法立即消除,他劝皇上用心祈祷,这样即使百姓的庄稼受灾再重也会感激皇上。他最后还说,先皇和大臣们都不能为皇上出力,何况作法的是几个无名之辈,他认为此法不可取。罗隐的话太直率,有些讽刺的意味,皇帝当然不会听他的。咸通八年(867),罗隐自编其文为《谗书》,针砭时弊,更为唐朝廷所憎恶。黄巢起义后,罗隐为避乱隐居九华山。光启三年(887),五十五岁的罗隐归乡依附吴越王钱镠,历任钱塘令、司勋郎中、给事中等职,于后梁开平四年(910)去世。传说,罗隐是地仙,是"真龙天子"。玉皇大帝怕他当了皇帝,会扰乱乾坤,就派天兵天将换了罗隐的仙骨。当时罗隐咬紧牙关,浑身的仙骨都被换掉了,只有牙床骨没换。罗隐虽然做不了皇帝,但是留下了一张"圣贤嘴"。说来也怪,罗隐说什么,灵验什么,大家既想讨他说好话,又怕惹他讲坏话。关于罗隐的神奇故事,民间流传不少,莲花山更多。

传说一：很久很久以前，大山深处住着一对中年夫妇，家境十分贫寒，老年才生得一子，取名"罗隐"。罗隐小时候上学，每逢下雨，门前小溪的水位便上涨，同学们都过不了河，此时有一位白须老人背罗隐过河读书。母亲叫罗隐问其故，白须老人告诉罗隐："你是神仙下凡，将来要做天子。"罗隐回家告诉母亲，母亲正好在锅台上洗碗洗筷。母亲闻言大喜，边洗碗筷边敲打锅台，说："这下好了，以前对我不好的人，我都要惩治他们，报复他们。"灶神爷被罗隐母亲打了几十板后上天奏本，说："罗隐家不具备做天子家的德行。"玉帝听后，勃然大怒，命天兵将罗隐捉上天庭问罪，收回仙胎仙骨，罗隐从此便高烧不退。每逢罗隐骨节疼痛时，母亲便对罗隐说："儿啊，你要咬紧牙关站稳脚。"罗隐真的咬紧牙关站稳脚，于是留下仙齿和仙脚。罗隐被打下凡间后，能日行千里夜行八百，而且金口玉言，说什么就有什么。此后，罗隐普度众生，常为百姓做善事。

传说二：罗隐曾在莲花山隐居过一段时间。有一次，罗隐听村民说当地连年发大水。为使百姓免受洪水灾害，罗隐就想打开万年岭，塞住马头山。一日，罗隐将万年岭一山的石头化成一群小猪，准备把小猪驱赶到马头山。在经过九流河时，偶遇一农妇，罗隐便问："大嫂，您是否看见一群小猪打此经过？"哪知这位农妇是观音菩萨的化身，是奉玉帝之命来阻止罗隐此举的。观音菩萨便答道："未曾看见小猪，只见满河的石头。"她一边说着，一边用手向河里一指，刚走过去的一群小猪，突然原地不动，变成一个个圆圆的石头。其中一个最大的石头，据说是老母猪变的，人们于是就管它叫猪母石。猪母石差不多有一头水牛那么大，重十多吨，至今仍安详地躺在九流河中。河岸边有一株千年马尾松，传说当年罗隐赶猪经过时，老母猪曾用这株古松挠痒。说来也怪，有一年，一个外地人将猪母石买走，三天后，这株千年古松竟无缘无故地突然拦腰折断，上半截倒入河中。后来，九流村的人认为这是不祥之兆，只得从外地将猪母石运回来，放回河中。后来，村民又在河岸边依山建了一座观音庙。

传说三：在很久以前，九流坑麻雀成灾，罗隐游历名山大川，途经九流坑时口渴难耐，看到有户人家，就上前讨水喝。女主人正在晒谷，拿着竹杖赶麻雀，于是便回屋倒茶，让罗隐帮忙赶麻雀。因鸟太多，罗隐顺手抓了一只麻雀，拿一块石头把它压住。顿时，麻雀变成一块大石，而压雀石变成了更大的石头压在上面。麻雀们一看全吓坏了，便远远地飞走了。从此，九流坑没有了麻雀，而压麻雀的两块大石，一天天长大，耸立在九流坑的山上。

千秋河畔千秋谜

鄱阳这个古邦大地历史悠久,留下了许许多多未解之谜,枧田街也不例外。

迁入枧田最早的当数李姓,唐时界田李氏迁入沙堤,那时还没有浮梁县。其次是黄姓,唐朝初期,同时有三个地区的黄氏迁入:一是安徽怀宁,二是河南,三则为都昌。在枧田160多个自然村中,以黄姓为主体的村落有14个:西市街、大畈山、简益下、鱼山坞、大山坞、徐墩、闵家桥、东家坞、长顺畈、丰田、下山坞、中墩上、黄家岭、脑头山。

从新中国成立前的《鄱阳县志稿》中关于鄱阳黄姓主要聚居地的迁居情况看,它与1985版《波阳县地名志》不吻合。《鄱阳县志稿》载:"延祚公于宋建炎间由新安篁墩迁千秋乡,后分迁各处。"据此所记,鄱阳黄氏具体的迁徙分别是:"常二公于明洪武四年(1371)迁船湾高沙畈;彦一公于明初由横埇迁船湾;塘下玉三于元末由歙县迁田畈;北三、百六于宋初歙县迁入桃溪,黄乃公于此前后迁碧山;儒淳迁黄家洲;千七公自浒湾迁谢家滩;钟一公于明代由梅舟(柘港)迁潼津,唐末由本邑韩山迁柘港;时祥公由安徽歙县迁龙潭三十四世。"其中没有枧田街乡黄姓唐时迁自安徽怀宁及河南、都昌的记载。不过,枧田黄姓在清朝道光年间出了个进士黄淳熙。这位丰田人的生前壮举,给丰田黄氏家族赢来不少殊荣。

黄姓是一个典型的多民族、多源流的姓氏,发祥早,根源深。它的主流是一个以国名为姓的姓氏,主要源自嬴姓及少数民族改姓等。吴回(祝融)之子陆终为得姓始祖。远古时期,今内蒙古东部、燕山以南一带,为黄姓发源地之一,族人后跟随颛顼迁至中原地区。公元前648年,潢川黄国为楚国所灭后,黄姓族人有少数逃到河南中部,其余大批则内迁到楚国腹地,定居在湖北等地。战国至秦汉时期,大批黄姓已经播迁到湖北地区,逐渐形成江陵、江夏两个黄氏郡望。黄姓以此为基地向江南发展,"其俘诸江南以实海滨",黄姓的足迹已经西达陕西和四川,东临东海,南至湖南和江西。由于黄姓主力在秦汉时期已迁离了北方,因此受中国北方几次战乱的影响较轻。根据文字学家和考古学家的研

究,现在的黄字,原来不是表示黄色,而是一个象形字,是一种用于佩戴的玉器。我们的祖先,既喜佩玉器,又精于制造玉器,还特别喜爱黄色,是个崇拜黄色、用凰鸟做徽记的氏族,便假借象形字的黄作为黄色的黄,并用"皇"的读音。

黄姓在中国南方得到了稳定、长足的发展,尤其是宋、元、明时期,在今赣、浙、闽、粤四省繁衍最盛,最终成了南方的大姓。尤其是新安篁墩黄氏宗族,由隋唐时期的一个江夏分支,发展成一个拥有大小四十余个各级分支氏族的黄姓大宗族,散布在东南,主要在今江西、安徽、浙江三省。

据说,枧田李姓是由浮梁界田(界田应为婺源而非浮梁,讹误)李氏迁入沙堤的,界田李氏迁徽也是从篁墩开始的。唐代昭王之子李侟,因避乱迁歙之篁墩,旋迁昌水,又徙居界田。传三世,孙李德鹏迁至祁门之浮溪新田;李德鸾迁至婺之严田。一宗三支,形成徽州三田李氏。

在研究各乡镇迁徙历史后发现,很多姓氏迁自黄墩或篁墩。

篁墩最初名叫"姚家墩"。东晋时有一个名叫黄积的人,"为考功员外郎,从元帝渡江任新安太守,卒葬郡西姚家墩。积生寻,庐于葬,遂家焉,改曰篁墩"。西晋时,朝廷赐新安太守程元谭(约245—约325)及其后裔宅居于此,因此地多修篁,遂改"黄"为"篁"。唐末黄巢之乱时,黄巢军一路烧杀掳掠,相传"凡地以黄名者,兵辄不犯,盖谓己也",于是在唐末又易"篁"为"黄"。至明代,休宁进士、篁墩程氏后人程敏政再次改"黄"为"篁"。令人不解的是,历史上,北方中原世家氏族,汉以来陆续徙入徽州,并大多以篁墩为始居地,由此先后向徽州各地、大江南北扩散迁徙。许多徽州宗谱、家谱和地方史志文献记载,"始迁篁墩""祖居篁墩"。如此氏族,至少有二三十个之多,如鄱阳胡氏,从婺源清华迁入。而婺源清华胡姓则迁自篁墩。其中一支始迁祖胡瞳,早在唐代便自徽郡篁墩迁至祁门。胡瞳生二子,长子胡宅从祁门迁至贵溪,形成贵溪派胡氏;次子胡学从祁门迁至婺源清华东园,东园胡氏后代支系分布在新安诸邑,及鄱阳、浮梁、建德、泾县等地。还有洪姓,洪氏源自敦煌共氏,其后世于唐贞元间迁至歙县之篁墩,后世迁至婺源轮溪,将轮溪称黄荆墩,以纪念篁墩祖居地。后人再迁至乐平,形成著名的鄱阳洪氏。鄱阳洪氏后裔散居乐平、鄱阳、浮梁、余干、婺源、歙县、安仁、崇仁、建德、遂安、建昌、莆田、江苏、浙江等地,并向南方和海外发展。其中一支从莆田迁至广东,为洪氏迁粤最早的一支。此族后裔人才辈出,宋洪皓及子适、迈、遵,清代著名学者洪亮吉,状元洪榜,太平天国领袖洪秀全皆出自此族。

枧田的古,不只体现在建村历史悠久,还体现在古风古俗上。聚族而居是中华民族的远古习俗,虽说在数千年间历经战争与自然灾害的洗礼,饱经迁徙之累,但只要条件允许,先祖们就保持着这种状态。但随着人口的剧增、生存条件的限制,这种风俗不断受到冲击。所以在鄱阳不少村镇,从某姓家族分支而出,且越迁越远的比比皆是。而枧田街的珠田赵姓,至今仍抱团取暖,保持聚族而居的风俗。

赵姓是在唐初入居塘家山的,一千多年过去,这个家族先是由远而近,以塘家山为中心,再填空式地让本地族人聚集在方圆二十来公里的长条形地区。唐朝中期,塘家山的一支赵姓后裔,在发祥地西北处建村,村名蟹家坞;宋初,赵姓又在蟹家坞南,建下新村楼下岗;宋末再建凤菊岭、牌楼下,这两个村紧挨着塘家山北;元初有分支建北上村,元朝中期出现珠田畈,至清初出现枫树林。这种以塘家山为中心,东到枫树林,西至蟹家坞,呈长方形的格局,相隔不到两公里,有规律、有秩序,既分流人口又不太分散的家族分支,在全县比较罕见。

什么是家族? 古人曾解释说,族是凑、聚的意思。同姓子孙,生相亲爱,死相哀痛,时常聚会,所以叫族。从字面上讲,族是一个假借字,原指盛箭矢的袋子,把许多支矢装在一起叫族(后来写作"簇"),也叫束。用它来命名家族的族,就是许多家庭聚集在一起的意思。所以,家族是以家庭为基础的,是指同一个男性祖先的子孙,虽然已经分居异爨,成了许多个体家庭,但是还世代相聚在一起(比如共住于一个村落之中),按照一定的规范,以血缘关系为纽带结合成一种特殊的社会组织形式。著名学者许倬云说,精耕细作型的农耕文明讲究聚族而居,代代相传。不少中国文人即使在城市里待很久,也认为是"客居",迟早要还乡。

赵姓,在宋朝编制的《百家姓》中排名第一。其实,赵氏是个古老的姓氏,发祥地在今山西省。周穆王时的造父是汉族赵姓之始祖。造父,嬴姓,伯益的后代,蜚廉四世孙,中国历史上著名的善御者。传说他在桃林一带得到八匹骏马,驯好后献给周穆王。周穆王配备了上好的马车,让造父为他驾驶。周穆王经常外出打猎、游玩,有一次西行至昆仑山,见到西王母,乐而忘归。正在这时,徐国

徐偃王造反的消息传来,周穆王非常着急,在此关键时刻,造父驾车日驰千里,使周穆王迅速返回了镐京,及时发兵打败了徐偃王,平定了叛乱。造父立了大功,周穆王便把赵城(今山西洪洞)赐给他。自此以后,造父族就称为赵氏,为赵国始族,造父就是普天下赵姓的始祖。汉至宋以前,赵姓在北方地区是常见的姓氏之一,今黄河流域的省区是赵姓分布的主要地区。秦始皇灭赵国后,赵王迁被秦始皇流放到今湖北房县,子孙在今湖北繁衍。珠田赵氏始祖为哪一支不得而知,但有一点可以肯定:与两宋赵氏毫无瓜葛。

枧田街珠田赵氏家族,在近两千多年的时间里,保持着良好的家族生态。赵氏出了诸多谱牒家、政治家、军事家,在西汉还有一位名声不大却对中国后世农业发展有重要作用的杰出人物——农学家赵过。

赵过(前140—前87),汉武帝时京兆(今西安地区)人。汉武帝刘彻南征北战,大兴土木,疏于农业,以致国库空虚,朝野不安。后来,汉武帝在车千秋的规劝下,有了后悔征伐之意,并提出"方今之务,在于力农"。赵过在这个时期,被汉武帝任命为搜粟都尉(汉官名。"搜",亦作"騪",又名"治粟都尉"。这是汉武帝时设置的一种军职,专管征集军粮之事,桑弘羊曾任此职,不常置)。《汉书·食货志》说,赵过创新农具和耕作法,即用耦犁、二牛、三人的办法,使铁犁和牛耕法逐渐普及。此外,他又在全国推广"代田法"。他对农业的改进措施,使许多农民在一定程度上减轻了负担。中国是一个人口、农业大国,赵过为中国早期的农业生产做出了巨大的贡献。

那么,珠田赵氏是不是赵过的后裔?因为先祖的遗言和理想,赵氏不辞辛劳,从遥远的西北辗转来到南方,迁徙到先祖恩人的安寝地,以完成先祖的未竟之志,报答车千秋对赵过的知遇之恩,在继续家族、发展农业的同时,又顺带代为车千秋守陵。否则在这么长的时间里,人口繁衍已经使原居住地无法承受,即使是分居,也不会超出太大的范围,这既是家族的愿望,也是家族的恪守。当然,赵氏的安居,与这里良好的生态息息相关。纵横交错的山溪,清澈见底的淙淙流水,平坦丰腴的丘陵田地,远山环抱的黄山余脉,以及远离战争的世外桃源般的环境,都是赵氏对这片土地不离不弃的原因。至于这支赵氏是否与赵过有干系,或许《赵氏宗谱》里有答案。

寺观庙祠满饶城

　　旧时的鄱阳县城,是个充满神秘色彩的地方,不但儒、道、释齐全,而且遍布民间诸神。民间有"三观九寺十八庙"的俗语,实际上远远不止这些。可以说,只要外地有的"神明(菩萨)",芝城一个不缺。

　　先说本土的道教,道教的活动场所叫"观"或者"宫"。鄱阳既有太一派的,又有全真教派的,著名的观依次有:

　　元妙观,又称三清殿,西晋咸宁二年(276)创建,旧址在东湖百花洲,唐大中二年(848)移至城东,即永平门外魁辅坊,改额"开元观"。宋大中祥符三年(1010),诏额"天庆观",建朝元阁。元元贞二年(1296),诏改额"元妙观",至正间遭兵毁,明洪武间重建,清道光二年(1822)重修。观旁有东寮、西寮、葆真寮、合真寮,都是羽流(道人、道士)的居处。

　　紫极宫,唐开元二十九年(741)建,原在郡城东南,后移到桃源山麓,有唐钟。紫极宫是盛唐时时兴的宫观名,据传,大诗人李白曾于紫极宫受箓为道士,在那里遇到贺知章。李白瑰丽的诗歌和潇洒出尘的风采,令贺知章惊异万分,贺知章甚至称赞道:"你是不是太白金星下凡到了人间?"

　　文惠观,属全真教派,元至元间在永平门外创建。

　　丹霞观,又名天师观,元大德六年(1302)移建至城内,后迁至朝天门外。

　　文昌宫,旧时在城外浮洲寺侧,嘉庆十九年(1814),知府陈超曾、署府狄亿、知县冯履晋率邑内绅士将文昌宫移建于茶条巷芝阳书院(现西门路与饶州大道交叉的东侧)前,有碑。每年春、秋二季致祭。同治二年(1863),知府吴秉衡将文昌宫改为府学宫,将帝君神位移至后殿。文昌宫与文庙并非一体,前者祀专管功名、利禄、官运的道教神文昌帝君,后者祀孔老夫子。

　　再说佛教的寺,按照时间顺序,有记载的有:

　　永福寺,位于府治东(土井巷),南朝梁天监元年(502),鄱阳王萧恢舍宅为寺。宋天圣二年(1024),有二异僧至,建石塔,高三十丈。元至正二十二年(1362),寺僧清除塔基的玻璃瓶时,见中贮甘露,便以甘露进贡于朝廷,遂诏以

甘露名其门。咸丰三年(1853),寺左观音堂遭兵毁,同治四年(1865),程廉氏重建。

荐福寺,六朝或唐初建,在东湖北,后建有莫莫堂,旁有千佛阁、观音堂、天后宫,咸丰三年(1853)毁。同治七年(1868),重修大殿。

妙果寺,位于朝天门外宝胜桥西南,唐贞观十年(636)建。妙果寺原名金刚寺,一度是鄱阳重要的比丘圣地。关于金刚寺的得名,史载:"寺有疯和尚,饮酒食肉,恣意癫狂。一日,疯和尚向长老言欲负担去云游。长老曰:'门前有二金刚,汝持一个去也。'僧诺之,梯而上,以担挂金刚肩,金刚则随僧走。寺僧呼噪追之,疯僧取担自负,乘云而去。金刚僵立田野中,寺僧赴殿盖之,名金刚寺。"妙果寺前面原先有座十七米高的土塔,塔与永福寺塔相望,构成东湖十景之一——"双塔铃音"。

唐朝创建的寺还有:天宁寺,在蟮洲门内,唐贞观三年(629)创建;景德寺,在永平关外,唐开元十年(722)建,内有太素宫;东塔寺,在朝天门内,唐太和三年(829)创建。

宋朝创建的寺有:芝山寺,位于灵芝门外,芝山南麓。宋初创建(一说唐时创建),后有碧云轩,轩西石级可升至芝山顶,有远意亭,天色晴朗时可望匡庐。治平二年(1065)状元彭汝砺,年少时曾在这里苦读,终于独占鳌头。安国寺,在城内锦昭坊东(即桃源山),晋陶侃孙、长沙公陶延寿旧居,宋天圣年间创建。报岁寺,在东北关五里堡,宋元丰年间创建。浮洲寺,东湖中督军台旧址,宋治平三年(1066)创建,咸丰三年(1853)毁,同治六年(1867)重建正殿。明福寺,位于毛家巷,宋绍圣二年(1095)创建。南天王寺,位于南保坊南岸(河南岸蔡家村东)。

元朝时创建的寺有:圣寿寺,在锦昭坊,元天历元年(1328)创建;相尼寺,在西隅董家巷,元至元间创建;宝华寺,南隅宝华巷,元时创建;普明寺,在东隅迎晖巷内,东塔以下;海会阁,在城内大龙桥上,元至正十五年(1355)创建;广惠庵,在今光裕巷、仁慈巷,元至正间创建;惠尼寺,位于西隅,先在东湖百花洲畔,名还原庵,明洪武三年(1370),邑人陈月航舍基迁今处;圆通庵,位于鲁洲,明嘉靖年间创建;灵芝庵,在南保坊,明嘉靖年间创建;丛林庵,在水南庙右,明万历年间创建。以上俱咸丰三年(1853)毁于兵火。升济茶庵,在丛林庵右,旁有会

云亭,今废。

从前,芝阳城里的庙宇特别多,城隍庙有两座,一为府城隍庙,一为县城隍庙。最早的府城隍庙建在毛家巷,即今长沙弄长沙王庙的地址上,后来移至西门村西北即原连杆厂、今阳光花园那块地方。明朝朱元璋攻克江州后,来到芝城东门外,御书"城隍之神"匾额,祀以少牢。洪武二年(1369),知府王哲迁到后来的地点,明、清两朝历有修葺,一直延续到新中国成立。县城隍庙为唐时所建,在县治左即今桐子园。明隆庆三年(1569),知县张应亮建楼于面前。万历十六年(1588),知府程朝京建四柱石坊。

关帝庙有三座,一座在朝天门外的北关,一座在后山队的茅园里,还有一座在十八坊,不但规模较小,而且时间不长。

长沙吴文王庙,以前在旧州治内。宋景祐间,范仲淹知饶州,迁庙于治西北。元延祐间,总管王都中重修。明洪武八年(1375),知府王哲迁庙于毛家巷,咸丰三年(1853)毁。同治七年(1868),吴姓裔孙重建,旧有碑文。

城内庙宇还有:忠烈康王庙,在魁辅坊北即横街今电信局,供奉的神姓康,名保裔,宋真宗时殁于王事,立庙祀之。年王庙,在城南云津巷,祀太岁神,宋时创建。蜀三大神庙,在月波门内。其神有三:清源,隋朝嘉州太守赵昱,斩江蛟以除民患;文昌,即梓潼帝君;射洪,即蜀郡太守李冰,秦时造石犀以镇水怪。这三位都是四川的民间神,曾任重庆知府的彭大雅回到鄱阳后,建祠奉祀。白马庙,在府治仪门左,相传供奉白马大将,姓谢,不知名讳,有文人作《白马庙碑记》,江万里为江西提刑时带回奉祀于庙。此庙在明初由总制宋炳、知府陶安重修。三皇庙,在府治北东华巷内,元时建,祀伏羲、神农、黄帝,命医学、阴阳,官员春、秋行释奠礼。屈原庙,俗名水府庙,在鄱江门外,接官亭东南,祀三闾大夫屈原,明洪武初重建。旗纛庙,在明千户所署后,洪武三年(1370)总制宋炳创,祀军牙六纛之神。王灵官庙,在永平关下河街,清康熙十年(1671)建,咸丰三年(1853)兵毁。火神庙,在东隅延宾坊大街,清康熙二十五年(1686),知府黄家遴、知县王克生率士民建。龙神庙,在郡西隅、府城隍庙西,雍正四年(1726),署县张以吾奉文建立。五神庙,在硕辅坊,乾隆四十年(1775),参将王锡荣重修。祝君庙,在文惠坊南,祀唐饶州刺史祝钦明。

城外永平关周边的庙宇有:刘巡官庙,在永平关,供奉的神姓刘,名宗宏,楚

州山阳人。隋大业三年(607),刘宗宏为鄱巡官时,三乡遭遇洪水,民以杀掠为事,郡守梁文谦命其招安。刘宗宏给钱米周济灾民,相与培土为市,乡民感其恩德,立庙祀之,范文正公有庙赞。郭西庙,在永平关古监前,祀南朝梁昭明太子。宋池州有祠,能弭火灾,邑人往池州迎神奉祀。嘉庆十八年(1813)重修,咸丰三年(1853)毁,同治二年(1863),萧松柏捐修。总管庙,供奉的神姓胡,名靖一,安徽婺源人。此庙宋时建于永平关税务巷内,咸丰三年(1853)毁。华光庙,在永平关外华光巷,临河,同治三年(1864)重建。马王庙,在荐福寺西。药王庙,在永福寺内钟鼓楼左。忠靖王庙,在永平关外,祀唐忠臣张巡,明永乐八年(1410),知府李益重修。黄龙庙,在后山队即姚公渡。晏公庙,在城西柳林津即管驿前,祀元晏戌仔,明洪武间建。宝福侯庙,在芝山前,祀汉樊哙。祠山庙,在东北关妙果寺旁,供奉的神姓张,讳渤,字伯奇,武陵人,西汉宣帝神爵二年(前60),元僧南楚住持妙果寺,奉其像于祠。东岳庙,在城北十里,旧在芝山东,宋宣和间移至今处。圣母庙,又名碧霞宫,即水南庙,祀碧霞元君。此外,还有春秋阁,祀关帝,原先在荐福寺内,清朝巡道秦承恩移建于道署。

祠堂是祭祀祖先或先贤的场所,芝城祠堂众多,也属罕见。忠孝行祠在灵芝门内即鸣山庙,晋石敬纯为父报仇,追杀牛昌隐,道经鄱阳。后人立祠祀之。宋咸淳间重修,门有古柏,高十余寻,人不敢伐。九贤祠在府治内,祀吴周鲂,晋虞溥、王虞,南朝梁陆襄,隋柳庄、梁文谦,唐张廷珪、颜真卿、李复,是为九贤,后又增祀李吉甫、马植。颜范二贤祠在旧州治颁春堂,祀唐颜真卿、宋范仲淹,州守王十朋迁祠于庆朔堂右,额曰"三贤祠"。范文正公祠,宋时建,一在颁春堂,一在州学讲堂左,一在天庆观。洪忠宣公祠在府治右茶场巷内,祀宋名臣洪皓。江古心祠在旧府学东亭子巷口,祀宋丞相江万里,康熙三十一年(1692)改建于六条巷,额曰"济忠"。集贤祠旧在府署西,康熙三十二年(1693)知府李昉建,祀唐颜真卿、宋范仲淹、洪皓、胡铨、王十朋、唐文若、唐震元,元王都中、魏中立,明陶安、陈新会、张有誉、张并叔,清梁以桂、翟凤翥。嘉庆十九年(1814),知府陈超曾改建于府署仪门左,易其额曰"三贤祠",祀颜真卿、范仲淹、王十朋。程刚愍公祠在旧州学右,祀乐平人程振。靖康之乱时,程振献策集诸道兵攻打金军,不被采纳。后来汴京失守,金人命程振搜刮金帛,程振不从,被杀。端平间,州守林杲建祠祀之。陶侯生祠在三皇庙西,祀陶安。陶安,姑孰(即今安徽当涂）人，明初知饶州，有保障功，郡民德之，有李实碑记。胡公祠在白莲池北，祀忠臣胡闰，以女贞姑配享，胡公死于靖难，时万历改元，诏祀于乡。康熙丙寅年（1686），郡守黄家遴从众请与番君庙并建，额曰"文惠忠烈二祠"。余忠谏祠在硕辅坊前，明创，祀余廷瓒。五贤祠在胡公祠左，万历乙卯年（1615）建，内祀胡居仁、余祐、舒春芳、史桂芳、陈嘉训。崇祯庚辰年（1640），督学侯峒曾移五先生主于祠左之芝阳书院，而改祠为列贤祠，内祀廉靖、朱大德、徐时升等人。崇德祠在西隅旧府学基东，祀舒公其志。舒其志，湖广人，万历癸未（1583）进士，甲寅（1614）冬署守道事，士民戴德，立祠祀之。张公祠在硕辅坊，祀太守江阴张公有誉。龚公祠在永平关，祀守道龚嵘。陶余二公祠在南隅大街，旧为秦公讲堂，乾隆五十六年（1791），邑人改祀陶桓公，祠左改建余忠谏祠，并余公入陶祠。忠义祠在学宫大成门右魁星阁后，雍正元年（1723）奉敕建。屈公祠在硕辅坊麻园里，候补道屈奉文建，祀嘉庆九年（1804）饶州营、浮梁营从征湖北、河南剿匪阵亡的弁兵。昭忠祠在北冲坞，祀保和局阵亡的绅勇。旧昭忠祠在城内府城隍庙西，嘉庆十八年（1813），知县吴琦、李仁元陪祀，咸丰六年（1856）奉敕建。二忠祠在文昌宫西，祀鄱阳知县沈衍庆、乐平知县李仁元，同治六年（1867）奉敕建。节孝祠在县儒学外，祀邑内节妇、烈妇、贞女、烈女。

饶河真正属鄱阳

无论从地理还是现实意义看,饶河都属于鄱阳。这条起于姚公渡,终于莲湖龙口,全长 32 公里的河流,不仅流经鄱阳境内,而且所有的韵味与气息,完全是鄱阳独有的。据不完全统计,中国流域面积 100 平方公里以上的河流有 5 万多条,1000 平方公里的有 1580 条,大于 10000 平方公里的有 79 条。饶河,这条看似不宽也不算狭窄,多数时候规规矩矩、不紧不慢地向西前行的河流,按照流域面积算,则属于 79 条中的一条。当然,其中包括北河(昌江)、南河(乐安江)的流域面积。然而饶河真正的存在感,是源于那个"樯帆安泊,百货归墟"的年代,是号子四起、会馆遍布的年代。

隋炀帝大业三年(607),郡守梁文谦、巡官刘宗宏,率民众于东关芦洲筑堤护岸时,何曾想到它后来的发展。不知从哪一天开始,河面的江岸边传来了一阵又一阵时而高昂、时而激越的号子声,这哼哼啊啊的号子声越来越密集,从而逐渐形成了一种习俗和景观。尤其是每年端午节前后,饶河一改秋冬时的"文静",又热闹起来:不但船多了,而且常常停泊着成串的竹、木排筏。在高亢的号子声中,码头在不断延伸,渐渐地有了鄱阳港。渐渐地,鄱阳港成了江西六大码头之一,成了赣运的水上枢纽,也成了祁门、上饶、铅山、景德镇、鹰潭等地客商的必经之途,成为南昌、九江、赣州、吉安乃至长江各大都会商贾瞩目的所在。"茶商醝客,皆以鄱为过载地。"这是长期以来商贸往来给它带来的历史评价。浮梁的茶叶,昌南的瓷器,信州的纸张,河口的雨伞,万年的大米,德兴、乐平的竹木,以及上海、南京、芜湖、武汉等地的物品,源源不断地在这里交易、集结、中转。"十里帆樯依市立,万家灯火彻宵明",成为很长一段时间鄱阳最真实的写照。"水为城用,城为水兴",饶河上的号子,一天比一天洪亮;祁门的竹、木排,一年比一年宽厚;码头的吞吐量,一次比一次大。饶河,以其宽敞的胸襟、可塑的张力、开放的精神,纳入吐出,流动不息。清光绪二十一年(1895),以机械为动力的小轮船,拖带着客货木船,驶进了这片古老而深邃的水域。新的繁华开始了,两三百米宽的河面,停泊过往的各种船只越来越多。据调查统计,1934

年,仅一个月的时间里,饶河有 1780 只船舶过往停靠;1939 年,本港登记的船只共有 1347 只。而在 20 世纪 30 年代,活跃在饶河的各种船帮,居然有 21 个之多。1960 年,鄱阳港的年货物吞吐量高达 293.4 万吨。

随着进出鄱阳港的船只增多,在饶河之阳的岸边,逐渐形成了一条闾檐辐辏、万瓦甃鳞、铺店布列、略无隙地的十里长街。高高矮矮的房屋,宽宽窄窄的门脸,形形色色的招牌,面河伫立,俯视着川流不息的水。而麻石街上,从白昼到夜晚、从清晨到黄昏的橐橐脚步声,使饶河始终处在不夜的兴奋状态。杂乱的步履,在水的映洇下,变得更加有条不紊,秩序井然。隔街的河中,樯橹穿梭,舟楫络绎,百货归墟,千帆安泊。不时,有店铺的脚——用石头或杉木跳板构成的码头——伸进水里,拉住过往的船只,使水和店铺亲密接触,形成了一条物资交流的宽带。如果说之间尚有点区别,那便是伸向河里的脚,因材质不同而有了差异。杉木构成的脚,随着水情而不时伸缩。而石头码砌的脚,却总是顽固地拉扯着河水,羁绊住船只,直到忙碌了好一阵子,才给它们放行。

沿着河街细数着伸进河水里的脚,即使是从上往下一直数,也会怀疑自己的计数能力。不说每只脚有一个故事、有一段曲折,仅张家的发迹、李家的繁盛,就让人搞不清里面的奥秘。不过,有几只脚在一段不短的时间里,始终保持着冷静与固执,以不变应万变,与一幢幢庞大的建筑——会馆——连成了一体。从张王庙往下约两百米的左家巷口的广东会馆往下,有湖南、福建、婺源、徽州、瑞州、南昌、抚州、都昌、青阳等十座会馆,除青阳会馆设在城内、徽州会馆设在中河街外,其余八座统统临水,个个有脚。

在赣东北地区,除了鄱阳还有哪个地方有这么多的会馆? 辞书云:会馆,亦称公所,中国旧时都市中同乡或同业的封建性团体。会馆起源很早,汉代京师已有外地同郡人的邸舍,南宋杭州有外郡人为同乡谋公益的组织。会馆的名称最初见于明代,清代更盛行,一般以县、府、省为单位,也有由相邻的地区合组的。京师的会馆大都是外地的官僚士绅组织的,商业城市的会馆大都是外地工商行帮的机构。

据史料记载,20 世纪 20 年代,鄱阳商业鼎盛时近两千户。旧城以东的饶河边,已不再是滩涂,而是真正意义上的码头。一座又一座外封内敞的会馆——既具封闭性又带内向性格调的中国古建筑——把商市分割成一个个帮派体系,

如徽、抚、南、饶四大商帮。商业的繁荣必然会带动文化的兴起,徘河——一种与染有六朝金粉气秦淮河歌舫相仿,但没有后者隆重的卖唱形式于是诞生。

饶河里的徘河船非常"土冒",一条条敞开着的饶划子船,载着两三个卖唱的盲人女子,任船在汩汩的桨声中,踏着黯黯的水波,循着这十里水域,把唱得有板有眼的缠绵小调、吱吱嘎嘎的胡琴声,与轻轻细细的水的喧哗一道,送到古城的上空,送进朦胧的月夜,送过盈盈的饶河,送到茫茫的鄱阳湖上,送给水上夜航夜捕的船夫渔者,让他们感受水乡特有的浪漫与温馨,以抚平些许孤单与寂寞。这种夏夜,水乡人借以消暑排遣的手段,是鱼龙混杂的商业酬唱,高雅中有着粗俗,清纯里有着猥琐。《花亭会》《秋江》《拾玉镯》《打金枝》《孟姜女》《卖油郎》《唐伯虎点秋香》,吴语越调,楚音赣腔,或激越高亢,或浅唱低吟。戏文小曲,良莠不齐,但分明充盈着古韵乡趣的炫耀与诱惑,呈现出商业与文化的融合,体现着只有商业成熟才能显现出的潇洒和倜傥。

有哲人说:中国文化是一种稳定性文化,具有极大的包容性和奇异的同化能力。在饶河的牵引下,吴韵楚腔,越曲赣调,于是形成了自己的语言风格与特色,近似于赣语,又夹杂着长江一带的官话。就连乡戏和渔鼓,也充满了各种韵味。

饶河起始点北岸的繁荣,还体现在一座座耸立的毛竹结构的"塔"上。竹塔,说是塔,其实只是个脚手架。四脚落地的竹架,单根毛竹相接,高三丈左右。顶端有一间最多能容纳两人作业的竹棚,多少起到了一点遮日避雨的作用。或许是因为这些支撑的毛竹,风载荷较小,即使是六级以上的大风,也毫不影响这些"塔"的稳定。20世纪70年代之前,这些塔先是在河南岸,而后在张王庙一带的河边,集群式地耸立,于是成了饶河边上的一道风景。是的,这道风景只有饶河才有。

饶河特殊的地理位置,成就了篾缆业在鄱阳的兴起。作为江西五大河流之一,饶河担负的不仅是赣东北的重要水运咽喉使命,还是徽商西进的纽带。成千上万的货物在此中转,成千上万的竹木在此集结,由零星组合成庞大,由单个捆扎成群体。排筏是新中国成立之初,饶河最壮观亮丽的景象。尤其是祁门、德兴的竹木,在上游的狭窄水道,只能零散地运输,或利用小排筏运输;当经过鄱阳湖、下到长江时,就被重新组合成庞大的排筏,在大功率的蒸汽拖轮的牵引下,浩浩荡荡、慢慢悠悠地驶出了饶河。那时,每到汛期,饶河荡漾的排工号子里,充满了赣韵皖腔和豪情壮志。竹塔生产篾缆,篾缆织就繁华。

何谓篾缆?篾缆就是用竹篾编制成的缆绳。我国使用篾缆的历史悠久,四千多年前,我们的祖先首先用细小的树枝、柳枝或蔓和藤作为原料结绳的时候,就为竹篾结缆埋下了伏笔。唐代宗时任邢州刺史,德宗时官至朝散大夫、检校尚书吏部郎中兼御史中丞的封演,在他的《封氏闻见记·拔河》中说:"古用篾缆,今民则以大麻絚(緪),长四五十丈,两头分系小索数百条,挂于胸前,分二朋,两向齐挽。"篾缆,由竹而篾,由篾而绳,三花、四花、五花,编织成辫。宋代以前,我国西南地区有用竹篾缆造的竹索桥,著名的是四川灌县(今都江堰市)珠浦桥,桥为 8 孔,最大跨径约 60 米,总长 330 余米。而鄱阳生产的篾缆,主要用作捆绑竹、木排筏。当篾缆被水浸泡失去韧性之后,它就成了鄱阳人家必备的照明工具——火把。在电灯犹如天上的星星,电筒是富人才能享用的年代,失去捆绑排筏功能的篾缆,与饶河人的生活联系紧密:商人、船夫、渔佬……码头上起货,船家泊岸,渔行收鱼,渔佬夜捕,就连孩子夜读,都离不开它。尤其是正月十五,只要大闹花灯,它就显出了无比的气派,就烘托出炽烈的气氛,就显示出夺目的光彩。火把,成了元宵佳节里最耀眼迷人的风景。

渐渐地,竹塔消失了,篾缆也走出了记忆。尽管竹塔永远无法和佛塔相比,不说佛塔存在了近千年,仅凭它的恢宏、精巧和气魄,竹塔便望尘莫及,但是,佛塔只能供人观赏,给人以寄托,只能存活在人们的精神世界里。竹塔则不然,竹塔是社会进步和发展的产物。这种以毛竹编织的缆绳,不仅实用,而且取材方便,经过加工处理,既不要太高的成本,又能经受水的侵蚀。随着自然经济的发展,在工业文明出现之前,竹塔让饶河有了一段令人难以忘怀的追忆。如今,竹塔的时代已经终结。如果说宝塔是饶州历史繁荣的一个标志,那么,竹塔至少是饶河繁华的一个印痕。当河流经济走完自己的历史进程,篾缆完成了对排筏的最后一次捆绑,饶河也走进了沉寂。

河道弯曲蕴意藏

"注目望仙舟,寒江隔岸流。青山新沐雨,碧柳倒悬秋。霞彩明孤鹜,波光净一鸥。笑谈清意足,此处复何愁?""芦花拂钓舟,双港小交流。雾暗龙湫晚,风清雁泽秋。时光惊过客,世事悟浮鸥。输与垂纶者,烟波不解愁。"这两首元朝无名氏写的《鄱江》,记录了县城往下二十来里,那个叫双港的河段的深秋场景。

在双港这个河道,水落时有石梁横亘,为两岸过脉,俗称公母石。"江源来近远,十里向西流。双港石梁度,孤城水气浮。"从水路逆流而上,走进双港也就走进了鄱阳。饶河在这里借水为势,扼水之咽,无形中提升了它在这条河中的重要地位。只要不是洪水滔天的日子,南来北往的船,打鱼捕虾的舟,都必须从这里经过。水流行经这里,从高处往下看,如同两条并行的河,于是才有了这既好听又名副其实的名字。

平心而论,双港这个名字不但好听,这块地方也特别美。原先,港湾北岸伫立着一座不太高却巍峨雄壮、石壁峻峭的名叫龙头的山丘,一座历经四百多年的古塔在山丘上矗立着。这港、这山、这塔,便成了鄱阳的重要标志、亮丽的风景。遗憾的是,1998年的那场特大洪水,不仅对鄱阳造成重创,吞噬了大片田园村庄,而且摧毁了这座在鄱阳湖周边难得一见的山和塔。

沿着河南边的湖洲走去,是莲湖的四望湖,再往南一点便是明初移民点——瓦屑坝。据清代乡邦考证家史珥考证,瓦屑坝之瓦屑名,就源于双港。瓦屑坽"对岸双港诸村,厥土赤埴,旧为陶薮。今姑苏陶人,往往称其先世为双港旧陶,以避黄巢乱徙吴"。史珥的这段话仿佛在说,双港旧陶的石屑碎片,经过水和时间的运动,冲刷到了离此不远,后来成为重要移民点的彼岸,形成了瓦屑填充的坝。如此看来,双港不仅是唐朝时鄱阳陶器的制造重地、瓦屑坝之瓦屑的来源处,还是苏州一带制陶人的原乡。它的移民历史,比瓦屑坝早480多年。难怪陶安咏唱双港:"土湖寒闭蛰,双港曲藏舟。草暗行蹊掩,瓯空治灶留。渔郎惊漏网,农业忍忘牛?霜叶垂矶上,龙祠废几秋。"

据传,龙头山下是处藏龙隐蛟的深潭,正是因为潭中藏龙,这才有了山上的龙王庙和庙旁的双港塔。可是,饶河的水为什么在这个险峻处形成了一个"U"形弯呢?莫非这条河自形成之日起,就给予了这处地域某种暗示?曲,不只是形象美,也是智慧美;曲是直的变奏,是一种格调的转换,更是一种豁达,唯曲才有包容,唯曲才有持久,唯曲才有变化;曲,是一种机缘,是一种未知的禅意。想我鄱阳,上下几千年,纵横数百里,以已发生的重大事件为例,没有超过双港直径15公里范围的,正西稍北的乐亭王家嘴、西边的尧山、吴芮筑城的芝阳、大量移民的瓦屑坝……凡此种种,让人感到离奇。如果没有尧时土人避水,哪有饶州,哪有饶河之谓?如果没有吴芮聚族,哪有番邑,哪有秦时立县?如果没有双港陶人,哪来瓦屑,哪会有移民惦念?更让人浮想联翩的是,如果没有龙头山,哪里会有山上的七级浮屠?

然而,就是这样一座在鄱阳湖周边难得一见的古塔,等不及染上新千年的第一缕阳光,便从人们的视线里消失了。

古塔从人们的视野中消失,与其说让人感到突然,不如说是事情发展的必然。这座塔为饶河人看重和关注,醒目的地理位置、名分不正的建塔理由,都给人特殊的联想和猜测。双港塔失去了神佛意义上的敬仰,有的只是与饶河人紧密相连、利害攸关的传说。诅咒、期盼、冷眼、热切……黏合成一把摧残它的利刃,渐渐地剥落了它的光彩,动摇了它的地位,亵渎了它的神圣,削弱了它的敬畏。塔的威严一旦失去,它与民宅、草舍甚至牛棚、猪圈,就没有两样。厚重的塔砖,由偷偷摸摸、战战兢兢地抽拿,到大大方方、理直气壮地拆毁,这岂止是价值的位移,分明是信仰上的改变。宽大坚实的六面体塔基,在日积月累中缩小变形。承载古塔的山体,也因开垦和水浸而逐渐蚀溃。原本孤独单薄的塔,更加形单影只,失去了支撑和依托,犹如已经瘫痪的巨人,一旦失去拐杖,其惨况可想而知。塔站立不住了,倒塌当然在所难免。等到塔没有了,人们这才惊醒,发现就在饶河这个急转弯处,因为失去这个残缺的古塔,顿时失去了一分厚重与古朴,失去了几分完美和眷恋。婉叹、痛惜、抱怨、愤懑,一时间沸沸扬扬,人们又都忘记了自己应负的那份责任:呵护,抢救,唤起更多的共识。

双港塔在人们心中,不仅是一座古老久远的建筑,而且有不同于现代建筑的美。当你晴天站在饶河岸边、青山圩上,抬眼西望时,则见红日低悬,河水浩

荡,波光浮金,乱云如烟。河水一边跳跃闪烁着粼粼波光,一边隐约衬托着石壁塔影。眼前的强烈反差,不由得让人陷入遐思。灿烂处流光溢彩,春意荡漾;暗淡处似墨勾勒,凝重端庄,对比强烈,又动静和谐,让人无法忽视,这是大自然的着意,还是饶河的苦心?简单的复杂、缤纷的单调,是特意向人展示的警示,还是偶尔悟出的禅机?饶河在这个硕大的洄弯中,到底要给人什么提示?

双港塔是如此瑰丽奇美,为什么会被迁客骚人忽视,没有美文绝唱吟哦,没有七彩丹青绘制。更让人莫名其妙的是,有人居然将它与小华的陈思岗联系在了一起。

事实上,双港塔的建成与陈思岗毫不相干,此塔建于明万历三十三年(1605)。其时,陈思岗正在南京忙着弹劾沈一贯。建塔者为饶州县令顾自值。顾闻悉龙头山下双港湾中乃龙潭所在,有龙经常出没,时时危及渔船,为造福一方,不惜耗费地方财力,大兴土木,在山上建起龙王庙,并在山头立七级浮屠一座。而民间将塔与乡人陈思岗联系在一起,恐怕另有所因:塔是佛家的产物,与寺密不可分,有佛寺则有佛塔,塔为藏经书和舍利子所用。龙王庙非佛非道,属民间信仰,建此塔不伦不类。俗话说,名不正则言不顺。其实,顾自植建塔,倒有拍马之嫌。陈思岗本双港马墩人。据说,马墩为"龙脉"所在,龙头在龙头山上,山上建塔,喻之以龙长角,此即预兆陈大人官运亨通。否则,为什么在这个时候选择在这个地点建此宝塔?至于后来说陈思岗建塔镇自家风水,我想无非是由拍马转向倒戈:陈思岗下台了,陈思岗没有了光彩。为没有光彩的人贴金,那是傻瓜行为,拍是手段,打何尝又不是手段?于是,陈思岗成了众矢之的。看来,双港塔的悲哀在于陈思岗,那么陈思岗的悲哀呢?

自汉以来,鄱阳乃文明古邦,忠君、事孝、友悌、求实的观念代代相传。在"吴(芮)陶(侃)品性""颜(真卿)范(仲淹)遗风"的熏陶下,宋有彭汝砺、洪皓、洪遵等先贤做楷模,更有与陈思岗同朝的胡闰、余廷赞树立典范。林则徐的"苟利国家生死以,皆因祸福避趋之"的铭语,早在这个地方的读书人身上得到证实。翻开鄱阳的历史,至今尚未听说有哪个朝代在这片土地上出过奸佞之臣。"高名当世重,好句逼人寒。"明代人知道陈思岗,后来有皇帝为他正名,以后的人呢,与他同时代而别有用心的人呢?牵强往往给人错觉,附会则火上浇油。陈思岗与双港塔,原本风马牛不相及,反倒成了天衣无缝的结合,作为后来人,我们不能不冷静思索。

如今,我们认真思考之后,突然发现,这塔的消失是饶河的一大损失。在鄱阳湖周边,没有哪处景观能如此直接地向人们展示自己独有的山色湖光。尤其是河流经济时代,当游子和离客从他乡异土乘船返回故里时,进入饶河后第一眼见到的就是这座塔。它唤起的不仅是对家的亲近,而且是一种故乡情结。

在管驿前与双港之间的河之南,有一段叫竹溪坽的水流。竹溪坽本名祝君坽,此名只能在县志上看到,人们很少知道。"坽"是一个生僻字,今多用于地名,《康熙字典》中对其的解释是:"坽,切音灵,峻岸也。"接触过一些地方之后发现,好像万年、乐平靠近鄱阳的地方能找到几处以坽为名的地方,其他主要集中在鄱阳南部。麻布坽、鸳鸯坽、张家坽、泗溪坽……这些地方附近都曾有过湖和汊,而且多为湖与汊的出口,水岸则壁立陡峭。其实,竹溪坽是语音与文字造成的差异。20世纪80年代以前,人们乘船去南昌,除去冬天枯水季节,这里是必经之途。对于来往于莲湖乡的人来说,在公路畅通之前,祝君坽一度是莲湖通往县城的旱路咽喉。这条运河的疏浚开挖,是在唐睿宗景云二年(711)。国子监祭酒,同中书门下三品,历礼部、刑部尚书,陪皇帝伴读的要员祝钦明,遭弹劾贬至鄱阳任刺史时,开凿了此坽。从此,来往于豫章的船只,一年有三季从这里通过,不但将饶州至鄱阳湖的路程缩短了三分之一,而且比从龙口到康山更为安全。此外,当年莲湖莲华山寺香火鼎盛时,祝君坽每年农历七月三十前后,便成了朝拜地藏王菩萨的不夜港。来自四邻八乡,甚至是周边县市或更远地方的虔诚信徒,用小板凳作为公案,点着香三步一跪、两步一伏地经过这里去莲华山寺朝圣。那时的祝君坽,曾经是免受灾疫、乞求灵魂解脱、通往圣殿的必经之途。那时,周边的君子里、竹溪坽、柞湾、罗家、下步桥也都声名远播。

祝君坽既受饶河的影响,也受乐安河和信江的干扰。这活泼的坽水,不但吸引了大小船只尤其是渔船,而且引来了坽口西边柞湾村从莲湖迁来的张姓,相距三里从都昌迁来的罗姓,坽口东竹溪坽从双港迁来的彭姓,还有从坽口进去三里来地的另一个高姓,是他们伴随着祝君坽水度过了两三百年的时光。

湖有灵气景自新

湖是很普遍的地貌,鄱阳不仅多湖,而且拥有与城相依相伴、大而秀美的东湖。这湖虽不能与杭州的西湖、南京的玄武湖、武汉的东湖媲美,但至少在县(市)一级中,还是鲜见的。

东湖在城东,又名督军湖,因这里曾是秦鄱令吴芮部将梅锅练习水战之处而名。这个湖接纳风雨、荐福、芝山的水,从德新桥流入鄱江。北宋治平二年(1065),湖中建寺于小岛,曰"浮洲";明万历二十年(1592),饶州知府杨际会,复建浮玉堂、弄珠轩;清朝康熙二十三年(1684),郡守黄家遴又建伴鸥亭于其上。元朝鄱阳诗人黎廷瑞有《东湖诗十首》,现摘其三:"游丝窈窕织春晖,杨柳人家半掩扉。一片暖云筛雨过,杏花疏处见莺归。""梅径苔花长裛衣,仙翁跨鹤不曾归。五陵年少无聊赖,几阵风铃放鸽飞。""万顷湖波水渺茫,两堤新绿柳丝长。晚来疏雨浮鸥外,何处渔郎泛小航。"湖光山色,诗情画意,跃然纸上。正因如此,自宋末之后,乡人便围绕它打造出"湖上孤寺白鸥翔,洲上百花吐芬芳。两堤柳色湖光映,双塔铃音随波扬。荐福茶烟袅袅送,新桥酒帘飘鱼香。颜亭荷雨珍珠撒,孔庙松风思仲淹,芝峤晴云衔五老,松关暮雪舞翩跹"的湖上孤寺、洲上百花、两堤柳色、双塔铃音、荐福茶烟、新桥酒帘、颜亭荷雨、孔庙松风、芝峤晴云、松关暮雪共十景。如今,时光流逝,人事变迁,十景除浮洲、芝山依然,双塔只剩荐福寺塔(妙果寺塔早已坍毁),其余也名存景移。

东湖十景,是历代乡贤对这个湖的总结,是湖的印象,也是东湖精气神的体现。其中有一大半,没有走出湖岸线百米距离:荐福茶烟、颜亭荷雨、洲上百花、湖上孤寺、两堤柳色、新桥酒帘、孔庙松风、松关暮雪。其他的离得稍远,也都和湖关联密切。

如果把时间定格在八百多年前,荐福山和德新桥没有直接联系,磨子桥还停留在一堆遗弃石磨的年代。站在城外芦洲的任何地方,都可以看见如丘的荐福山,到处披翠,绿树成荫,粉墙黛瓦,云雾缭绕。山僧、居士、骚客、游人,晨钟、暮鼓、诵经、吟唱,加上荡漾轻舟,袅袅茶烟,让整个东湖都处在安谧的流动之中。此时的荐福,无形中成了东湖的魂。凝聚四方,辐辏周边,于是才有了欧阳询的"荐福碑",有了范仲淹的"莫莫堂"。它与现在这种民居聚集、喧嚣杂乱的景况相比,大相径庭,呈现的只是"斜阳色妒波心日,细雨香吹水面风。泽国地开金色界,桃源人在水晶宫"的写意。

颜亭虽不恢宏奇特,却凝聚了东湖的灵气。亭之所存,是唐朝两代书法家惺惺相惜的产物。鲁公颜真卿任职饶州刺史时,见欧阳询的"荐福碑"受风吹雨淋,萌生起覆护之心,于是建造此亭。据考,亭在荐福西南,湖在亭墈脚下。每到夏日,映日荷花,如盖藁叶,不仅点缀了东湖,也使得颜亭增辉。尤其在一场不期而至的骤雨降临之时,雨打芙蕖,如同千军万马从天而降,此景此情,让东湖顿增诗意:寺、亭、荷、雨,让人咀嚼,让人回味。

当年,州、县的文庙建在关帝庙一带时,松柏青翠,绿树成荫,一阵风过,松波起伏,涛声四起,甚是壮观。等到暮冬,银装素裹,大地洁白时,这一带的湖山别有一番景象。

柴家巷是东湖西岸的土堤,每到春夏之交,垂柳依依,渔艇相偎。柳荫下织网的渔家女、扳罾的渔翁,构筑的是另一番风情。而北湖湾畔依洲开辟的花圃,一年四季散发着花的芬芳。

"东湖十景"并非为岁月所吞噬,而是为民居所蚕食。早在北宋之初的太平兴国年间,有洪氏兄弟三人,来到松关之北,建舍销售饼果,成为第一代居民。因姓得名,这里便被称作洪家巷。洪氏始于共工氏,汉灵帝年幼即位,宦官杀害忠良,共工之裔共普受牵连弃官。为感先祖水德,共普加水于共,易姓为洪,传至二十五代洪曷、洪昱。唐肃宗至德二年(757),洪曷率族自敦煌迁至安徽歙县篁墩。至二十九世洪古雅,自歙县迁至鄱阳、乐平。

北宋中期,又有胡、黄、洪、汤、段等姓,分别由祁门、婺源、乐平及徽州其他县和本县饶埠、芦田、双港等地先后迁入。因地处朝天门之北大路关口,从此有了"北关"这个地名。

清水巷为元初孔、蔡、汤、余四姓迁入所建,四姓分别由徽州、万年等地迁入。元朝中期,有徽州黄姓,在靠近洲上百花的地方结庐放鸭,并定居下来,从此这里便称作黄家洲。元朝中期,有章、刘、汤等姓,分别由双港、团林、古县渡等地迁入,围着唐代创建的古刹——妙果寺建村。与此同时,旧府学周围又有

俞、胡等姓分别从婺源和本县响水滩迁入。渐渐地,孔庙松风、松关暮雪受到了影响。

传统的说法是俞姓源于姬姓,出自黄帝属臣腧跗之后,属于以物事称谓为氏。在古代,"腧"与"俞"二字相通,后简笔写作俞跗。相传俞跗的后裔子孙,为光大先人的经典医术,多称为俞跗氏,后简化为单姓俞氏。隋唐之际或隋唐以前,俞姓曾长期生活在今山西、河南、河北、湖北等省,人丁兴旺,族大人众。唐宪宗元和九年(814),俞沇为躲黄巢之乱,从宣城迁至歙县篁墩,其孙俞昌又南移至婺源长田。俞昌之后文字辈十八人,分居婺源各地,形成著名的婺源俞氏十八派。进入宋代以后,俞姓突然光芒四射,入载《中国历代人名大辞典》者仅宋代就有四十四人,除三位查无籍贯外,其余均为今浙江、安徽、福建、江苏、江西人。其后,俞姓名人也以上述之地分布为众。徽州俞氏在明末刻本《新安名族志》中的排名,仅次于程、鲍、方、柯之后,名列第五,说明俞氏在徽州的分布之广、人数之众。鄱阳俞姓于宋末由俞广四自婺源迁入花桥,而后迁至鄱阳镇、三庙前等地。

佛教重地荐福寺附近,从元代起也成了移民的首选。先是支姓在明朝初期从安徽迁来,于荐福寺西北端湖嘴上建村。

支氏是一个典型的多民族、多源流的姓氏群体。支姓的来源比较复杂,而且模糊。有一说是源于周朝后代中一个姓支的氏族。秦汉之际,中亚有一个月氏国(月支国),是位于丝绸之路上的一个国家。后来,在匈奴的攻击下,月氏国分为"大月氏"和"小月氏",小月氏往东南迁至今甘肃、青海一带,与羌族人杂居。月氏国人最初在陕西、山西等地落脚,后逐渐迁移,分布于全国各地。到晋代的时候,月氏国人有的留在中原等地定居,受汉文化同化,月氏国人变成完完全全的中原人。他们学习中原人使用姓名的习惯,从国名中取一个氏(支)字,作为姓。另外一个支姓,源于远古。但古书记载很简单,如《高士传》里说,尧帝时候有人名叫支父;《路史》里说,周朝后代有姓支的氏族。在古代,支姓的望族大多聚居在琅琊,今山东临沂就有不少姓支的人家。支姓主要居住在河北、河南、江苏、浙江、江西、山东、云南、贵州、四川等地。支姓的郡望有:琅琊郡,郡境在今山东青岛市新黄岛区西南的夏河城;定州,即今河北保定市;邠阳郡,即今陕西咸阳武功县;中山郡,古代称"中山"者有四,今河北定县、今河北平山、今河南登封、今广东中山；鄱阳郡，即今鄱阳县。

明初，又先后有蒋、张、汤姓，分别由婺源、乐平、余干等地迁入东湖湖埂一带。而支家又先后有虞、余等姓迁入。而汤姓几乎分布在东湖沿湖——北关与东湖里。汤氏是个多民族、多源流的姓氏。先秦时期，汤姓主要活动在中原地区。汉朝时，汤姓已经东移江苏，南涉越南北部。唐朝时期，汤姓自中原二次南下移民，分布于安徽、浙江、江西、湖南、四川、福建等地。明朝时，汤姓南迁至两广地区。江西是汤姓的第一大省。

在鄱阳人眼里，东湖充满了水韵秀色。现今，东湖已被高楼和房屋包围。在它湿漉漉的衣裙的包裹下，它早年的秀色：不高的婆婆墩，低洼的德新桥，依湖而建的古老芝城，无不相得益彰，但湖仍清丽而不妖娆，洁雅而不低俗。虽说已看不出完整清晰、凹凸有致的线条，但它们依然把窈窕和妩媚衬托得恰到好处。

在东湖大道将它腰斩之前，这湖无论从哪个角度观赏，都显得那么质朴、那么可爱。不管你站在水巷口、景德寺、茅园里、小路口看上东湖，还是从磨子桥、支家嘴、高家洼、黄家洲、程家山、学门口、九条巷、柴家巷看外东湖，即使在冬天，它都给人以无限的遐思。凹凸得如此得体，水和岸是那么和谐，每一个细小的弯曲，都让人感到巧妙流畅，有着非一般的气势和风韵：或闯进柳树荫下，或冲上突兀的岸嘴，或楔入山脚的沟壑，或嵌在闹市的街巷，不做作、不猥琐，大大方方，自自然然。水之所到，物之相随，或鱼虾，或水草，或芰菱，或莲荷。东湖犹如水乡渔女一般质朴清纯、婀娜多姿，叫人痴迷，时而如大家闺秀般娴静端庄、雍容尔雅，时而如小家碧玉般活泼轻佻、俊俏秀丽。田田荷叶，出水芙蕖，飘香芰菱，潋滟涟漪，加上"打敲"的轻舟，"打撩"的楫划（打敲、打撩均为鄱阳的一种渔法），采菱的腰盆，摘莲的泳者……一年四季，都生机盎然，蓬勃有朝气，让人流连忘返。那时，因为德新桥的三级围堰，它难得走出自己圈定的界线，所以也很少干涸。正因如此，县人便以其特别大气、大度、大方、大象，孕育出这一代又一代人眷恋的"东湖十景"。

"湖东十顷玉，月落漫不收。照我肝肺皎，出语和鸣璆。"这是北宋时在鄱阳任职的浙江籍推官毛滂的感受。这天，他与几位相知的朋友一同游览东山色，感慨万千地写下这首诗。在诗人眼里，东湖如玉般晶莹剔透，让人胸襟舒朗。

　　正因为诗人说东湖是玉镶嵌的，所以有好多咏唱，这里的诗歌简直数不胜数。难道东湖只有诗？这湖四周种植的"春不老"——一种十字花科属芥菜类蔬菜，为什么比别的芥菜类黑，比别的蔬菜腌成的菜蘸更香，且出湖周边直径数里就会变种？难道不就是因为这个湖，这个当年被范仲淹喻之为砚的湖水好吗？范仲淹在饶州主政时说，东湖为砚，妙果寺塔为笔，督军台为印，二十年后当出状元。范仲淹的这个预言果然成真，不但彭汝砺高中魁首，东湖四岸原本与芥菜同宗的"春不老"，也把湖水染成了墨绿色，散发着只有鄱阳东湖才有的特殊蔬香。

珠串岁月水自清

　　珠湖,是鄱阳诸多从古代走进现代的湖泊中的一颗璀璨明珠:"澜翻天日金来烁,浪濯星辰水带芒。缅想伊人闲倚望,波纹层叠照回廊。"虽然写它的诗不是很多,却都很精致,这是其中的一首。不过,诗人除了沉浸在它的多姿多娇之中外,也带进了男女之间的情思。由此我们体悟到珠湖的隽永,就是这份质朴。

　　从地图上看,珠湖的轮廓像只向前跳跃的小老虎,虎头在白沙洲的胡赵与塘里以西,往东是虎身,整个珠湖乡和白沙洲大都在虎背。四只脚中,前两只伸到双港与团林之间的窑头岗,后两只伸到四十里街的韩峰嘴。虎尾巴很短,竖竖地翘到珠湖的乌龟山下。或许是这个原因,珠湖至今仍保持着虎虎生风的朝气:"南湖一片渺茫乡,未划青山面面苍。白谷半横浮蚌影,黄曦长挹夜珠光。"内青、礼恭垅、瓢里山、白沙洲……无不被珠水波光簇拥得如诗如画,分外妖娆。

　　从气质看,珠湖倒像一个纯情仙女,冰清玉洁,质朴无瑕。周边的山青翠葱茏,湖里的水柔媚澄碧。山、水、湖、湾,构成了一幅湖山锦绣图。置身于这个湖上,仿佛进入了银汉仙境。

　　珠湖的美不只在地貌,还在如诗如画的山水间。珠湖的美在骨子里,在水中的精灵——银鱼。鄱阳湖周边,有哪个内湖能见到这种玲珑剔透、洁白晶莹的水珍?若细细品味,银鱼何止是餐桌上的美味佳肴,分明是珠湖这方水域孕育出的一道风景。"闯双目之如漆,体洁白其无比。绝肺肠与鳞腮,信清莹之堪美。"只要吟读乡人洪适的《银条鱼赋》,不由得联想起有关银鱼的种种传说,其中就有银鱼乃美丽渔女化身的故事,难怪这里的银鱼如此纤柔圆嫩:眼黑,身圆,尾有黑色条纹,与别处产的不同。

　　说到珠湖,当然绕不过瓢里山。先说瓢里山的命名,这应是古人随物赋形的结果。在古代,用物多取自植物,以葫芦为水瓢,这是一大进步。所以,《庄子》中出现了"剖之以为瓢"的叙述。直到近代,人们仍沿用此法。鄱阳移民后代张廷玉等编纂的《钦定授时通考》就有此记载:"瓢杯,剖瓢为之,制为樽,语称瓢,饮是也。"何况人们的生活中,与葫芦关联的谐音物不少:湖、葫、壶、瓠。于

是,一个"瓢"字,便注定了这座小岛的终生。

据传,珠湖的得名来源于珠,可是这珠在哪里?这奇妙的夜明珠,谁能说出个所以然来?只有这座瓢里山,才能让人生出遐思,因为它才是珠湖的标志,是珠湖与生俱来的胎记。否则,为什么九百多年前范仲淹偶然造访珠湖,便题了"小南海"三个字?难道在这个弹丸之地,他幸运地遇见了天上来客?南海那可是观世音菩萨的圣地,这里难道还隐匿了什么禅机?

试想,一个四十多平方公里的湖,水为什么总是这样清澈见底?一种水珍,为什么总是这样晶莹剔透?一片湖山,为什么总是一尘不染?如今,珠湖作为国家级湿地公园,吸引着南来北往的游人。追根溯源,除了因为这里契合了现代人的生活情趣,还有就是因为她唯美清澈、碧波荡漾的迷人魅力。鄱阳湖周边的湖不少,有哪个湖像珠湖这般美艳?珠湖的洁身自好,源于这座名不见经传的瓢里山——这颗走过岁月仍光彩熠熠的夜明珠!

瓢里山也叫瓢儿山,当年山上有座庙,1949年版《鄱阳县志稿》"宗教建筑"条载:"瓢儿山庙,在珠湖黄牺渡,北宋时建。旧有范文正公题'小南海'三字,并一联云:'福地飞来小南海,禅心静到大西天。'"看来,这里唯静而诱人,唯清而感人。

瓢里山是水口山,对岸即是黄牺渡。这个地名,曾经也引起过一些歧义。有人说"牺"乃"樨"之误。"樨"者,黄色桂花也,以此作为地名,确实富有诗情画意。但黄牺渡的"牺"字用在这里,可谓别出心裁。"黄牺"实为"瓢"的别名。唐朝的陆羽,在他的《茶经·四之器》中说:"瓢,一曰牺、杓(同'勺'),剖瓠为之,或刊木为之……永嘉中,余姚人虞洪入瀑布山采茗,遇一道士云:'吾丹丘子,祈子他日瓯牺之余,乞相遗也。'牺,木杓也。"可见"牺"便是杓,杓即是瓢,瓢"牺"同器,足见中国汉字的博大精深。

清代鄱阳诗人史大壮有诗曰:"黄牺渡口看黄牺,却忆当年试水时。失手南风吹过去,化为巍石镇湖湄。"此诗形象地将瓢山及黄牺渡,显于笔底。史大壮(1665—1731),字止公,号铁车。他是明朝鄱阳大儒史桂芳的后裔,祖父史乘古、父亲史白、儿子史斑都有文名。史大壮十岁时被乱兵掳去,二十岁乃归。流离之中,史大壮仍不废学业。家境极度贫寒,他泰然处之,博古通今,典章名物,无所不通。史大壮著有《周礼疑误辨》一卷,《大礼图说》四卷,《铁翁诗稿》六卷,《嫌剑吟诗集》二卷,《小潜诗余》二卷,《弧矢算法》一卷。

清朝王定远的《登珠湖瓢山》诗则说:"瓢山东去是瓢山,未共箪悬陋巷间。夜挂冰轮光彻底,晓云雾带影斜湾。谁将椰子波心剖,况有莲花渡口环。北斗岂堪同挹酒,天浆独酌半空间。"

珠湖很美,写的人总是抑制不了自己的情感。元末明初的刘琮玉,有《珠湖夜泊》诗说:"蒹葭露白雁惊寒,独对篷窗梦已阑。水面天开才尺五,海门月上欲三竿。侧身宇宙伤多难,垂老风波苦未安。却忆江亭尝燕坐,看人舟楫犯狂澜。"刘琮玉,字润芳,博通经史百家,随口能言诗。他以岐黄退隐,医术称奇,使病人起死回生,且不求以报,以懿德洁行,郡守陶安对他很看重。

"横江薄霭摇轻舟,坐倚篷窗一纵眸。水接长天归雁回,人吹短笛晚林秋。荒村酒旗当门扬,野埠渔罾逐伴收。正有北风斜细雨,白摇轻桨趁沙鸥。"这首《舟过珠湖》,写的是另一番景象。作者让人看到了另一种真实,湖对世代居住者的奉献——渔鱼度日,让人们日有所得。诗作者史斑,史大壮的长子,除这首诗外,他还写有《过止水池》《过古县渡》。

在珠湖北面有座山叫车门山,山上曾经建有一座梅鋗庙。

梅鋗(前228—前196),秦末将领,长沙王吴芮的部将。秦末天下大乱,百姓苦不堪言。陈胜、吴广起义的风暴席卷全国。梅鋗就在台岭地区招募民众,扩大队伍,操演士卒,伺机而动。随着反秦形势的发展,梅鋗也举起了反秦大旗。"百粤叛秦,推雄杰为长,众皆贤鋗,乃长之。"梅鋗做了百粤长之后,决定率领部队去番邑投奔吴芮。在出发之前,他命部将庾胜兄弟屯兵于台岭。吴芮当即委任他为部将,与英布一起操练军士。吴芮随即派遣梅鋗率领百越兵前往南阳,与沛公刘邦合兵一处。"沛公攻南阳,乃遇芮之将梅鋗,与偕攻析、郦,降之。及项羽相王,以芮率百越佐诸侯从入关,故立芮为衡山王,都邾。其将梅鋗功多,封十万户,为列侯。"梅鋗在破秦中的功绩是不可磨灭的。当时,天下群雄四起,破秦将领何止百千,而破秦后论功行赏,除十八王外,唯有梅鋗一人被项羽封十万户侯。楚汉相争,梅鋗随吴芮站到刘邦一边,带兵攻打武关(今陕西省丹凤县东南)。公元前202年,刘邦统一天下,徙封吴芮为长沙王。次年,梅鋗被封为"台侯","食台以南诸邑"。梅鋗去世后,传言其时显神灵,为百姓禳灾祛祸。百姓求嗣祈福,顶礼膜拜,因此香火不断。

珠湖南岸有处叫乌金汊的湖湾。据传,其得名与范仲淹有关。范仲淹来鄱任职,为官清正。有一次,范仲淹在此泊船上岸,体察民情,一乡绅为巴结他,又怕他拒收,便把乌金块藏于几个盛装咸菜的陶罐之中,送与范公。因是咸菜,范公笑纳。谁知当乘船离开时,突然狂风大作,波涛汹涌。范仲淹觉得奇怪,仔细一想,觉得事有蹊跷,便命人查点咸菜,发现菜罐中有乌金块,果然有猫腻。于是,他命人将菜罐连同乌金块,一同抛入水中。说也奇怪,顿时这片湖汊风平浪静。从此,人们便将这个湖湾称为乌金汊。

自乌金汊往西,双港镇之北与珠湖之南,有一条延绵五六公里的山脉,因为它像一条张嘴大吼的龙,人们称它为龙吼山。龙吼山似是汇聚了鄱阳湖的灵气,伸入水中的部分,居然有龙的上唇、下唇、喉咙,宛若张嘴大吼的龙头。站在龙吼山的顶峰看去,这一条条由无数山巅组成的蜿蜒的山脉,仿佛是一条伏在珠湖岸边的巨龙。据传,朱元璋与陈友谅大战鄱阳湖时,朱洪武的军队便驻扎在这一带。曾经,龙吼山上有个洪门城堡遗址。这座城堡,为朱元璋的曾孙淮靖王朱瞻墺所建。朱瞻墺好游山玩水,某日来到此山下,被满山的景色吸引,于是在山上盖建了洪门城堡。还有一种说法是,朱瞻墺从广东韶关迁至鄱阳后,发现这里的风景并不逊色于韶州,空暇时便四处游山玩水。有一天,他发现了龙吼山,听说这里是他曾祖父当年为大明王朝决战取胜、安营扎寨的地方,是一块山水宝地,便在此山中盖了一座洪门城堡(当时皇帝还派了很多朱姓族人来此守祖坟,龙吼山后胡家朱姓是其后人。20世纪60年代中期,城堡被拆毁,只剩下一片遗址)。在山南的双港境内的龙吼山脉白虎嘴山下,有个蒋家村。蒋家村后、白虎嘴的山腰间,是南宋文学家、鄱阳人洪迈的长眠处。洪迈后人将洪迈葬在这青山绿水之间,真正体现了这位文学巨匠与故乡的情怀。正是如此秀美的成长环境,才使他有如此渊博的学识。

山清水秀的珠湖,诚如范仲淹所言:"不以毁誉累其心,不以宠辱更其守。"它可以任由岁月百般摧残,虽然沧海桑田,世事变化,旧颜无存,仍不忘初心,坚持清者自清的本性,体现的正是鄱阳人的精神风貌。

博士湖名古且雅

　　博士湖在双港不算大,但双港的男女老少都知道。博士湖不能走出双港,若走出双港,这个湖的名气就小了。因为,鄱阳的湖太多,正因为湖多,所以鄱阳曾经打造"湖城"这个品牌。博士湖在双港当然属于名湖,若放在全县的湖泊中排座次,它肯定挨不上边,何况后来又改作水库了,就连地名志也将它移出了湖泊类,列进了水库目。其结果当然可想而知,很少有人提到它。这还不算,偏偏又没有"文采":至今找不到一首古人对它的咏唱。因此,这个湖徒有"博士"之雅名了。

　　其实,它在中国的地理典籍中,不但是名湖,而且得名很早。远在八百多年前,就被列为鄱阳知名的景物,南宋婺州金华人王象之在《舆地纪胜》中介绍饶州时有段这样的表述:"博士湖,在双港之西,旧经载,秦时有博士读书其上,故名。"这本书所列鄱阳的景物并不多,却把博士湖列进去了。当然,这位博士姓甚名谁,他没有详说,秦朝的博士和现在的博士,是截然不同的两个概念,那时的博士是官职不是学位。"秦及汉初,博士的职责主要是掌管图书,通古今,以备顾问。"仅这寥寥23个字,也足以说明博士之名,古今都非一般。此外,它还说明了三件事:一是博士湖得名最古;二是秦朝鄱阳的行政地位不低;三是这位博士学识渊博,且很有可能是鄱阳人。

　　对于博士湖,接触最多的是渔民。博士湖在20世纪70年代以前与饶河是相通的,每到夏汛时期,管驿前和其他地方的渔民,会去博士湖放卡子。如果不是2007年中央电视台"走遍中国"栏目组来鄱阳拍片子,恐怕人们还没有发现这个湖风景旖旎,清纯靓丽,秀色可餐:不论你站在湖的什么角度,总有湖湾在你面前隐去,让你摸不清它的走向;又有不高的山丘,穿进漾漾的湖中,硬生生地挡住你的视线。于是,这山、这湖,相拥相抱,亲密无间,浑然一体,让人想起前辈们对鄱阳的赞美之词:湖山相杂,襟江带湖。虽说眼前的博士湖与早年的湖有所不同,早年的湖至少没有在湖中填出一条宽阔的马路,把一个好端端的湖弄得支离破碎,残缺不堪,但要将它与秦时有博士在此读书相联系,恐怕并不

容易。因为,在它的东岸,早已塞满了房屋村落。

从目前现有的资料看,博士湖入居最早的是彭、陈两姓。据《彭氏家谱》记载,元朝末年,丽阳彭氏先居滨田,后迁芝城。第四十三世彭渊性,生子四:松年(讳芝)、柏年(讳藻)、椿年(讳萍)、萱年(名猷)。次子柏年,元末自鄱阳县城宝塔前,迁至双港博士湖东即今彭家村。明朝中期,有后裔从彭家分出,迁入博士湖东岸的小宗里;清嘉庆五年(1800),有彭氏家族在村前盛产莲子的洼地建舍,此处便称作莲子洼村。在此前后,有彭氏迁往博士湖北端湖汊、原徐姓夫妇居住的徐家山建村。清咸丰十年(1860),其后裔开始在博士湖西岸建村,先是至吴姓管业的吴家山造舍,即今吴家山村。清光绪年间,大批彭氏从彭家老村迁出。光绪六年(1880),有彭氏在博士湖西岸废窑墟上造舍,建墩下村;又有彭氏在博士湖西岸一方形地上建舍,曰四方嘴村;继而又有彭姓在博士湖西南,地势低洼且长满檀树的地方建舍,曰檀树洼村。光绪十六年(1890),又有彭姓从彭家迁出,在博士湖西、檀树洼村北端放牛路上建舍,曰牛路上村。光绪二十六年(1900),彭氏在博士湖西岸楮树成林的山嘴处建舍,曰楮树嘴村;在博士湖西岸、黄蜂成群的荆棘丛中劈地建舍,称黄蜂窝村,后以方言称作黄府龙村。随着彭氏家族人丁的不断壮大,其后裔也从博士湖的内侧不断外延。仅彭姓一氏,就在博士湖东、西两侧,立户建村,繁衍生息了十多处。毫不夸张地说,博士湖基本在双港彭姓的"包围"之中了。

从彭家往北走,是博士湖的东北湾,这里基本上为陈姓所属。元朝末年,陈氏来自县城,先是迁至湖东北湾的西侧,一个形似羊角的山边建村,称之为羊角山。不久,陈氏有分支"东"移至今土库里。土库里的得名,源于此处村舍较为"繁华",多砖墙瓦屋,少茅屋草舍,而此类砖木结构住屋,习称为"土库屋",故名"土库里"。明朝时,又有陈姓从羊角山外迁,一支迁往土库里东南部的马墩下,一支迁往东社;明末清初,又有一支从羊角山迁往卢家畈。这支陈氏,看似平常普通,却出了一位闻名遐迩的人物——陈思岗(陈嘉训)。

双港陈姓除羊角山一支外,还另有一支——小华陈家。小华是双港镇所在地。小华陈姓,与陈思岗不是同宗。小华陈姓源自原磨刀石乡今鄱阳镇的陈家湾。陈家湾陈姓与桂湖陈姓都来自浮梁。浮梁陈姓始迁祖是千一公,为颍川陈盐仓岭派(英烈陈)十一世裔孙。

若追根溯源,陈姓得姓之祖为胡公满。胡公满即"陈胡公妫满",是舜的后人,周武王灭商后,封他于陈,胡公遂以国为氏。其后子孙繁衍,春秋时散居列国,秦汉后,瓜绵天下。史料记载,自胡公至考,有四十二世翔迁居颍川,为颍川世祖。翔生寔,陈寔为汉太丘长,汉灵帝时被追封为颍川郡公。颍川陈寔之父陈翔之十二世为文,文生子二:长子谈先、次子霸先。霸先为南北朝时陈朝陈武帝,陈霸先侄孙、陈谈先之孙陈后主陈叔宝,嗣位七年。陈寔之后十二世陈仲与陈圭:陈仲居鄱阳株岭;陈圭居鄱阳兰谷。另有陈轶迁至浮梁盐仓岭。

陈轶(806—881),字彦文,原名永镇,为剿黄巢军率兵驻守徽、饶二州(今安徽黄山和江西鄱阳、景德镇一带)。陈彦文为国捐躯后,葬于浮梁县北的三里滩,其子陈广、陈度及后裔与部下于是定居浮梁,成为盐仓派陈氏之始,又称"英烈陈"。盐仓岭为古地名,在今浮梁县蛟潭镇建胜村江村六里亭对面的山坡上,如今已是草木丛生的荒芜之地。陈彦文及其子陈广、陈度都葬在这里。

其实,在浮梁陈氏迁鄱之前,陈寔后裔早就住在鄱阳,其中既有株岭陈、兰谷陈,也有荈塘陈。这三处都是古地名,待考。

就在陈姓迁来不久,德兴海口董姓迁来彭家北端建村。当然,他们的入迁,并不完全冲着博士湖而来,他们看中的是这片土地远离战乱纷扰。于是,他们在这片有山有水的地方安居乐业。

博士湖西基本是彭姓的"天地",博士湖东除彭姓外,外围尚有一支稍大的姓——余氏。楼下、墩上、余家边、中马四个村的余姓,都来自四十里街董林余姓。而董林余姓又来自游城踏溪桥余姓,踏溪桥余姓源自都昌。

原先,博士湖与饶河是相通的,出水口在龙头山也就是双港塔的西边,往东是赵家港、杨家。赵家湾赵姓,《波阳县地名志》说"明朝时由进贤迁来",而1949年版《鄱阳县志稿》"民族表·各族姓让迁来之时期·赵姓"栏说"始祖赵端,于宋政和年间,由饶城迁双港赵家湾"。另据河南省光山县的《赵氏宗谱》记载:"赵宋之后避敌于闽广间,其子孙苗衍散于江左江右,至今数百年矣。念始祖杉公,原籍江西鄱阳县瓦屑坝双港桥下筷子巷赵家湾,经元乱于明初经由鄂麻迁河南光邑。"这看似非常混乱的一段话,不但叙述了这个家族辗转迁徙的历史,而且提供了一条重要的信息:始祖杉公,原籍"江西鄱阳县瓦屑坝双港桥下筷子巷赵家湾"。这句话无疑会让人联想到双港塔下,这个曾以捕鱼为主业的

赵家湾村庄。从时间看,《鄱阳县志稿》纂修于 1949 年,《波阳县地名志》纂修于 20 世纪 80 年代,相隔三四十年;就资料来源看,前者依据家谱,后者依据记忆。众所周知,大多家谱在 20 世纪六七十年代毁于一旦,所以说前者更为可靠。

杨家村有杨、陈、汪、郎四姓,清中期由徽州迁来,因杨姓人多,故为村名。其中的郎姓,是鄱阳罕见的少数姓氏之一。

郎姓起源于姬姓,据《名贤氏族言行类稿》记载:"鲁懿公孙费伯城郎,因居之,子孙氏焉。"周朝时,鲁国国君鲁懿公的孙子费伯,曾率部驻扎在郎(今山东省鱼台县东北)。后来驻扎时间久了,费伯的族人就有许多留在了郎地,并且以"郎"为姓。由于鲁国国君是周朝王室的后裔,因此,郎姓起源于姬姓。历史上,少数民族南匈奴也有人改姓"郎"。这个传自三千年前周公旦的姓氏,跟其他姬姓后裔比较起来,繁衍不算很广,所以历来郎姓人士并不十分多见。清朝景德镇的瓷器中,尤以康熙年间的郎窑最为珍贵,古今中外闻名遐迩。郎窑由当时的江西巡抚郎廷极所督造,故称"郎窑"。郎姓望出中山郡(汉高祖时置郡,相当于今天河北省北部正定县一带)、魏郡(汉高祖时置郡,相当于现在河北省魏县、河南省浚县、山东省冠县之间的地区)。婺源浙岭,是春秋时吴、楚分疆之地,也是一条通往安徽的古驿道。清康熙时书法家詹奎书写了"吴楚分源"四个刚劲大字,刻在一块 1.7 米高的石碑上,挺立于浙岭之巅。浙岭南麓虹关村,是"吴楚锁钥无双地,徽饶古道第一关"。唐开元二十八年(740),撤休宁县回玉乡和乐平县怀金乡,在清华始建婺源县,隶属安徽歙州(1121 年改称徽州)。婺源第一任县令郎敬,便是浙源凤山安头村人(后迁沱口岭下),郎姓人还在安头开凿了一口"郎家井",这口井远近闻名。

尽管博士湖已不再拥有旧时的容颜,更别说求得当时得名的详细,但它至今仍展示着诱人的风貌。从地图上看,这个湖就像一条游动的金鱼,头在龙头山北,尾在羊角山两边。近处,阡陌纵横,田畴连片;远处,村寨散落,绿树相间。湖上,轻舟荡漾;水中,桨击鱼跃。我们走近它,顿时会生出一种久违了的亲切感。可惜的是,博士山早已不复存在,双港塔一度消失得无影无踪,但是仅凭"博士"这个从秦时得来的湖名,便令人怦然心动。

湖有寄托曾辉煌

　　澹津湖在城中央,一名市心湖,纳一城水,由大龙、小龙二桥经德化桥,穿城而出,汇至鄱江。旧志云:绕岸皆绿杨芙蕖,今间有之。陶安诗云:瀛海飞来万斛涛,城心潋滟涨芳皋。鼇擎天地呈双膊,兔走明河见一毫。天女织绡红菡萏,波神酿酒绿葡萄。几回云母屏间过,立马凉生白苧袍。

　　或许是鄱阳太多湖的缘故,不少原先曾经极富内涵,又有一点儿书卷气息的湖名,反而让俗称给取代了。比方说东湖,古称督军湖;西门湖,原叫滨洲湖;韭菜湖,实为九真湖……殊不知这一改,湖名里蕴藏的故事,也渐渐地被人淡忘了。士湖也是这样,士湖,旧名澹津湖。澹津,除波浪起伏、迂回之渡的意思,还有更深的意境。"实澹泊而寡欲兮,独怡乐而长吟。"这是曹植《蝉赋》中的两句。意思是说求心情恬淡,不图名利,淡泊明志,宁静致远。"澹兮其若海",这位别出心裁为湖取名的乡人,一定是总结了鄱阳人的价值取向,而有意提示的。不过,这是文化人的心思,平头百姓不太买账,他们希望简单通俗一点,因此士湖比澹津湖更为大众接受。抛开这个颇具诗意的湖名不说,单是士湖的"士"字,也失去了原先的意蕴。士湖本是"治湖",意为湖在府治之前,是饶州府衙门前的湖,所以以治为名。只是它的位置特殊,地处老城中心,在鄱阳人心中的地位不低,受此影响,名就显得儒雅、含蓄,富有动感,既淡泊名利,又不忘还取。鉴于此,干脆改"治"为"士"了。

　　士湖虽然没有东湖那种"山连古寺水平湖,十里疏蓬入画图"的气魄,但具有"瀛海飞来万斛涛,城心潋滟涨芳皋"的妩媚,娇小玲珑,俊美秀丽。"湖在市中间,人家左右环。槛花临水秀,沙鸥立烟闲。娇影分三段,云光占一湾。小园时极目,蓬户不须关。"其俏丽可见一斑。大、小龙桥将士湖分为三段,大龙桥以东为下士湖,小龙桥以西为上士湖,大龙桥、小龙桥之间为中士湖。20世纪50年代,上士湖水面开阔,菜圃环绕,水澄湖清,是为主湖;中士湖虽小,却两堤相夹,绿柳遮岸,湖廓如砚,荷香藕蔓,另有一番风韵;下士湖则楼阁四匝,满湖芙蕖,碧水长流,四季不枯。湖在这里由盆变成漏斗,向南挨萧家巷,穿德化桥与

饶河汇合。当然,这还是当时的印象。据说,此前湖的范围比20世纪50年代的,还要大得多。清代县人周国瑛有诗赞曰:"绿荷遮断绿杨津,雨过湖天绝点尘。只因团团无路人,不知中有采莲船。"那时的湖,宽阔诱人。

士湖之所以受到古代鄱阳乡人的重视,主要是因为它的地理位置特殊。有县人说,这是鄱阳的风水湖,是砚。清代鄱阳籍学者史珥曾断言:"澹津湖水浅而秽积,是为砚池污浊,耗减地灵并一端也。"试想,士湖集城内各路水流于一体,北有紫金山、桃源山之水入湖,西南有木家山之流聚集,东北容永福之水奔入。木家山为元以前府治所在;桃源山先是府治,后是淮藩府的衙址。士湖,无疑是聚本县精气神韵之所在。

非但如此,澹津湖周边亦成为鄱阳名门望族入居的首选。早在东晋,陶侃的后裔便在湖之北的桃源山,即后来的府学——淮靖王府——安国寺一带世居达五世之久,直至南朝宋建立后,其玄孙陶延寿被降封为吴昌侯为止。

南朝梁天监年间,梁武帝弟萧恢被封为鄱阳郡王,其王府建在下士湖胭脂桥北一带。

淮王府,明朝朱氏王朝皇戚、淮靖王朱瞻墺,明仁宗第七子,自明英宗正统元年(1436)徙饶州,据桃源山建淮藩府以来,共八代十王,除朱瞻墺外,先后有:淮康王朱祁铨,正统十三年(1448)袭爵;淮定王朱祐棨,弘治十八年(1505)袭爵;淮庄王朱祐楪,嘉靖四年(1525)袭爵;淮宪王朱厚燆,嘉靖十八年(1539)袭爵;淮恭王朱载垳,嘉靖四十五年(1566)袭爵;淮顺王朱载坚,万历八年(1580)袭爵;淮王朱翊钜,万历二十六年(1598)袭爵;淮王朱常清,崇祯四年(1631)袭爵;淮王朱由桂,袭爵年不详。自朱祁铨大兴土木后,先是建永寿宫并八景:蓬莱清隐、绿竹漪淇、水涨平溪、小桥胜迹、翰墨林、群芳圃、芸香境、香雪窝,接着建钓鱼台、宝书楼。桃源山一改旧颜,宫阙嵯峨,朱甍碧瓦,山堆锦石,清流潺湲,别有一番景象,而且延续两百多年。

元朝末年,史桂芳家族在澹津湖西北的蟠洲门的十字街落户,成为鄱阳的进士世家、书香门第。史桂芳、史梓芳、史稽古、史乘古、史彪古、史简、史虞、史白、史大壮、史斑、史询、史宏誉、史珥等,或仕宦为民,或授教于人,著书立说,考证钩沉,成为鄱阳家族的典范。

清初,有王传家族于桃源山东侧造屋并福字厅。

澹津湖西南的十八坊,即古时硕辅坊之讹音。明清时期,有周氏家族落籍其间,后成为本县一仕宦大家。自周迪青起,先后有周廷枢、周道复、周道兴、周铭治、周大烜、周大焜、周崧晓、周家锐、周家饶、周国玠、周国瑛、周国泰、周彦、周秉文、周承光等闻名鄱阳。

周道兴(1660—1723),字自西,号汉庵,肄业于豫章书院,后授教职,著有《璞庵集》;其兄周道复为孝廉(明清时期对"举人"的雅称)。

周铭治(生卒年不详),字有容,号恭劬,乾隆十年(1745)进士。

周大烜(生卒年不详),字宣仪,乾隆三十年(1765)举人,曾在贵州任职。正安(今属遵义)没有书院,他带头捐款并立募捐碑,后调遵义。回到鄱阳后,他倡建家庙,置买义田,修葺先贤祠宇,经理祠费,睦族惠邻,备殚义举,为人称道。

周崧晓(生卒年不详),字翰定,号燹坂,周铭治之子,乾隆三十三年(1768)举人,乾隆三十七年(1772)进士,历官湖南浏阳县(今浏阳市)、陕西蓝田县令。

周家锐(生卒年不详),嘉庆元年(1796)进士,初宰福建顺昌,后宰四川安岳,以劳卒于官。

周国瑛(1752—1816),字邦华,号澹斋,嘉庆六年(1801)进士,历官广信(今江西上饶)、袁州(今江西宜春)教谕。

周国玠(生卒年不详),字何衡,号慎庵,岁贡生。

周彦(生卒年不详),原名孚,号润东,周崧晓之子,嘉庆二十四年(1819)进士,历官兵部主事、江南道御史、台湾知府,著有《知不足稿》《稻花吟馆诗集》。

周秉文(生卒年不详),道光壬辰(1832)进士,任山东昌乐知县。历曲阜、寿张、茌平等县,疏治赵王河淤塞,亲督工役,亦以劳瘁卒于官。

周承光(1847—1897),字黎青,号紫垣,光绪十二年(1886)进士,历官镶黄旗汉教官、建昌府学训导、翰林院庶吉士、散馆授职编修、国史馆协编、山东道监察御史兼署福建道监察御史。

十八坊的范围不大,全长三百米左右,往南接流水沟的直街,往北到长沙弄,过长沙弄就是凤池桥。长沙弄口至胡家桥边,纵横交错地耸立着几座石牌坊,气势雄伟,令人叹为观止。周家的一排老土库屋,挨西边屹立。其中虽夹杂了朱及他姓的房子,但为数不多。这些房子不仅连片成群,结构很不一般:临街,高大的面墙将正屋遮掩,五六级台阶让人肃然起敬;进院的正屋前,多半有

一块不大的空地,有几家则在南边建有门房;进门,堂屋多是三、四楹,结构不等,前两楹之间有天井,后面多楹仍有天井。楹与楹之间,呈阶梯形的后楹高于前楹,相互间的通道则在天井两侧,有的还辟有甬道,与毗邻的堂屋相通。

十八坊北端,是现在称作枫子桥的凤池桥,桥为条石码砌,流水潺潺。"岸桃经雨乱红飘,昨夜湖添水半篙。休怯湖西行不得,绿柳堤有凤池桥。"据说,乾隆时的江西才子蒋士铨,曾在这一带叫罗家塘的地方住过。

其实,枫子桥的原名很雅,在历代县志早有记载:"凤池在澹湖西。相传明洪武初有取泥潴得一小台砖甃,起砖,命工凿视,得五石铜。亦不识其由。""凤池桥通凤池,东流与澹津合。"奇怪的是,好好一个优雅的桥名,居然让口语给亵渎了——"疯子桥",为避粗俗,硬将"疯"改为"枫",这种遮掩反倒模糊了历史,糊弄了现在和未来。

鄱阳地名的变味,何止是凤池桥,就连这两百来米的十八坊,也是由"硕辅坊"的讹音变来的,甚至杜撰出十八进士的故事。

西门史家传继长

自元末明初起,鄱阳出现了一个有如彭氏、洪氏般的家族——西门史家。西门史虽然不像彭氏、洪氏那样出过状元,当过首辅,朝廷命官也不多,职务只在五品以下,但在明、清却一直是我们这个古邦著名的"书香门第"。他们自居住在鄱阳城西以来,始终以中国耕读文化为支柱,以家学为源流,在长达四百多年的时间里,历经二十余代,脉脉相传,代代相承,成为鄱阳文化中一道特殊的风景线。

西门史发脉于宋元时期,当时,有浙江四明人史谦,字文德,谱牒称为甦生公者,先是在余干居住,后迁来鄱阳县城蟒洲门的十字街一带落户。四明即浙江宁波,南宋时,宁波称四明。四明的史姓源自江苏溧阳。南宋时期,四明史姓因以史浩、史弥远、史嵩之为代表的"一门三相二个王,十二公侯十个男,七十多进士一百多官",从而成为浙东的名门望族。西门史氏即是这个家族的一支,五世高祖为史弥忠,史弥忠的儿子史嵩之,南宋嘉熙四年(1240),入朝拜右丞相兼枢密使,史谦的曾祖就是史嵩之。

史谦自幼聪颖,博学多才,旁通医学,在宋末元初行医。元人曾辟他为郡学录,但屡次征召不就。史谦认为,其先祖在前朝地位显赫,故而义不忘宋,便坚持不仕,以医济人。史谦来到江西后,先是在余干棠棣桥居住,晚年定居鄱阳城西。由于医术高明,屡屡使重症患者起死回生,史谦深受县人敬重。县人赞其医德可嘉,便将他行医的处所誉之为"更生堂"。不想这样一来,反使他的真名被隐没,而他也就顺合"更生"两个字,以可甦为号,成为鄱阳越芝堂史家的始祖。

史谦在鄱阳生有三个儿子:长子原善,号读斋公,继承父业以医济世;次子原福,号咏斋公;另有一子为明大理卿胡闰家的女婿,"靖难之役"时,因受株连而遭杀害。

西门史氏家族中的显赫人物是史桂芳,史桂芳为原善的六世孙;与他同时享誉的是族弟史梓芳,而史梓芳则是原福的六世孙。

　　史桂芳(1518—1598),字景实,号惺堂,性耿介,嘉靖三十二年(1553)进士。史桂芳入仕后,初任歙县知县,因廉直爱民,深受百姓拥戴。当时,严嵩亲信赵文华,担任工部尚书、加太子太保,继以右副都御史总督江南、浙东军事,于是假公济私,檄取万金犒师。赵文华到歙县,史桂芳顶着巨大的压力对他置之不理。后来,史桂芳历任延平(今福建南平)、汝宁(今河南驻马店大部分及信阳部分地区)二府知府,其间以德化民,深受百姓敬仰。当他升迁两浙盐运使时,郡内百姓扶老携幼,相送者数千人。

　　史桂芳一生结交的多是当时的学界名流,在白鹿洞书院读书时,陈白沙(陈献章,明代大儒)的弟子邓德昌的学生傅明应,对他很是欣赏。在歙(今属安徽)任职期间,他又与钱同文为僚,其后交于罗汝芳(号近溪,江西南城人,明代著名的思想家、泰州学派的重要传人、布政司参政)、耿定向〔字在伦,人称天台先生,湖北黄安(今红安县)人,御史,福建巡抚〕,又与其弟耿定力(兵部右侍郎)从游,相友善,耿定向称他为畏友。耿定向说:"史惺堂苦行修持人也。""平生得三益友,皆良药也。胡庐山(胡直,字正甫,号庐山,江西泰和人)为正气散,罗近溪为越鞠丸,史惺堂为排毒散。"史桂芳由刑部主事晋升为郎中时,留在南都六载。任延平知府期间,他衣敝履空,携一奚童上任。在汝宁任上,衙门以内,肃然风清。出则双导一盖,人们不知道他是太守。每到一处视察,他总是先问民间疾苦。听说税司及宗藩逻卒滋害,他毅然将他们裁革。"与诸生论学,诸生或谒归请益",他马上中止手上的事接待,"刺刺不休,谈毕,珍重曰:'慎无弁髦吾言也。'"意即不要鄙视我说的话。当地有孝女,不嫁养父,史桂芳亲自造访表示敬意,推动了民俗的改变。史桂芳后又迁两浙盐运使,两袖清风,"垂橐而归无长物"。

　　史桂芳回到鄱阳,家居三十多年,屡荐不复出。郡守陈吾德先后简诸生侍讲席,颇有成就。鄱阳乡贤陈嘉训、严而泰、廉靖、朱大德等都是他的学生。他常对学生们说:"天行健,君子以自强不息,一息便与天不相似。"他又说:"平生受用,只一'耻'字,触著(着)时便赤颊痛心。"史桂芳著有《惺堂文集》十四卷,诗文朴实,在《四库全书》中存目。

　　史桂芳生有两个儿子:长子书言,字有卿;次子书褒,字劝卿。书言生四子:稽古、采古、秩古、和古;书褒生二子:家古、乘古。稽古生子书宜,书宜生子史询,史询生子史宏誉;秩古曾重孙为史虞;家古次子史简,五子史白;史白四子史大壮、五子既济;大壮生子史斑,既济生子史珥;乘古曾孙为史传章;史桂芳九世后裔为史壇。

在明朝,史桂芳族弟史梓芳也是知名人物。

史梓芳(1544—1628),字景芳,号瑞山。据说,史梓芳是他母亲怀孕十五个月才生下来的。他聪明机敏,博通经史。十四岁补弟子员,十六岁饩于庠,与刘应麟、祝世禄同砚席,都以国士期待,无奈屡试不第,后以廪生入太学。史梓芳至孝于父母,生平潜心理学,授徒必以敦行为先。他说:"士苟能远声利,薄嗜欲,便是真实学问。"他与廉靖、严而泰等一起讲学,名"辅仁会"。他"作三畏箴、四知铭以自警"。因为体恤穷苦人,他毅然将家里积聚下来的借券烧掉,深得读书人称赞。令人欣然的是,史梓芳临终时犹正襟危坐,手握书卷不释,卒年八十四岁。

上面这些有名有姓的史氏,或仕宦,或为民,或授教于人,或著书立说、考证钩沉,成为鄱阳家族的典范,都被收录于明、清的《鄱阳县志》。稍详传略,按长幼序赘录如下:

史稽古(1555—1620),字心尧,年幼时喜爱读书,工古文诗词。万历间选贡,授华亭(今属甘肃)丞,升阳山(今广东清远)令。在阳山,当时公衙里有两棵松,相传为韩愈手植。史稽古到了以后,为之翦荒理秽,每在政余,便吟咏其下,或操笔为文。其诗淡雅可喜,文自成一家,不人云亦云。著述仅存《澹荡人集》,侍御、乡人贺登选为其作序。

史乘古(1593—1657),字尔力,性颖悟,通诸经大义。崇祯二年(1629)贡生,屡试不第,便杜门著述。然而,因其名气大,四方学子负笈而来,求学者众,史乘古则教诲开导不倦。崇祯十三年(1640),史乘古授宁津(今属山东德州)县令。他在接手"烂摊子"后,尊重百姓意愿而使得农业生产得以恢复,老百姓都感念他的德行。遭到叛军侵犯时,他坚守孤城,连兵卒也平安无事。因为政绩显著,他被提升为云南永平县治中,即州政府的最高助理,但史乘古未赴任而回到鄱阳。史乘古生平孝友天植,初茹贫事母,后虽禄养而孺慕未尝少衰,与人乐易可亲,即对弟子亦无疾言厉色,率尔而谈,皆成名理。所著有《瀛海记事》等集。

史简（1618—1678），字文令，崇祯十二年（1639）举人。史简幼负大志，湛深经术，两次春试不第，便绝意进取，杜门著述，选为教谕也不去赴职。首辑《鄱阳五先生集》梓行，又辑《芝郡文献录》及《欧尧峰、姜梦晋遗诗》付梓，著有《书经旨要》六卷，《越芝堂日记》二卷，古文若干卷。

史彪古（1624—1677），字焕章，号襍菴，顺治八年（1651）、顺治九年（1652）联捷，从举人到进士。入翰林，擢给事中。顺治十四年（1657），补户部掌印。其父书昌，字二昌，资性颖异，小时候便以古人自期，他看见别人所写的八股文，感叹地说："四子之书，皆求仁之学，吾儒性命之要也，宁区区呫哗以干禄仕乎？"于是闭户穷经，性至孝。十四时，兄弟分家，书昌独与父母同居，孺慕终身，尝曰："贫者士之常，灭一分嗜欲，便增一分天理。"书昌终其一生，究理明信。

史白（1631—1707），字坚又，号汉水，又号定节。史白从小就立有大志，明朝灭亡后，其母亲姜氏以身殉节，史白也遁迹自隐，筑室青山湖畔，并在十多年间从未进过县城。史白著有《汉水集》《荒遁集》共十三卷。

史询（1661—1746），字偶斋，性刚介，致力教书，精于经学，旁通子史诸籍。康熙三十七年（1698）接受选贡，授教职。康熙四十四年（1705）初设五经，阅卷的考官赵以询卷荐榜首，得而复失。揭榜后，临川李穆堂（李绂，字巨来，别号穆堂）见到他的遗卷，深为叹服，便和他建立起文字之交。史询年七旬仍好学不倦，寄情吟咏。每谈经学，必根柢圣贤。他的学生多飞黄腾达。

史大壮（1665—1731），字止公，号铁车，康熙末至雍正中期鄱阳知名学者与塾师。著有《周礼疑误辨》《大礼图说》《铁翁诗稿》《嫌剑吟诗集》《弧矢算法》等。

史虞（1667—1734），字孝升，嗜古力学，以选贡生任东乡教谕，升南昌教授，毅然以师道自任。中丞某至，下皆匍匐送迎，虞独长揖。所著《长啸斋诗文》及《续安溪易象》诸书，皆散佚。

史宏誉（1683—1749），讳治行，字又广，雍正元年（1723）登贤书，雍正二年（1724）经魁，例授文林郎，著有《千秋闺鉴录》四卷。

史传章（1701—1763），号忆莪，乾隆二十三年（1758）贡生，家庭贫困却笔耕不辍，成就较多。史传章著有《忆莪文集》，为翰林史珥手订付印。

史珥（1709—1775），字师戬，号汇东。性颖异，博览群书，精于论古。从伯父大壮习制举业,援笔立就。乾隆丁卯年(1747)中举,乾隆十九年(1754)中进士,入翰林,旋改主事。告归养继母,备得欢心。平居学务根柢,凡遗人遗事志载未备者,蒐辑成篇,有纠讹剔舛之功。著述甚富,有《鄱郡史事考》《三立考》《鄱郡遗诗考》,等等。

史斑(1720—1760),字微可,号桔南,乾隆十九年(1754)进士,官广西兴业县知县。史斑年轻时就读于白鹿洞书院,得到山长靖道谟的厚爱。他为官清廉,与民休息,不严而治。兴业的文庙圮坍较多,他率领官民将其修葺一新。兼摄政电白(今属广东省),针对当地剽悍的民风,他竭力进行整顿,使不少陋习得到改变。当时,正值饥馑,他发廪赈贷,随发随申,急民所急,使两个县的居民安度荒年。因身体不好,史斑辞官,当地官民挡住道不让他前行。还乡途中,史斑不幸病故于广西玉林。史斑著有《桔南诗存》。

史坛(1743—1798),字肯堂,号研山,双港马鞍山人,以明经终生。他能文攻诗,天资聪颖,每次考试都压他人一头,著有《研山诗毚》。

风雨岳庙杨玫桥

山被冠名为风雨,且不见此处风雨较别地更多,何故?有民间传说,朱元璋当皇帝之前,与陈友谅在鄱阳湖一带进行过多次争夺。有一次,两军交锋,朱元璋部大获全胜,于是打着得胜鼓回营,在经过风雨山时,突然风雨大作,为明军洗尘。此事传到朱元璋耳里,他非常高兴,便将此山取名为风雨山。

事实上,风雨山的得名,与此说相去十万八千里。据县志记载,史大壮有《风雨山赋》曰:"芝城北郊,甫十里许,有山峨峨,厥名风雨。维山之巅,雩亭在焉。季春之月,太守于是乎祈年,风雨之义,亦取此名。"是故,历代《鄱阳县志》曰"风雨山","在城北十华里,古为雩坛,旧有亭,今废"。

"祈雨",即"求雨"。中国古代祈雨的祭祀活动被称为"雩祀"。《礼记·月令》记载:"(仲夏之月)大雩帝,用盛乐,乃命百县雩祀百辟卿士有益于民者,以祈谷实。"由于中国是个农业国,粮食收成的好坏,直接关系到国库的收入与王朝的稳定。所以求雨也为朝廷所重视,从皇帝到知县,每遇天旱,都要设坛祭祈。"先期,县公服诣庙,行二跪六叩首礼毕,复跪拈阄,请某处龙神取水。传示乡地洒扫街道,禁止屠活命,各铺户、家户门首,供设龙神牌位、香案。僧众、架鼓吹手,出城取水迎龙神。知县率僚属素服步行出城外,迎接入城,供奉雨坛,行二跪六叩首礼。每日辰、申二时,行香二次,乡老、僧众轮流跪香,讽经(即念经)、典史监坛,利房照料香烛。如是者,三日,得雨,谢降撤坛,派乡老送水;旱甚,率僚属斋戒,出祷风去,雷雨,山川坛,进遍祷群庙。"这种隆重的祈雨活动,曾经是地方主政者关心民瘼的表现之一。为此,古代的郡县官吏,每年要及时上报郡况县情,包括雨水的多寡状况,在可能发生旱灾而耽误农作物耕种和成长的情况下,要按照指令和规定祈雨。汉代"自立春至立夏尽立秋,郡国上雨泽。若少,郡县各扫除社稷"。一般而言,地方郡县祈雨,是相机进行的。在特殊情况下,例如郡县大旱引起中央注意,则由皇帝下诏举行。东汉顺帝阳嘉三年(134),河南、三辅大旱,"下司隶、河南祷祀河神、名山、大泽"。晋武帝咸宁二年(276)久旱不雨,下诏令"诸旱处广加祈请"。宋宁宗"以旱命诸路州县祷雨"。

郡县祈雨的对象通常是境内的名山、大渎以及风伯、雨师等自然神灵及社庙、先贤祠庙、佛寺道观等。山林川泽是雨水的涵源地,社稷先人可以为祈雨提供神力。"山川百原,能兴云致雨者也。众水所出为百原,必先祭其本。"郡县祈雨的主要内容是祈祷。同时,由于祈雨要动员全郡县百姓共同参与,即所谓的家人"祠户""祠灶""祠中溜""祠门""祠井",因此也包含了祭祀等民俗文化。另外,即使是官吏的祈祷,也不排除部分祭仪的存在,如社祭、四方祭、门祭、市祭、山泉祭、桥道祭和报祭。可以说,郡县祈雨的基本特征是喻祈于祭。以农为本,为百谷祈甘雨是地方官吏的重要职责,常常与其政绩、考核密切联系,"祷雨辄应""祷雨即沛""竭诚祷雨"等评述,可能会写入其任职履历,所以他们都会竭力而为。

为什么鄱阳的雨坛设在风雨山? 原来,风雨山与芝山不同,不仅比芝山高4.6米,而且地理位置极好。近代学者、县人史珥的《浚三级浪议》说:"吾鄱学基,相传范文正公所相。宅学家谓浮洲与永平市通江而上皆鄱学,近案实鄱郡治,青龙去曜,关系全郡。而鄱学籍为门户,征应尤速。盖东湖清气所钟,特异他源,其水宜蓄不宜泄。术家又谓,郡基如游蹼,而新坽铄其右,翩左翼,乃断为三。祝君既凿,客水乘焉。澹湖水浅而秽积,是为砚池污浊,耗减地灵,并一端也。兼龙自风雨山来,体高脉燥少卫龙,天池之润唯一鉴东湖,借聚灵气。"无独有偶,史珥的伯父史大壮在《风雨山赋》中也说:"山灵冈峒,十日一雨,五日一风,袪为虐之旱。"粗略看来,史氏伯侄无非在推介风水,是迷信。实际上呢? 两人主要就鄱阳的地貌做了概括性论述,并指出风雨山与东湖之间的关系:风雨山是东湖水的重要来源,其周边广大土地,是东湖的主要集雨范围。虽说风雨山是条旱龙,但毕竟是龙,而且是东湖离不开的一条龙。即使其中含有谈风水的成分,也不为过。

中国文化的核心是和谐。作为中国文化的组成部分,风水讲究的是平衡、协调,讲究人与自然、自然与自然的平衡与协调。至少,风水提倡的天人合一、人与自然和谐的观点,仍是现代人应该正视的。敬畏自然,目的是有效地保护生态。风水之所以变成"迷信",是因为它被浅薄之流庸俗化、实用化。而史珥在这里,以对故乡山水的真挚之情,特别强调了鄱阳地貌相互依存的关系和化害为利的重要性。此外,我们还可以从他的见解中,发现他的美学观:山水相依,青山绿水。无论是东湖还是风雨山,湖缺水会少一分精神,山缺湖则差一分风韵。只有它们不遭到人为的破坏,才会构成诗情画意。此山为什么以风雨命名,原来是因为古代人对湖与山相依相存的重视。难怪早在范仲淹守饶之前,人们便在山上建造了雨坛。在他们看来,虽然"风雨山体高脉燥",但毕竟离东湖近,可以借"天池之润",以调节风雨。是故,范仲淹建佛寺,是"征诸天道,练三十六风七十二雨之义",故祈求佛祖庇佑。由此可见,风雨山与东湖渊源久矣,风雨山之使命重矣。清康熙间郡守、浙江海宁人黄家遴有诗说:"众山迢递似奔涛,突起还夸此阜高。遗迹向传劝早祷,荒祠犹自荐溪毛。晴飘花霭香随马,露显松针绿满袍。布谷声中务农急,双旌敢惮劝耕劳。"

风雨山是一座颇具特色的山,要了解风雨山就要爬山,它的风景在山上。早年,山上有座寺庙,叫风雨山寺,建在距山顶约五分之一路程的南山窝里。寺前开阔平坦,绿树成荫,幽静恬谧,是处难得的禅宗净土。宽敞的庙宇,布局简洁,正殿两侧,分别建有厨房、僧房。据旧县志载,"风云山寺"为范仲淹始建,乃梵宫僧舍。明代县人江南锦在其《重修风雨山佛殿疏》中说:"倬此梵宫,匪推僧舍,始于景祐宋世,兴自文正范公。"尤其让人惊奇的是,庙东侧的那口山井,可以用"神奇"两个字形容。在这么高的山上,即使突然增加数十口人用水,井水仍旧源源不断,而且清醇如故,可见这里是一块圣地。

在风雨山之西,有山曰岳庙山。"东岳庙在城北十里。旧在芝山东,宋宣和间移今处,明洪武间重修。万历癸巳(1593)正殿毁,里民重建。"山沿庙名,源于峰顶有"东岳神庙"。

东岳神庙所祀为东岳大帝泰山神——道教中的重要山神。泰山作为五岳之首,自古受人们的崇拜。古人奉祀的神祇,除玉皇、王母、释迦等常见偶像外,主要有东岳大帝、碧霞元君。东岳大帝源于原始社会人们对自然神的崇拜,道教产生后,纳入道教神祇系列。晋张华《博物志》:"泰山一曰天孙,言为天帝孙也。主召人魂魄。东方万物始成,故知人生命之长短。"道教认为,泰山神"主管人间贵贱尊卑之数",有"生死修短之权","东岳泰山君领群神五千九百人,主生主死,百鬼之主帅也"。泰山神对佛教的发展也有一定的影响。佛教密宗称泰山神为深沙大将,是阎魔王的太子。在地府十王之说中,泰山神主第七殿。

明清后,较为流行的泰山神来历的传说有《封神演义》中的黄飞虎和《神异经》中的金虹氏,后说载入《道经》。新中国成立前,祭祀泰山神的东岳庙遍及全国各地,每年农历三月二十八为祭祀日。特别重要的是,民间认为泰山是人死后灵魂的归宿之地,泰山神是阴间鬼魂之最高主宰。

《波阳县地名志》谓:"岳庙前:此处有座岳飞庙,明初,郑、岑两姓由当地塔前垅迁此,建材于岳飞庙前。"其中"岳飞庙"的说法,实际上是错误的。

岳庙西是杨梅桥,原名杨玫桥。杨玫是人名,不知什么时候改成了植物名——杨梅。旧志说:"杨玫桥岳庙前,跨湖,北通青山渡,旧名泽严,后因村民杨玫为义犬所救,事因名,宋绍圣二年(1095)建。"杨玫为义犬所救的故事是这样的:杨玫居城北岳庙山下泽门桥(即杨玫桥),每次出入,都带上自己养的狗。有一次,他外出做客,喝过大量的酒后还家,途经岭北,酒力发作,醉卧草间。忽然,山火蔓延,逼近杨玫。那狗见状,急忙以水将主人濡湿,如此数次,终使杨玫免遭一劫。大家为此惊诧不已,并将这个乡取名"义犬"乡,后更名"义感"乡。此外,杨梅桥当年还是连接鄱阳西北境的通衢咽喉。"又路出北门五里至杨梅桥,又五里至西园,又五里至金祝夏家,又五里至凤凰山,又十里至官田,又十里至乐亭,又三里至店前,即滨鄱湖。自县治至此计共四十三里,与都昌县交界,又前至都昌县治五十里。""又自杨梅桥分路东行十里至承古庵,又五里至八角亭,又五里至江家山。此路系往珠湖等处,不通大路。"

杨梅桥西是青山湖,湖得名于山,扬名于清代。清初,西门史家后裔——史乘古第五个儿子曰史白者,字坚守,从小就立有宏图大志。明朝灭亡后,他母亲姜氏殉节而故,史白从此在青山湖畔结庐隐居,一心研究儒学,凡是书都涉猎,十多年间绝迹城阛。有人觉得奇怪,他说这是母亲的意思。乡邻被他的行为感动,都尊他为先生。史白著有《汉水集》《荒遁集》等诗文集十三种。字里行间,无不显现他深沉与忧郁的气质,也流露出一股浩然之气。

长山实为鄱阳山

2008 年《鄱阳县志》"山丘"条写道:"长山(又名强山),即旧县志所列鄱阳山:'去县城西北一百五十里鄱阳湖中,初名力士山,亦名石印山,唐改今名。'南宋《舆地纪胜》卷二十三《饶州》云:'鄱阳湖,湖中有鄱阳山,故名鄱阳湖。'清道光《鄱阳县志》艺文志《鄱阳山辨》认为,鄱阳山即今县西北鄱阳湖中的长山(又名强山),峰岭起伏,岩石嶙峋,主峰尖峰岭,海拔 141 米。"

长山,当地人叫它犟山。起伏的峰峦,嶙峋的岛石,使它成了大湖之东的重要坐标。据现代学者考证,长山就是古籍中所说的鄱阳山,历代地理学家有种说法,鄱阳湖的得名源于这座山。"鄱阳湖即'禹贡'彭蠡,隋时始曰鄱阳,以接鄱阳山也。"

何谓鄱阳山?明末清初沿革地理学家顾祖禹,在他的《读史方舆纪要·大川·鄱阳山》说:"府西北百五十里鄱阳湖中,初名力士山,亦名石印山。《三国志》:'孙皓天玺元年(276),鄱阳历陵有山石,文理成字,吴人谓石印封发,天下太平。'《江表传》:'历陵有石山临水,高百丈,其三十丈所有七穿骈罗,穿中色黄赤,俗相传谓之石印,即鄱阳山也。'"1995 年江西教育出版社出版,魏嵩山、肖华忠合著的《鄱阳湖流域开发探源》写道:"饶州始建于隋,治所在鄱阳县亦即今波阳县。鄱阳山即今波阳县西北鄱阳湖中长山,又名强山,因西汉时历陵县所辖,故名历陵山,力士山乃历陵山之讹,又名石印山。"

先说历陵,江西德安在汉、东吴、两晋时称历陵,南朝时属柴桑。魏嵩山、肖华忠在《鄱阳湖流域开发探源》中写道:"西汉历陵县治在今波阳县境,南朝宋元嘉中废。"

西汉建历陵县,属豫章郡,东汉仍用其名。汉高祖置豫章郡,辖历陵、南昌、彭泽、柴桑等十八县。历陵有傅易山、傅易川,古文以为傅浅原。王莽篡汉,改历陵县为蒲亭。莽灭,东汉复历陵县。豫章郡辖历陵、南昌、柴桑、艾等十八县和两个侯国。

三国时,历陵县属鄱阳郡。孙权于建安十五年(210),分豫章郡为鄱阳郡,历陵县属鄱阳郡。领彭泽太守,以历陵、彭泽、柴桑为奉邑。晋时,历陵县属鄱阳郡。鄱阳郡辖历陵、鄱阳、余汗、鄡阳等八县。南朝废历陵县,改柴桑县,属浔阳路。

那么,历陵山又是怎么回事?《读史方舆纪要》引《江表传》说:"历陵有石山临水,高百丈,其三十丈所有七穿骈罗,穿中色黄赤,俗相传谓之石印。"北宋徽宗和南宋高宗时的著名学者郑樵,在其《通志》中说:"吴时,鄱阳历陵山石文理成字。谚云:'石印启封,天下太平。'"

南宋王象之的《舆地纪胜》也说:"吴时鄱阳历陵山,文理成字,谚云:'石印启封,天下太平。'"宋《太平御览·卷四十八·地部十三》载:"《吴志》曰:天玺元年(276),鄱阳郡言历陵山石有文理成文。"南宋祝穆、祝洙的《方舆胜览》载:"鄱阳湖,其湖绵亘数百里,中有山。""吴时鄱阳历陵山石文理成字。"

可见,鄱阳山、历陵山、力士山、石印山,原是同一山名。可是明朝正德年间的《鄱阳县志》,却将长山与鄱阳山分开列。

清初鄱阳学者、珠湖人李正瑜,因这事而有《鄱阳山辨》一文,言强山(长山)即鄱阳山,全文如下:"鄱阳有强山,有鄱阳山,强山(注:在立德乡,今属双港镇),去城西南六十里,自长山发脉。长山在都昌东北境甚远。断续起伏,度棠阴水,特起两山于鄱阳湖滨,高三十余仞,盘亘二十一余里,界都昌境,又名狂山。鄱阳山,去城西北一百十五里(注:疑一百五十里之误,下同),鄱阳湖中,初名力士山,一名石印山,唐改名。按水程饶治,至都邑周溪镇百二十里(注:一百十五里者太近,六十里,指旧县志所示距离太远,当于其间取之)。鄱西南界,新建之南山;西北界,周溪一带边境。强山在鄱西北不在西南,强山度棠阴水,其近脉联四山,言长山溯源甚远矣。西有龟山、蛇山,北有鸟头山,小小数山之外,安无一山。所谓鄱阳山者,正不见有何山也。既注初名力山,力士云者,强之义也。强山又名狂山,狂为力士多有之,则强山之即鄱阳山也无疑。然称为鄱阳者,疑是别于都昌山而言之。四山古鄡阳县治,注详鄱志古迹,今属都昌,荒烟蔓草丘墟之互砾存焉,固都邑东南之尽境也。当是其与土人泛舟往来者,见强山远耸于湖中,指而目之曰,此鄱阳山也,则一山又改一名矣。流传日久,遂忘其故,而穿凿之家,以山擅一邑之名,不求其实属何山,志于全境诸山之后,标一鄱阳山,而不著其所在之乡,其为漫笔也可知矣。后之修志者宜正之,况禹贡彭蠡,蔡传指以鄱阳湖,夏彝仲疏以此山当之。殆见鄱志而臆言之可不亟为之辨也。"

尽管李正瑜只是从常理上进行了思辨,但也不无一定的道理,这比有人将双港利池视为力士山更为可靠。因为利池与古代地理典籍的描述相去甚远,唯长山更像。尤其是通过近现代历史地理学家反复考证后,言长山即鄱阳山更具科学性。

首先是那个七穿骈罗,骈罗指山洞。在长山本岛北端的主峰偏东北的山峰下,有个称为"野人洞"的洞穴。此洞处在山之五分之四处,洞穴为风化土层,色赤黄,诚如古籍所说的石印山:"有石山临水,高百丈,其三十丈所有七穿骈罗,穿中色黄赤,俗相传谓之石印。"或许因为岁月的湮没,洞中无法找到这段文字所说的七个并列的洞孔,也无法看出洞孔呈黄、红两种颜色。但是,这个山洞的高度,确实在三十丈左右,而且山下临水,此洞极似古籍所述之石印山。此外,在野人洞下,发现高约四米的瓷窑,所以称它为窑家冲,曾出土盘碗、壶罐等器皿,并确定为晚唐时期民窑。

至于强山的得名,据当地人说,可以追溯到秦朝。秦始皇为修建万里长城,不仅命令全国的文人做苦工,还要求赶天下大山做城基。秦始皇的荒唐举动,惊动了救苦救难的观音大士(观音菩萨)。她体谅这些书生手无缚鸡之力,便发给每个读书人两把花丝线,让他们带到身边以便拴山。秦始皇知道后,将所有的花线收集来,叫人织成了一条赶山鞭用于赶山。当赶山人来赶长山时,这山就是不动。赶山人火了,便用尽力气使劲打了九十九鞭,山还是没动,当时鞭打的痕迹——九十九道山洼从此留下,这山也落下了"犟山"之名。这当然是传说,不过这种传说倒能印证李正瑜的强即力士之说。

1982 年,当代著名历史地理学家张修桂在其著述中说:"根据《太平寰宇记》并参照《舆地纪胜》的记载,宋代鄱阳湖的范围大致如下:鄱阳山即今鄱阳县西北鄱阳湖中的长山(又名强山),在宋代已经处在湖中的事实,当时鄱阳湖的北界与今天大体相同。鄱阳湖的东界,在今莲荷山(注:即今鄱阳县莲湖乡)与鄱阳县城之间,史书记载明确。"1995 年江西教育出版社出版,魏嵩山、肖华忠合著的《鄱阳湖流域开发探源》也说:"鄱阳山即今鄱阳西北部鄱阳湖中长山,又名强山,因西汉时为历陵县所辖,故名历陵山,力士山乃历陵山所讹,又名石印山。"

古籍说"长山,去县城西北一百五十里鄱阳湖中",照此说必引质疑,因为长山与县城的实际距离,尽管路线不同,但距离相差不大:由县城(鄱阳镇)经饶河出龙口至长山的水路距离为五十公里;由县城(鄱阳镇)顺饶河经洪家叶、利池、乐亭至长山岛距离四十八公里。那么七十五公里又来自何处? 据本人考证,在北宋乐史《太平寰宇记》中,鄱阳县城("吴芮故城")与吴赤乌间县城(今古县渡)常常混淆,若以吴赤乌间县城(古县渡)计其里程,恰在一百五十里上下。关于这一点,魏嵩山、肖华忠合著的《鄱阳湖流域开发探源》已证明了本人的观点:"从当时鄡阳县的辖境分析,与鄡阳县相邻的有彭泽、鄱阳、海昏三县……彭泽县的南界达今都昌县县治一带,鄱阳县治在今波阳县东北古县渡。"以此说,古县渡距长山岛恰为一百五十里。有人说,都昌的棠阴紧靠长山,说长山是鄱阳山不是很矛盾吗? 其实,棠阴与长山原是一体,它是1956年从鄱阳划给都昌的。

悠久的历史、美丽的传说、古窑的遗址,使鄱阳湖中这群突兀而起的孤岛,充满了神秘色彩。然而让我震撼的不只是它美丽的景色,还有它不计得失、勇敢顽强的品格。一千多年的时光,几百万个昼夜,在恶劣与孤独的包围中,在冷漠和无视的岁月里,在波涛和巨浪的冲击下,经历了风雨,目睹了彩虹,没有沉迷过去,也不曾狂热地期待未来,它始终如一,百折不挠,威风凛凛,岿然屹立,以自己的真情去拥水、伴水、亲水、爱水、恋水,始终如一地牵手于水,没有畏葸,没有气馁,没有计较,没有放弃,一直坚守在这浩瀚的大湖中,凭着自己的倔强本性,与大湖同甘共苦,和大湖共守着同一命运体——鄱阳。

"湖水茫无际,山云暝不收。鱼龙轻出戏,何处可停舟?"明朝著名将领陈策,在一次横渡鄱阳湖时,面对着数十万公顷的湖面,禁不住写下了这首诗。海洋般的水面,横无际涯的大湖,难免给诗人们留下"天空疑日近,水阔觉山低""四顾无边鸟不飞,大波惊隔楚山微"的悚然感觉。就在不少古代人惊叹于鄱阳湖的浩瀚、空旷时,"一水云际飞,数峰湖心出"的长山,像一只不沉的舟楫,锚泊在鄱阳境内的汉池湖的水面上。